RELAÇÕES DE COOPERAÇÃO CHINA-ÁFRICA:
O CASO DE ANGOLA

DILMA ESTEVES
Mestre em Relações Internacionais

RELAÇÕES DE COOPERAÇÃO CHINA-ÁFRICA: O CASO DE ANGOLA

ALMEDINA

RELAÇÃO DE COOPERAÇÃO CHINA-ÁFRICA
CASO DE ANGOLA

AUTOR
DILMA KATIUSKA PIRES ESTEVES

EDITOR
EDIÇÕES ALMEDINA, SA
Av. Fernão Magalhães, n.º 584, 5.º Andar
3000-174 Coimbra
Tel.: 239 851 904
Fax: 239 851 901
www.almedina.net
editora@almedina.net

PRÉ-IMPRESSÃO I IMPRESSÃO I ACABAMENTO
G.-C. GRÁFICA DE COIMBRA, LDA.
Palheira – Assafarge
3001-453 Coimbra
producao@graficadecoimbra.pt

Março, 2008

DEPÓSITO LEGAL
273086/08

Os dados e as opiniões inseridos na presente publicação são da exclusiva responsabilidade do(s) seu(s) autor(es).

Toda a reprodução desta obra, por fotocópia ou outro qualquer processo, sem prévia autorização escrita do Editor, é ilícita e passível de procedimento judicial contra o infractor.

Biblioteca Nacional de Portugal - Catalogação na Publicação

ESTEVES, Dilma

Relações de cooperação China-África : o caso de Angola. - (Teses de mestrado)
ISBN 978-972-40-3338-9

CDU 339
      327

"Se o séc. XIX foi o da Grã-Bretanha e da Europa, se o séc. XX é o dos EUA e da URSS, o séc. XXI anuncia-se como o séc. da Ásia e da África"[1]

---

[1] Ângelo Angelopoulos, *O 3.º Mundo frente aos países ricos*, Livros do Brasil, 1975, p. 18.

AGRADECIMENTOS

Realizar um trabalho de pesquisa científica implica determinadas pré-disposições e nesse sentido os apoios externos foram fundamentais para a efectivação desta dissertação.

Assim, agradeço em primeiro lugar à instituição que viabilizou a realização da investigação, nomeadamente o Instituto Superior de Ciências Sociais e Políticas (ISCSP), bem como a todos os professores que ao longo do plano curricular de estudos possibilitaram o entendimento sobre a área das Relações Internacionais.

Em segundo lugar, agradeço ao Professor Doutor Heitor Barras Romana a forma como orientou esta tese. A utilidade das suas recomendações e a disponibilidade com que sempre me recebeu foram determinantes para a concretização dos objectivos.

Às individualidades políticas que se envolveram no apoio ao meu projecto, respectivamente Sua Excelência o Embaixador da República de Angola em Portugal, Dr. Assunção dos Anjos; Dr. Eduardo de Jesus Beny, 1.º Secretário; Dr. António Sawimbo, Vice-Cônsul de Angola na China, Sr. Felizberto Costa, Representante Comercial de Angola em Portugal e ex-Representante Comercial de Angola na China.

Um agradecimento especial aos meus familiares que desde o primeiro momento me apoiaram e incentivaram nos momentos mais difíceis desta dissertação: aos meus pais, Teresa Luzia Carmelino Pires e António Lourenço Reis Esteves, ao meu marido, Miguel Dias de Sousa, aos meus avós, Lídia Carmelino Pires e Mário Alberto Pires e restante família pela compreensão e relevância das minhas faltas aos habituais almoços de família.

A todos aqueles que directa ou indirectamente contribuíram para a realização desta investigação, deixo a minha mais elevada gratidão.

PREFÁCIO

1. Foi com satisfação que recebi o amável convite da Mestre Dilma Esteves para prefaciar a sua tese de Mestrado, a qual se intitula Relação de Cooperação China-África: O Caso de Angola.

Não sendo eu um especialista em relações internacionais interroguei-me sobre as razões que fundamentariam tal pedido.

A Mestre Dilma Esteves disse-me ter pesado na escolha e no seu pedido, por um lado, por ter desempenhado cargos de elevada responsabilidade no Estado Angolano e, por outro, a minha actividade de docente universitário, obviamente no ensino jurídico.

Aceitei com agrado o convite, por duas ordens de razões:
– Por um lado, uma razão prática informativa.
Com efeito, o tipo, no plano quantitativo e qualitativo, das relações entre a China e Angola, aconselha a publicação de obras que a traduzam e trabalhos com estrutura desta evolução;
– Por outro, no plano teórico, à medida que vão acumulando os dados empíricos de uma dada situação, impõem-se aos estudiosos o tratamento desses dados, a partir de construções teóricas, metodológicas e cientificamente assumidas.

Parece ser esse o caminho percorrido pela Autora que como ela própria escreve "a escolha de um tema desta natureza prende-se, em primeiro lugar, com a actualidade e preeminência do mesmo e, em segundo lugar, porque se preconiza um crescente interesse sobre esta temática (...) e porque se tem a plena noção da importância da reflexão sobre os fenómenos internacionais e de estabelecer correlação entre eles".

2. São diversos os autores que cedo tomaram consciência do questionamento da ordem geo-econnómica nascida em Bretton Woods, em 1944, e por exemplo começaram a falar de um G4 que mais não seria do que um directório dos quatro grandes do planeta no século XXI, nomeadamente Estados Unidos da América, União Europeia, Japão e China.

Como se sabe estes controlam as principais divisas mundiais (dólar, euro, iene e reumimb, a moeda chinesa).

Com efeito, estas economias são as maiores em termos do P.I.B. (em paridade do poder de compra), em termos de fluxos mundiais do comércio e em termos de mercado de consumo.

A alteração da ordem geo-económica colocou o FMI e o Banco Mundial numa posição difícil pois a voz da Ásia, excluindo o Japão, não ultrapassa os 12% e a China tem menos de 3% dos votos, o que significa dizer que as quotas da Ásia não acompanharam o seu crescimento económico.

O crescimento espectacular da China, seguramente, iniciou um redesenhar da geo-economia mundial e que, necessariamente, se reflecte na geopolítica e geoestratégia mundial.

3. Este novo cenário geo-económico tem um novo elemento estratégico: o petróleo. Com efeito, o consumo doméstico e, consequentemente, a importação de petróleo aumentou e aumentará na China. Abre-se aqui um parêntesis para dizer que para se ter uma ideia do quanto as necessidades energéticas da China influenciam mercado petrolífero mundial, estima-se que 40% do aumento da procura mundial de Petróleo nos últimos dois anos deve-se às importações feitas pela China.

Fechado o parêntesis, vale a pena dizer que a leitura da obra que agora se publica vai no sentido de apontar que a China teve necessidade de elaborar e executar a "go out" strategy procurando fontes alternativas e seguras no mercado internacional do crude. Bem vistas as coisas foi seguir o princípio enunciado por Robim West, Presidente da Petrolium Financing Company segundo o qual "a chave para a segurança no fornecimento é a diversidade do fornecimento".

É neste contexto que a China tem procurado os mercados Sul--Americano e Africano.

4. Tudo indica que entre os Países eleitos pelo "go out" Chinês está Angola e todo o percurso discursivo-científico da Mestre Dilma Esteves

vai no sentido de, a partir de determinada proposição, fundamentar cientificamente como esta estratégica de "go out" se concretiza em relação à Angola e enquanto País eleito desse modo de estar chinês no comércio mundial estratégico.

O trabalho que agora se publica e que focaliza o seu objecto de investigação na relação Angola-China, vem dar razão à análise feita por Wei Den que na sua dissertação de Doutoramento intitulada «Globalização e Interesses Nacionais: A perspectiva Chinesa» diz-nos que entre os interesses nacionais básicos e essenciais da China figuram "aumentar a quota de exportação comercial e não comercial da China no mercado internacional, aumentar a importação de recursos e produtos que são escassos internamente [e que] os interesses económicos nacionais constituem uma base substancial de outros interesses estratégicos, entre os quais o de segurança".

Assim, a autora com recurso a um quadro metodológico bem conseguido, formula bem as questões e os problemas e procura dar resposta às razões do casamento entre Angola e a China quer na perspectiva dos interesses de Angola quer na perspectiva dos interesses da China.

5. Como é consabido com o fim da guerra em 2002, à Angola colocou-se a questão da reconstrução e o desenvolvimento.

Tudo foi feito para que fosse realizada uma conferência internacional de doadores que não chegou a realizar-se pelo facto de os potenciais doadores terem alegado que Angola teria recursos suficientes para fazer face à sua reconstrução.

Angola não aceitou fazer um programa com o FMI por ter considerado que a sua economia não estava em crise e não tinha necessidade de recorrer ao financiador de último recurso.

Perante tal quadro, que se traduziria num apoio de cariz multilateral, o Governo Angolano não teve outra opção que não fosse a cooperação bilateral e pode bem dizer-se que a China acabou preenchendo um espaço que outras não quiseram.

Como diz bem a autora " quanto à China e num aparente paradoxo, o bilateralismo é o principal alvo das iniciativas multilaterais e, neste caso específico, Angola corresponde aos objectivos da estratégia Chinesa e a China da estratégia Angolana, com impactos directos e indirectos e onde predomina a complementaridade".

Neste quadro, a autora surpreende do lado chinês " como principais contrapartidas, o petróleo, o acesso aos mercados angolanos, a utilização do poder geopolítico de Angola e o apoio internacional para o isolamento de Taiwan e do lado Angolano a importação do crédito chinês, as trocas de experiência, a cooperação tecnológica e os benefícios do relacionamento com um dos membros do Conselho de Segurança.

Vale a pena aqui registar duas notas: Por um lado, da parte chinesa não se foi notando exigências políticas e, por outro, a China concedeu alguns empréstimos e créditos, sendo o primeiro no valor de 2 biliões de dólares e como diz bem a autora "com um período de reembolso de 17 anos por oposição aos habituais 7 anos de reembolso exigidos pelos mercados de Londres»

6. Termino com uma referência à autora.

O seu curriculum profissional que, no domínio das relações internacionais, se vem focalizando nos problemas de desenvolvimento e cooperação em África, obriga-nos a encorajá-la ao estudo das questões africanas, discutindo e propondo soluções que possam desconstruir as teorias afropessimistas e que o continente Africano da fome, conflitos étnicos, deslocados de guerra, doenças epidémicas passe à história e que construa uma nova África com uma economia que a catapulte para o plano geoestratégico e um actor de peso nas relações políticas e económicas internacionais.

CARLOS MARIA FEIJÓ
Professor das Faculdades de Direito
da Universidade Agostinho Neto e Católica de Angola.

Luanda, aos 28 de Janeiro de 2008.

ABSTRACT

On the scope of nowadays International Relationships, China presents itself as a relevant actor, where the cooperation relations it embraces gradually, especially with the partnerships with the African continent, helps to consolidate that position. For that reason we´ve elected that relationship as the subject of this research, trying to proportionate a modest contribute for an actual subject and that can revolutionise the *modus operandi* of the cooperation relationships between the countries of the North and South in an era characterized by interdependence. In this sense, the fundamental objective is to contribute for the reflection about the paradigm of south-south cooperation in the sense of the development of the countries evolved.

Cooperation between China and Africa embraces two modalities: one multilateral, due to the countries that participate in the Cooperation Forums as well as bilateral, that concerns the relationship that China develops with which one. In this regard, we dedicate special attention to the relations between China and Angola.

The starting point is the Chinese foreign policy and its power projection in Africa. China appears as the principal intervention agent in a cooperation that one hopes to benefit the two sides. And it´s precisely on this scope that we dedicate a critic analyse in order to help the explanation of some questions that this relationship establishes.

LISTA DE ACRÓNIMOS

SOAS	– Escola Superior de Estudos Orientais e Africanos de Londres
EUA	– Estados Unidos da América
URSS	– União Soviética
ONG	– Organização Não Governamental
FMI	– Fundo Monetário Internacional
BM	– Banco Mundial
OMC	– Organização Mundial do Comércio
G8	– Estados Unidos, Japão, Alemanha, Reino Unido, França, Itália, Canadá e Rússia
PVD	– Países em Vias de Desenvolvimento
ONU	– Organização das Nações Unidas
UNITA	– União Nacional para a Independência Total de Angola
MPLA	– Movimento Popular de Libertação de Angola
COREMO	– Comité Revolucionário de Moçambique
FRELIMO	– Frente de Libertação de Moçambique
PAIGC	– Partido Africano para a Independência da Guiné e Cabo-Verde
ZANU	– Unão Nacional Africana do Zimbabwe
ZAPU	– União Africana do Povo do Zimbabwe
PAC	– Congresso Pan-Africanista
ANC	– Congresso Nacional Africano
SWANU	– União Nacional Africana do Sudoeste
SWAPO	– Organização do Povo Africano do Sudoeste
RPC	– República Popular da China
UE	– União Europeia

FOCAC	– Fórum para a Cooperação China-África
GATT	– Acordo Geral de Tarifas e Comércio
PAE	– Planos de Ajustamento Estrutural
ACP	– África, Caraíbas e Pacífico
OUA	– Organização da Unidade Africana
UA	– União Africana
NEPAD	– Nova Parceria para o Desenvolvimento de África
SADC	– Comunidade para o Desenvolvimento da África Austral
CPLP	– Comunidade de Países de Língua Portuguesa
STP	– São Tomé e Príncipe
MERCOSUL	– Mercado Comum do Sul
COMMONWEALTH	– Comunidade Britânica
CEDEAO	– Comunidade Económica dos Estados da África Ocidental
CEDEAC	– Comunidade Económica dos Países da África Central
EXIM BANK	– Banco Chinês de Exportações/Importações
PETROCHINA	– Corporação de petróleo da China
SINOPEC	– Corporação Química e de Petróleo da China
SONANGOL	– Sociedade Nacional de Combustíveis de Angola
UNIPEC	– União Internacional de Petróleo e Químicos da China
BP	– British Petroleum (Petróleo Británico)
OMA	– Organização da Mulher Angolana
COMESA	– Mercado Comum da África Oriental e Austral
CEEAC	– Comunidade Económica dos Estados da África Central
SMEC	– Consultoria de Engenharia e Desenvolvimento
ZTE	– Companhia de Equipamentos de Telecomunicações da China
COVEC	– Grupo de Engenharia Internacional da China
TPA	– Televisão Pública de Angola
AGOA	– Acto de Oportunidade e Crescimento de África

ÍNDICE DE QUADROS

Quadro 1:	Comparação das expressões discursivas entre o Ocidente e a China	41
Quadro 2:	Análise Comparativa do AGOA, o Acordo de Cotonou e o Livro Branco da China	42
Quadro 3:	O Nascimento do Terceiro Mundo	53
Quadro 4:	O apoio chinês e soviético aos Movimentos de Libertação Nacional de 1970	63
Quadro 5:	Os líderes chineses e a política externa	76
Quadro 6:	Visitas de alto nível entre a China e África	78
Quadro 7:	Trocas comerciais China-Países de Língua Portuguesa	92
Quadro 8:	O ExIm Bank em África	103
Quadro 9:	Quarteto Estratégico	112
Quadro 10:	O perdão da dívida da China aos países africanos	115
Quadro 11:	O comércio China-África	121
Quadro 12:	Visitas de alto nível entre a China e Angola	124
Quadro 13:	Produção e consumo de petróleo na China	131
Quadro 14:	Principais produtos de exportação angolanos	133
Quadro 15:	Características do Bloco 18	134
Quadro 16:	A performance económica de Angola	142
Quadro 17:	Comércio Externo China-Angola	143
Quadro 18:	Programa Nacional de Desminagem	146

ÍNDICE DOS ANEXOS

Anexo I:	Discurso de Ahmed Sukarno à Abertura da Conferência de Bandung..	197
Anexo II:	Jawaharlal Nehru, Discurso à Conferência Bandung, 1955...	200
Anexo III:	Discurso Complementar de Zhou Enlai à Conferência de Bandung...	203
Anexo IV:	Declaração Conjunta sobre a Nova Associação Estratégica da Ásia-África...	207
Anexo V:	Países ACP...	215
Anexo VI:	Plano de Acção de Addis-Ababa..................................	216
Anexo VII	Países Membros da CPLP...	227
Anexo VIII:	Notícia do Empréstimo Chinês à Guiné-Bissau o Conselho de Ministros da CPLP......................................	228
Anexo IX:	Declarações da 24ª cúpula de Chefes de Estados Africanos com a França...	229
Anexo X:	Comunicado Conjunto sobre o Estabelecimento das Relações Diplomáticas entre a República Popular da China e a República Popular de Angola.....................	234
Anexo XI:	Comunicado o Consulado-Geral de Angola na Região Administrativa de Macau..	236
Anexo XII:	Angola e as Integrações Regionais..............................	240
Anexo XIII:	Lei de Bases do Investimento Privado n.º 11/03 de 25/07/2003 – DR 37/2003..	241
Anexo XIV:	O Continente Africano..	262
Anexo XV:	Resolução 83/05, de 19 de Dezembro, sobre a Fiscalização ao Crédito Chinês	263
Anexo XVI:	Inquérito a cidadãos angolanos...................................	265
Anexo XVII:	USAFRICOM...	266
Anexo XVIII:	AGOA – Lista de Países Elegíveis...............................	276

ÍNDICE

1. INTRODUÇÃO 25
2. OS OBJECTIVOS GERAIS E DE NATUREZA ESPECÍFICA 27
3. METODOLOGIA DA ANÁLISE 31

CAPÍTULO I: ENQUADRAMENTO TEÓRICO DAS RELAÇÕES CHINA-
 -ÁFRICA 35

   1. As Teorias das Relações Internacionais: como enquadrar as relações
      China-África? 36
   2. Diplomacia e Economia 44
      2.1. As Teorias da Diplomacia Económica 47
      2.2. A Importância dos actores estatais, não-estatais e transnacionais
          nas relações económicas 49
      2.3. A modalidade bilateral/multilateral da diplomacia económica ... 51
   3. Relações de proximidade: a identificação da China com os problemas
      africanos? 52
      3.1. A Conferência de Bandung: a afirmação da China 52
      3.2. As descolonizações 60
      3.3. Os efeitos do fim da guerra-fria nas relações China-África 65
   4. O papel das ideologias nas relações da China com o Mundo: a impor-
      tância da estratégia 66
   5. As relações China-África: a importância da cooperação Sul-Sul 73

CAPÍTULO II: A ESTRATÉGIA DA CHINA EM ÁFRICA 81

   1. O Fórum de Cooperação China-África 83
      1.1. O Manifesto de Beijing 83

1.2. O Programa para a Cooperação Económica e Desenvolvimento
     Social entre a China e África 87
2. O Fórum para a Cooperação Económica e Comercial entre a China e
   os Países de Língua Portuguesa 90
3. A política chinesa para África: apreciação crítica do Livro Branco ... 96
   3.1. O papel da UA e da NEPAD nas relações de cooperação 108
   3.2. Benefícios Mútuos? 113
   3.3. Balanço da China em África 120

CAPÍTULO III: ANTECEDENTES E EVOLUÇÃO DAS RELAÇÕES
             DIPLOMÁTICAS ENTRE A CHINA E ANGOLA 123

1. Origem e natureza das relações políticas entre a China e Angola 123
2. Instituição das Missões Diplomáticas 125

CAPÍTULO IV: OBJECTIVOS DA COOPERAÇÃO CHINA-ANGOLA . 127

1. A China: Interesses da Cooperação com Angola 129
   1.1. A importância do "ouro negro" para a economia em crescimento
        – exigências crescentes 129
   1.2. A participação em blocos de exploração petrolíferos 133
   1.3. O mercado por explorar 135
   1.4. A importância de Angola como esfera de influência na África
        Austral 135
        1.4.1. A expansão da política "Uma só China" 135
        1.4.2. Os benefícios da integração regional: a SADC, a COMESA
               e a CEEAC 138
2. Angola: Interesses da Cooperação com a China 141
   2.1. A importância do crédito chinês 143
        2.1.1. A corrupção: o problema do alcance do crédito? 150
   2.2. A importância da cooperação militar 152
   2.3. A contribuição para a reconstrução das obras públicas do país .. 153
   2.4. A transferência de tecnologia ou a entrada de Angola no séc. XXI 154
   2.5. A cooperação médica 155
3. A China: um importante aliado na ONU 157

CAPÍTULO V: PERSPECTIVAS DA RELAÇÃO DE COOPERAÇÃO
             CHINA-ANGOLA 161

1. Angola: Consequências a curto, médio e longo prazo 161
   1.1. Reflexões sobre a projecção do poder geopolítico da China em
        Angola 161

1.2. Tendências da cooperação económica 163
  1.3. O impacto sócio-cultural 166
2. A China: Consequências a curto, médio e longo prazo 168
  2.1. China-EUA: Angola e a hipótese de contrapeso? 168
  2.2. A importância do expansionismo comercial chinês 173

CONSIDERAÇÕES FINAIS 179

BIBLIOGRAFIA 187

ANEXOS 195

1. INTRODUÇÃO

O século XXI apresenta, pela primeira vez na história, uma possibilidade viável: a de que a maior economia mundial não provenha de uma democracia ocidental liberal, mais especificamente dos Estados Unidos da América (EUA), que desde o final da 2ª Guerra Mundial dominam a agenda global.

Neste quadro, a China é o grande desafio à ordem estabelecida. A vitalidade económica chinesa apresenta-se capaz de suplantar a performance norte-americana, através de uma estratégia progressivamente global, alicerçada no desenvolvimento da Cooperação Sul-Sul.

Os contactos entre China-África provêm de há séculos atrás mas o dinamismo e influência nas relações internacionais advêm do ano 2000, altura em que formalmente se instituiu o Fórum para a Cooperação China-África. A sua criação veio moldar um novo tipo de cooperação, sob o patrocínio de país não ocidental orientado pelas matrizes marxistas-leninistas e que tem assumido cada vez maior protagonismo internacional, o que lhe permite aumentar o seu poder[1].

Este Fórum, enquanto mecanismo de concertação de políticas, realiza-se de três em três anos e tem captado cada vez mais a atenção internacional pela crescente participação dos estados africanos e a tendência de participação ao mais alto nível governativo.

A percepção de que a África é um continente caracterizado pela prevalência subdesenvolvimento, que apesar do histórico de ajudas e parcerias do ocidente, não conseguiu ultrapassar, favorece a disponibilidade para a cooperação com a China.

---

[1] De acordo com Walter S. Jones, citado por Adriano Moreira In *Teoria das Relações Internacionais*, Coimbra, 2002, p. 5, o poder é: *"A capacidade de um agente das relações internacionais para usar recursos e valores materiais e imateriais de maneira a influenciar a produção de eventos internacionais em seu proveito"*.

Nesse âmbito, é dada a altura de procurar outras vias para o desenvolvimento e nessa perspectiva, a China poderá ser o parceiro ideal, trazendo um novo vigor e nova esperança. Efectivamente, como se irá demonstrar ao longo deste estudo, pela primeira vez é dada a África a possibilidade de implementar o seu próprio modelo de desenvolvimento.

Assim, a Comunidade Internacional aguarda com expectativa as consequências deste relacionamento, considerando que as grandes potências ocidentais encaram com alguma apreensão a crescente influência chinesa no continente em virtude dos eventuais efeitos perversos deste tipo de cooperação, ou melhor, de uma cooperação liderada por um país do qual se desconhecem os objectivos internacionais e que tem demonstrado uma capacidade económica capaz de competir com as maiores potências.

Para além destes motivos, permanece a dúvida quanto à actuação da China no continente. Estará disposta a actuar sozinha ou em conjunto com outros países? Tentaremos responder ou dar um mote de resposta a estas e outras questões que vigoram no quadro das Relações Internacionais, em consonância com os pressupostos de Walter S. Jones, sobre o estudo das motivações económicas, acções e políticas externas[2].

Desta forma, pretende-se com esta dissertação analisar as relações entre o país asiático e o continente africano, a partir da constatação de que a estratégia chinesa para a África abrange duas modalidades de cooperação: multilateral e bilateral, a primeira incidindo nos Fóruns de Cooperação e a segunda no relacionamento com Angola que perfaz o caso específico.

---

[2] Cfr. Walter S. Jones, *The Logic of International Relations*, Boston, 1988.

2. OS OBJECTIVOS GERAIS E DE NATUREZA ESPECÍFICA

a) Os objectivos gerais

Conforme advoga o Professor Heitor Romana, efectuar um quadro metodológico é um *processo sistemático*[3] e metódico, mas imprescindível num trabalho científico. Por sua vez, e nesse sentido, o Professor Carlos Moreira evidencia cinco etapas a que corresponde a construção metodológica que sinteticamente passam por: *"...elaborar um projecto, o qual passa pela formulação de um problema [...] preparativos da investigação [...] trabalho de campo [...] codificação, gestão e análise de dados [...] relação de resultados e apresentação de um relatório"*[4].

Já havíamos referido na Introdução que a área de investigação a que corresponde a nossa dissertação incide sobre as Relações de Cooperação entre a China e África: o caso de Angola. No cômputo geral propomo-nos estudar, de forma sistemática, o histórico, os actores e tendências das relações entre o país asiático e o continente africano desde o início do século XXI, enfatizando o relacionamento bilateral com Angola.

A escolha de um tema desta natureza prende-se, em primeiro lugar, pela actualidade e proeminência do mesmo e, em segundo lugar, porque se preconiza um crescente interesse sobre esta temática, aliado à constatação de que há pouca abundância de fontes sobre esta matéria, o que constitui as limitações de um estudo deste género e um desafio que não poderíamos ignorar. Por último, porque se tem a plena noção da importância da reflexão sobre os fenómenos internacionais e de estabelecer correlações entres

---

[3] Cfr. Heitor Barras Romana, República *Popular da China. A Sede do Poder Estratégico. Mecanismos do Processo de Decisão*, Coimbra, 2005, p. 19.

[4] Carlos Diogo Moreira, *Planeamento e Estratégias da Investigação Social*, citado por ROMANA, Heitor, Ob. Cit., p. 19.

eles. Ainda assim, realizámos um esforço de compilação de fontes através de pesquisas bibliográficas, com viagens à Biblioteca da Escola de Estudos Orientais e Africanos de Londres (SOAS), Bibliotecas e Institutos em Portugal e pesquisa de campo, através de informações recolhidas sobre Angola que permitem enquadrar o estudo de caso.

Com a entrada da China na arena mundial e em particular com a abertura económica do país, facultada pela adesão à Organização Mundial do Comércio (OMC), começámos a assistir ao fim do isolacionismo chinês e a uma nova configuração nas relações de poder.

Tendo em conta que as relações de cooperação assumem preponderância na actualidade, enquanto possibilidade de assegurar a *balança de poderes*[5], ter-se-á oportunidade de verificar a estratégia de poder chinesa, reflectida nas relações formais de cooperação com África. Sem dúvida, porque os Fóruns são uma iniciativa da China o que, *a priori*, pressupõe a existência de uma hierarquia e viabiliza o protagonismo, cujo âmago assenta na projecção do poder chinês que se irá desenvolver ao longo do trabalho. No entanto, a interdependência em que se enquadram as Relações Internacionais, de acordo com Robert Keohane e Joseph Nye, comporta duas dimensões: *vulnerabilidade*, na medida em que apresenta custos sócio-políticos ou económicos da mudança nas políticas locais, devido a factores externos e *sensibilidade* que diz respeito à alteração em políticas locais. Importa assim projectar esses factores no relacionamento sino-africano.

b) Os objectivos específicos

Descritas estas finalidades, o presente estudo tem como objectivo elaborar uma pesquisa que permita aceder aos seguintes objectivos específicos:

a) Identificar os factores de aproximação entre os intervenientes;
b) Analisar a estratégia chinesa em África;
c) Examinar os moldes da cooperação em ambos os intervenientes;

---

[5] Entenda-se a possibilidade de manter um relacionamento pacífico internacional à medida do crescimento do estatuto chinês.

d) Proceder a uma análise pormenorizada da relação bilateral entre a China e Angola;
e) Perspectivar tendências da cooperação.

Mas como refere o Professor Adriano Moreira *"o investigador político tem um objectivo mais vasto"*[6], o que pressupõe a formulação de hipóteses e que no âmbito desta dissertação correspondem às seguintes:

1. As relações de cooperação entre a China e África constituem uma nova modalidade de parceria;
2. Esta relação de cooperação tende a constituir uma nova forma de neocolonialismo no século XXI;
3. Este tipo de relacionamento implementa uma nova modalidade de cooperação Sul-Sul;
4. A viabilidade da cooperação Sul-Sul;
5. Um relacionamento com estas características é um projecto sustentável.

---

[6] Adriano Moreira, Ob. Cit, p. 117.

3. METODOLOGIA DA ANÁLISE

Um trabalho sobre um tema tão actual, devido à escassez de documentação directa e menos especulativa possível, implica que a dissertação seja organizada sob o formato de estudo exploratório, em conformidade com a obra de Seltiz, Jahoda, Deutch e Cook[7] e a sua divisão das pesquisas nesta área. Dado este enquadramento, a perspectiva metodológica que desenvolvemos implica uma certa flexibilidade, e é apresentada em consonância com os pressupostos de Phillips:

"Por seu turno Phillips, num esforço de tipificação da diversidade das pesquisas em Ciências Sociais, ocasionada pela sua juventude e pela complexidade do seu objecto, classifica as investigações de acordo com dois contextos: um contexto de descoberta, para objectos de estudo sobre os quais existe pouca informação sistematizada e um contexto de verificação para estudos já com bastante pesquisa feita."[8]

Sem dúvida, tendo a plena noção de que o conhecimento científico é sempre um processo *inacabado*, na medida em que participa das vicissitudes da História, o que facilmente se revê no objecto de estudo. Por isso, realizou-se uma crítica interdisciplinar constante que permite a superação das teorias, oferecendo uma perspectiva, uma interpretação, um ponto de vista.

De resto, Karl Popper salienta a importância da existência de uma comunidade científica e da verossimilhança na epistemologia[9]. Nessa

---

[7] Seltiz, Jahoda, Deutsch, Cook, Métodos de Pesquisa nas Relações Sociais, São Paulo, 1965.

[8] Bernard, *Pesquisa Social*, Rio de Janeiro, Agir, s/p, 1974.

[9] Cfr. Karl Popper, *O Realismo e o Objectivo da Ciência*, Lisboa, Publicações Dom Quixote, 1987.

perspectiva, correspondemos aos paradigmas de Thomas Kuhn, segundo o qual agimos segundo os moldes, os conceitos e técnicas da nossa época[10].

E, como refere o Professor Adriano Moreira, tendo o devido cuidado com a constatação da realidade:

> *"Mas o investigador político tem um objectivo mais vasto, que é o desenvolvimento do conhecimento sistemático dos fenómenos políticos, o que significa submeter a experiência a generalizações, que propõem uma explicação geral e permitem prognosticar tendências [...] O importante é que a generalização tem de ser, como os conceitos, apoiada nos factos..."*[11].

Nessa conformidade, formulámos as hipóteses descritas no ponto anterior, que iremos ou não constatar ao longo do trabalho, com recurso à maior diversidade possível de fontes documentais: *indirectas; directas e o silêncio do poder*[12], com especial relevo para as fontes indirectas que abundam em maior quantidade que as restantes. Não obstante, tem-se plena consciência da importância das restantes, só que a sua circulação é bastante limitada pela já mencionada actualidade da matéria em estudo. Ainda assim, e no que concerne ao silêncio do poder, a sua análise mostrou-se fulcral para determinadas assumpções adoptadas nesta dissertação, por permitir estabelecer a correlação entre a percepção da realidade e os discursos oficiais que será determinante para o desenvolvimento relacional dos actores.

Para além destas fontes, socorremo-nos de técnicas como o inquérito e a entrevista que como afirma o Professor Sousa Lara *"constituem indiscutíveis técnicas de investigação, à luz do que pretendemos definir"*[13].

A metodologia da análise, *ipsis verbis*, incidiu no método indutivo e dedutivo, tendo-se adoptado uma linguagem simples e fluída, por forma a transmitir uma mensagem de fácil apreensão.

Quanto à organização do trabalho propriamente dita, identificámos cinco linhas-força que organizámos por capítulos, sendo que faremos em primeiro lugar um enquadramento teórico da relação da China com a

---

[10] Cfr. Thomas Kuhn, *A Estrutura das Revoluções Científicas*, Brasil, 1994.
[11] Adriano Moreira, *Ciência Política*, Coimbra, 2006, pp. 117-118.
[12] Idem, Ibidem, pp. 125-126.
[13] António de Sousa Lara, Ob. Cit., p. 30.

África, reflectindo sobre as Teorias das Relações Internacionais que eventualmente permitem classificar este novo relacionamento: serão as reconhecidas teorias realista ou neo-realista ou pelo contrário haverá outras a ponderar e/ou a conjugar? Isto porque é necessário explicar como irão actuar os grandes poderes que poderão emergir e como os outros Estados do Sistema Internacional irão reagir ao seu aparecimento.

Uma temática desta natureza implica, por razões óbvias, uma reflexão sobre a importância da diplomacia económica na era actual. De facto, as relações entre Estados tendem a dar primazia aos aspectos económicos que se mostram também um meio eficaz de prevenção e resolução de conflitos.

Posteriormente, procederemos a uma análise sumária dos aspectos históricos[14] que condicionaram a relação causa-efeito do fenómeno que nos propomos estudar, a partir do século XXI. Por isso, torna-se necessário proceder a um exercício de revisionismo, pelo que abordaremos a Conferência de Bandung como meio de afirmação internacional da China. Realçaremos igualmente as descolonizações e o papel do apoio chinês aos movimentos de libertação nacional um pouco por toda a África, assim como a era da Guerra-Fria, analisando os seus efeitos nos países em vias de desenvolvimento e uma avaliação da cooperação sul-sul nessa era.

Em segundo lugar, analisaremos a estratégia multilateral entre os dois intervenientes, enfatizando a modalidade dos *Fora* de Cooperação enquanto principais mecanismos de consultação e preparação para os acordos bilaterais, de acordo com a sua realização trianual, e seguidamente precederemos a uma análise crítica da política da China para o continente, que molda as actuais relações sino-africanas.

Na transição para o século XXI, o 1º Fórum para a Cooperação China-África captou pouca atenção internacional, e marcou o início do aprofundamento da cooperação sul-sul entre os dois. Nesse sentido, foi um

---

[14] *"Mas é ainda impossível não considerar as obras históricas gerais como matéria fundamental para a Ciência Política mesmo que em sentido restricto.[...] Os métodos da História são, em primeiro lugar, próprios e originais e, em segundo, utilizados, ainda que em grau e de formas diferentes, por todas as ciências políticas. Por conseguinte, teremos de os considerar em primeiro lugar não só em função de um ranking de importância relativa, mas, sobretudo, porque constituem um instrumental prioritário na definição dos fenómenos que formam o universo do político".* In António de Sousa Lara, *Ciências Políticas. Metodologia, Doutrina e Ideologia*, Lisboa, p. 70.

evento marcadamente simbólico, sendo que os restantes assumiram uma estrutura mais complexa de acompanhamento e balanço.

Exposto isto, e em terceiro lugar, importa reflectir sobre a modalidade da cooperação bilateral entre a China e Angola, que constitui o nosso estudo de caso. A partir daqui, para além das fontes bibliográficas, recorreu-se ao conhecimento propiciado pela observação pessoal e a experiência profissional.

Aí começaremos pelas relações políticas entre os dois países, procedendo-se a um breve enquadramento do relacionamento pós e *ex ante* a aquisição do estatuto de Angola como nação independente, passando pelas relações diplomáticas entre ambos, que constituem o mote para uma cooperação profícua.

Em quarto lugar, abordamos os objectivos da cooperação China--Angola, salientando os interesses de cada um dos intervenientes, com base nos aspectos mais proeminentes da relação: da parte de Angola, a alternativa de financiamento, o apoio da China para a reconstrução e desenvolvimento do país, pela troca de experiências e o apoio internacional junto da ONU; e da parte chinesa, o acesso aos recursos naturais, potenciais mercados para o escoamento de produtos e o apoio internacional à questão de Taiwan, para além de aceder a uma localização estratégica no continente africano.

E, por último, apresentaremos um capítulo mais reflexivo sobre as perspectivas da relação entre os dois países, oferecendo uma análise tripartida das consequências a curto, médio e longo prazo. Será Angola capaz de enfrentar os efeitos do poder geopolítico da China?

CAPÍTULO I: **Enquadramento Teórico das Relações China-África**

É imprscindível, em nosso entender, compreender o histórico da relação entre a China e África por forma a realizar-se uma análise conjuntural, de acordo com os objectivos da nossa tese. Nessa conformidade, a análise incide primeiramente nas Teorias das Relações Internacionais e no estabelecimento de relações de proximidade entre a China e os países africanos no sentido da aquisição de uma identificação comum. É neste contexto que evidanciamos três períodos da História: em primeiro lugar a realização da histórica Conferência de Bandung, em 1955, a primeira conferência da qual participaram os representantes dos países asiáticos e africanos a fim de discutir os problemas comuns. Aí, elaborar-se-á uma descrição mais pormenorizada de molde a salientar a estratégia chinesa adoptada para conquistar influência. De facto, foi nessa conferência que a China iniciou a sua ofensiva diplomática, demonstrando capacidades que lhe permitiriam evidenciar-se.

Relativamente às descolonizações, um processo que dificilmente se consegue sem apoios e motivações externas, referimos o papel da China no apoio aos movimentos de libertação em diversos países africanos por razões que se prendem com a identificação com a situação de opressão/humilhação e conquista de esferas de influência. Este processo político frequentemente envolve violência e que termina quando a comunidade internacional reconhece o governo de facto do país recentemente independente como um estado soberano *de jure* e que na definição do Professor Adriano Moreira, consiste num *"acto que deu origem a várias normas de Direito Costumeiro, a primeira das quais é a inteira liberdade de cada Estado para reconhecer ou não o aparecimento de um outro Estado como sujeito de Direito Internacional. A função principal do reconhecimento é a de tomar conhecimento de uma nova entidade de Direito Inter-*

nacional ou dos seus órgãos representativos como o Governo ou o Chefe de Estado".[15]

No terceiro ponto, analisaremos a conjuntura internacional gerada pela Guerra-Fria que também contribuiu para a concretização das descolonizações pois a agudização do conflito conduziu à divisão do mundo em dois blocos de influência que procuravam cada vez mais aliados à sua causa. Em virtude dos conflitos que se insurgiam contra os colonizadores e a crescente conquista das independências pelos países subjugados, o objectivo era de prevenção futura e conquistar os países recém-descolonizados, razão pela qual se verificou o apoio que tanto os Estados Unidos da América (EUA) como a União Soviética (URSS) forneciam aos movimentos de luta de libertação, uma vez que o enquadramento internacional favoreceu os povos oprimidos.

Dessa forma, África foi convertida num espaço de concorrência de poder das superpotências.

Na terceira parte deste capítulo abordaremos a temática da diplomacia económica na era da globalização, defendendo que a diplomacia tradicional está obsoleta e que não se encontra restricta à actividade diplomática praticada pelo Estado, pelo contrário assistimos a uma multiplicação de actores de crescente relevância. Importa também realçar a influência da diplomacia económica, uma variante da diplomacia tradicional que ocupa um lugar de destaque no relacionamento entre a China e África, na medida em que os aspectos económicos constituem a prioridade actual nas relações entre governos.

1. As Teorias das Relações Internacionais: como enquadrar as relações China-África?

As relações China-África inserem-se no âmbito da cooperação, um tema abordado pela Teoria das Relações Internacionais, sendo que *"A cooperação pode ocorrer em resultado de ajustamentos do comportamento dos actores e em resposta, ou por antecipação às preferências de outros actores"*[16], daí que *"os Estados têm interesse nas relações coopera-*

---

[15] Adriano Moreira, *Direito Internacional Público*, Coimbra, p. 60.
[16] James E. Dougherty e Robert L. Pfaltzgraff Jr., *Relações Internacionais. Teorias em Confronto*, Lisboa, 2003, p. 641.

tivas que conduzem a soluções aceitáveis por todos, para problemas comuns"[17]. Nesta mesma perspectiva, faz-se referência ao livro *After Hegemony*[18], de Robert Keohane, que se centra no conceito de interdependência como base para o estabelecimento das relações cooperativas entre as nações. Logo, o contexto cooperativo assume relevância na medida em que amplia os *outcomes* das nações envolvidas, partindo do pressuposto da existência de reciprocidade, que se espera sejam a base para o desenvolvimento das relações de cooperação entre a China e África. Mas o conceito de cooperação internacional tem sido alvo de adaptações e conjugações ao longo do tempo. Esteve, nos anos 60 conectado ao conceito de *ajuda* e mais especificamente *ajuda para o desenvolvimento* por parte dos países mais desenvolvidos para os menos desenvolvidos. No entanto, o seu verdadeiro sentido semântico afasta-se dessa correlação porque não é um processo unilateral mas gerador de benefícios mútuos.

De facto, Robert Gilpin adverte para a interdependência entre política e economia[19], que permite enquadrar este estudo, na medida em que estes dois temas dão o mote ao desenvolvimento do trabalho.

A evolução da filosofia realista nas relações internacionais desenvolveu um gosto pela concepção de leis, estruturas e sistemas. Estes são construídos de unidades das quais o Estado é o mais importante. Muitos teorizadores da Teoria Realista como Morgenthau e neo-realistas, como Waltz, retiraram metodologias da economia e outras ciências para estabelecer uma abordagem racional e organizada para a teoria do poder político. Estas duas teorias representam duas das maiores abordagens teóricas relacionadas com a economia na segunda metade do século passado e assiste--se a uma tendência de transposição de alguns aspectos teóricos para o século XXI.

Mais pormenorizadamente, Morgenthau teorizou o realismo assente em seis princípios essenciais[20]:

1. Os Estados são os actores centrais do sistema internacional;

---

[17] Ibidem, p. 649.
[18] Cfr. Robert Keohane, *After Hegemony*, Princeton, 2005.
[19] Cfr. Robert Gilpin, *U.S.Power and the Multinational Corporation*, New York, 1975.
[20] Hans J. Morgenthau, *Politics Among Nations: The Struggle for Power and Peace*, New York, 1978, pp. 4-15.

2. A política internacional é conflitual e assenta no pressuposto que os governantes *"pensam e agem movidos pelo interesse, definido este em termos de poder"*;
3. Destaque da lei da sobrevivência na política externa e o interesse nacional;
4. A política interna pode ser separada da externa;
5. O poder explica e prevê a conduta dos Estados;
6. Há uma soberania vigente que justifica o uso da força.

A posição realista refere que todos os regimes tendem a desenvolver o mesmo tipo de política externa e o conteúdo do interesse nacional é constante ao longo dos períodos da História, posição que é contraposta por Raymond Aron no capítulo *From Machtpolitik to Power Politics*:

"É verdade que os Estados, qualquer que seja o seu regime, desenvolvem o "mesmo tipo de política externa"? Esta afirmação é admiravelmente ambígua. Serão as políticas externas de Napoleão, Hitler e Estaline do mesmo tipo que as de Luís XVI, Adenauer ou Nicholas II? Se alguém responder que sim, então a proposição é incontestável mas não muito construtiva. A estrutura que todo o comportamento estratégico-diplomático tem em comum é formal e resume-se a egoísmos, à calculação de forças, a uma mistura de hipocrisia e cinismo. Mas as forças de nível são tantas que um Napoleão ou um Hitler contentam-se com a ajuda das circunstâncias revolucionárias para mudar o rumo da História"[21].

Será o objectivo da política externa chinesa idêntico ao de qualquer outra potência? Esta é uma das questões que vigora nas relações interacionais hodiernas e que se espera dar alguma contribuição para a resposta.

Já Waltz, defensor do realismo estruturalista, desenvolveu um neo-realismo que assenta a sua teoria no poder, afirmando que os Estados são *"unidades ou actores que, no mínimo, procuram a sua sobrevivência e, no máximo, lutam pelo domínio universal"*[22]. Interessa a manutenção do

---

[21] Raymond Aron, *Peace and War: A Theory of International*, New York, 1966, pp. 591-600.
[22] Kenneth Waltz, Theory of International Politics, New York, 1979.

statu quo entre as nações, pelo que a cooperação é um meio preferível à guerra que implica custos elevados. Esse *statu quo* depende da balança de poder entre as nações hegemónicas.

Ambas as perspectivas preconizam que o objectivo último dos Estados nas relações de cooperação consiste no reforço da sua segurança face a actores encarados como uma ameaça, sendo que a teoria neo-realista confere importância à formação de alianças para a competição internacional. Se este tipo de teoria permitia contextualizar em pleno a era da Guerra-Fria, já no âmbito do caso em estudo parece-nos que a China não vê a cooperação como forma de combater as ameaças mas uma forma de assegurar o seu crescimento futuro, que a própria salienta, se quer pacífico.

Sem dúvida, o positivismo e o realismo constituíram um casamento de conveniência durante o último século, desde as tentativas de Auguste Comte de desenvolver uma ciência da sociedade que seria mais tarde construída pelo Círculo de Viena de 1920. Uma variante do positivismo lógico prevaleceu na teoria das relações internacionais desde os anos 60 caracterizada pelo naturalismo, usando metodologias aplicadas entre as ciências naturais para determinar a existência de regularidades no mundo social: *"O positivismo nas relações internacionais...tem sido essencialmente um compromisso metodológico aliado a uma epistemologia empirista; juntos, resultam num alcance restrito de reivindicações permissíveis."*[23]

Existe uma vasta literatura que desafia a epistemologia empirista do positivismo cujo fundamento principal advém da percepção de que impõe limitações à qualidade e conhecimento produzido sobre as relações internacionais, deixando de parte a observância social de conceitos como a História, o destino, a identidade, os motivos, o amor e as aspirações. O criticismo social do positivismo assenta na premissa de que o facto pode ser separado do valor, que o conhecimento do mundo social produzido através de técnicas científicas pode ser livre de valor.

De facto, através dos discursos de reflectividade e consciência humana nas relações internacionais, alguns autores tentam demonstrar que o positivismo possui uma faceta normativa: *"Devemos reconhecer que o*

---

[23] Steve Smith, Ken Booth, e Marysia Zalewski, *International Theory: positivism and beyond UK*; Cambridge, 1996, p. 17.

contexto social e político em que a razão é ao mesmo tempo privilegiada e limitada à epistole científica, ter uma área "não científica" só pode ter um efeito pejorativo. E, dada a contribuição do positivismo para esse contexto e logo para o empobrecimento dos discursos normativos, devemos concluir que a ciência do positivismo social tem um conteúdo normativo claro em si e de si."[24]

Contudo, a presença de uma Teoria Crítica que é o olhar reflexivo dos eventos internacionais, é um desafio significativo para o positivismo realista na medida em que contribui para o desejo Aristoteliano de enancipação humana.

Neste sentido, um dos pensadores mais importantes da Teoria Crítica é Jurgen Habermas, cuja perspectiva epistemológica defende que não pode haver uma verdadeira declaração empírica independente do *"interesse do conhecimento-constitutivo"*. Para entender as acções, devemos ter em conta a perspectiva do actor, pondo-nos no seu papel, o que a nosso ver, é a melhor forma para entender as relações contemporâneas sino-africanas como alternativa às interpretações neo-realistas.

Como advoga Habermas, o entendimento entre as partes envolvidas depende da comunicação estabelecida[25], naquilo que apelidou de *"Pragmatismo Universal"*. Assim, chegamos à Teoria da Acção Comunicativa que Habermas conceptualizou nos anos 80, que defende que o discurso possui um *telos*[26] inerente, evidente na comunicação entre a China e o continente Africano e que consitui um factor de aproximação. Ora, as diferenças dos discursos entre a China e o Ocidente relativamente a África, abaixo exemplificados, são uma evidência que *a priori*, permitem compreender a aproximação ao continente:

---

[24] Mark Neufland, *The Restructuring of International Relations Theory*, Cambridge, 1996, p. 101.

[25] Jurgen Habermas, *Communication, Evolution, Society*, 1979.

[26] Palavra grega que designa objectivo.

QUADRO 1: **Comparação das expressões discursivas entre o Ocidente e a China**

Ocidente	China
Contrapartidas políticas (ex. boa-governação)	Cinco Princípios de Coexistência Pacífica
Cooperação Norte-Sul	Cooperação Sul-Sul
Continente sem esperança	Continente de oportunidades
Guerra Civil	Herança Colonial
Desrespeito pelos Direitos Humanos	Respeito mútuo e não ingerência
Subdesenvolvimento (pobreza; doenças...)	Cooperação para o Desenvolvimento e Diálogo Colectivo
Subdesenvolvimento	Igualdade de situação

Fonte: Quadro elaborado a partir do estudo e análise de um vasto conjunto de fontes abertas

Daqui se depreende que a comunicação e os discursos existem para atingir ou manter o poder, através da influência que podem exercer perante o público, pois as palavras por si só têm poder. Como refere Thilo von Trotha: *"Palavras inteligentes criam realidades..."*[27], frase que denota a percepção dos chineses da importância da actividade discursiva, e que foi um pouco perdida pelo ocidente, pois conforme Aristóteles afirmou: *"A Retórica pode ser definida como a faculdade de observar, em qualquer dos casos os meios de persuasão disponíveis"* (Livro 1-parte 2). Efectivamente, pelo quadro apresentado acima, deduz-se a funcionalidade do discurso chinês no que concerne a África, pela prevalência de argumentos que cativam e apelam à empatia, facto que se inclui nas ciências da linguagem e que Adriano Moreira explicita na sua obra Relações entre as Grandes Potências[28].

Enquanto a estratégia ocidental assenta numa série de adjectivos e frases que tendem a ser tendencialmente negativas, quando uma das regras básicas discursivas no meio comercial consiste em eliminar o pessimismo

---

[27] Autor dos discursos de Helmut Schmidt, fundador da Academia de Escrita Discursiva na Alemanha, em entrevista ao Goethe-Institut sobre Linguistic Change and Politics, Agosto de 2006: http://www.goethe.de/lhr/prj/mac/spw/en1642392.htm

[28] Cfr. Adriano Moreira, *Relações entre as Grandes Potências*, Lisboa, 1989, p. 122.

e a negatividade por forma a evitar o distanciamento, a China, pelo contrário, apresenta alternativas ao público africano, como aliás teremos oportunidade de demonstrar no capítulo III, quando apresentarmos a política oficial da China para o continente, ou o também designado Livro Branco para a África, publicado em 2006. De resto, apresentamos abaixo um quadro exemplificativo das diferenças, *ipsis verbis*, dos documentos de cooperação com a África dos três principais intervenientes, mormente os EUA, a Europa e a China:

QUADRO 2: **Análise comparativa do AGOA (EUA), o Acordo de Cotonou (EU) e o Livro Branco da China**

AGOA: EUA/África Subsariana e Caraíbas 106.º Congresso dos EUA – 24/01/2000	COTONOU: UE/África, Caraíbas e Pacífico (ACP) Cotonou – 23/06/2000	Política da China: China/África 2006
Sec. 104 Requisitos de Elegibilidade	Sem Requisitos: Política global	Sem Requisitos: Política Global
Economia de mercado	Ajudas	Cooperação
Eliminação de barreiras ao comércio e investimento americanos	Pilar IV: Regras da OMC	Ponto 2: Alínea a Facilitação de entrada dos produtos africanos na China; Isenção de impostos alfandegários
Políticas económicas de redução de pobreza...	Pilar III: Sector Privado; liberalização; políticas sectoriais	Sem requisitos
Combate à corrupção	Pilar I-Art. 9: Gestão Transparente	Sem requisitos
Protecção dos Direitos Internacionais dos Trabalhadores	Pilar I: Direitos Humanos	Sem requisitos
Progressos contínuos	(Art. 96/97) Critérios de Desempenho/Suspensão	Apoio ao princípio "Uma só China"

Fonte: AGOA, Acordo de Cotonou e Política da China

Por outro lado, Michael Foucault oferece uma distanciação mais ousada da epistemologia tradicional, ao considerar que condições historicamente definidas determinam a produção do conhecimento e a sua relação intrínseca com o exercício do poder[29]. Realça também que a epistemologia é secundária e: *"os discursos académicos aparecem não como um resultado neutro da escolaridade mas como uma consequência directa das relações de poder... o poder está relacionado em todos os sistemas de conhecimento de tal maneira que noções como a razão e a verdade são produtos de circunstâncias históricas específicas."*[30] De facto, o conhecimento não tem de corresponder à verdade mas passar como verdadeiro para se atingir os objectivos, o que está intrinsecamente ligado com a importância da *cenografia* que envolve o discurso. Daí que a produção do discurso seja controlada, seleccionada e organizada.

Face ao exposto, o conhecimento do poder não provém de uma epistemologia externa de qualquer escolha escolar mas de facto substitui-a e desempenha o mesmo objectivo. Esta perspectiva é discordante da de Habermas e do que muitos advogam ser o pragmatismo estratégico que caracteriza a política externa chinesa. Ainda assim, o envólucro histórico--cultural de Foucault pode provar ser uma perspectiva distinta da natureza das relações sino-africanas.

Sem dúvida, uma das consequências da Teoria Crítica em que todo o conhecimento acerca da realidade deve ser compreendido dentro de um contexto de interesses é a de que atrai atenção para o facto do neo-realismo e a sua associação com o positivismo não pôr fim ao debate sobre a natureza e origens do poder, apesar da sua presença dominante nas Relações Inter-nacionais. Enquanto o realismo tem sobrevivido devido ao ênfase no poder das políticas, é desafiado a nível epistemológico por ser conservador.

Nesta medida, o relacionamento China-África constitui uma oportunidade única para argumentar que as teorias clássicas não são a única maneira de ver as mudanças na política internacional mas de facto urge a existência de uma nova teoria que se adeque às relações China-África, visto que a diversidade das relações internacionais obriga a uma nova definição dos modelos até agora propostos. No entanto, compreende-se a árdua tarefa na definição de uma teoria que se enquadre às realidades do

---

[29] O poder é transferido pela condução do diálogo de acordo com o conhecimento de cada um.
[30] Steve Smith, Ken Booth e Marysia Zalewski, Ob. Cit, p. 17.

século XXI mas prevalece a sua necessidade. Consequentemente, o neo--realismo/realismo estruturalista parecem-nos perspectivas redutoras para a compreensão do relacionamento sino-africano, sendo necessário aglumerar outras teorias que permitam elaborar uma visão alargada de outras ciências sociais para uma classificação mais eficaz. De facto, é necessário quebrar a tendência para a transposição de teorias com o passar das épocas para se proceder a uma actualização mais rigorosa e mais importante que isso, é evitar-se a demasiada ênfase às políticas e proceder-se ao entrosamento de factores tão importantes como os já supracitados motivos sociais como a identidade e a História.

2. Diplomacia e Economia

"O desígnio da diplomacia é promover o interesse nacional. Embora se possam produzir listas infinitas de interesse [...] estes tendem a cair em três categorias: segurança, prosperidade e humanidade."[31]

A diplomacia consiste num conjunto de princípios e códigos de conduta que graças à observação e à capacidade de reflexão sobre os acontecimentos, permite transmitir a mensagem a que nos propomos. A actividade diplomática é regulada pelas Convenções de Viena e tem como principais características a negociação, representação, a protecção, informação e a promoção, que têm sido apropriadas e disseminadas por agentes que não diplomatas reconhecidos.

A negociação, no que concerne a esta dissertação, ocupa um lugar de destaque em conformidade com a crença estipulada em *Testament Politique*, de Richelieu[32], porquanto as relações de cooperação são um reflexo de um processo negocial, cuja finalidade, como refere Calvet de Magalhães consiste em «*chegar a um acordo, geralmente escrito, sobre um problema específico*»[33]. É um processo que pode acabar com a celebração de

---

[31] Richard Burt, Olin Robinson e Barry Fulton, *Reinventing Diplomacy in the Information Age*, Washington D.C, 1998, p. 18.

[32] Cfr. Armand Jean du Plessis Richelieu, *The Political Testament of Cardinal Richelieu*, , Madison, 1964.

[33] José Calvet de Margalhães, *Manual Diplomático*, Lisboa, 2005, p. 38.

acordos específicos; se englobar um contacto *a priori* ou outros meios de aferição de posições ou contactos entre Estados, como acontece nos *Fora Internacionais* e são respectivamente informais e formais[34]. Esta modalidade diplomática pode ser bilateral – por exemplo no caso dos empréstimos do ExIm Bank a Angola – ou multilateral – no caso dos acordos China-África, potenciados pelo Fórum de Cooperação.

De acordo com o mesmo autor a representação é: *"como um conjunto de actuações do agente diplomático de simples afirmação de presença ou responsabilização do Estado em nome do qual actua."*[35] e serve para potenciar o contacto directo entre os intervenientes.

Focando o relacionamento China-África, o empenho do país asiático no envio de um representante permanente à União Africana para desenvolver a modalidade de parceria estratégica[36] e estimulação ao diálogo entre as partes inclui-se nesta categoria

No que concerne à informação não é mais que uma consequência do relacionamento entre Estados onde a vantagem consiste em conhecer aspectos do Estado onde o agente foi acreditado ou se quer actuar para facilitar as relações. Da parte africana, e no que a esta cooperação diz respeito, esta faculdade necessita de desenvolvimento pois poucos são os africanos que conhecem a cultura chinesa, uma lacuna que poderá ser determinante para o alcance de um qualquer tipo de vantagens.

Já a promoção consiste num conjunto de medidas que um Estado toma para divulgar e expandir as relações económicas e comerciais, que no caso em estudo se tem mostrado eficaz para a conquista de parcerias, aliado a um dos aspectos da estratégia chinesa para África que consiste nas visitas de altos funcionários governamentais e que iremos explicitar mais adiante.

A diplomacia é um instrumento pacífico de política externa, serve para os outros fazerem o que queremos, como refere o sociólogo Raymon Aron[37], que tem sofrido alterações com o passar do tempo, o que denota a sua capacidade de adaptação. A diplomacia de outrora, apoiada apenas nas Convenções de Viena regista agora uma diversificação dos canais de comunicação propiciada pelos efeitos da globalização.

---

[34] Idem, Ob. Cit., p. 39.
[35] Idem, *Diplomacia Pura*, Lisboa, 1996, p. 44.
[36] Embaixador da República Popular da China, Lin Lin, Press release No. 44/2006: *China is Commited to Partnership in Africa´s Development*, 12 de Setembro, 2006.
[37] Raymond Aron, *Guerre et Paix entre les Nations*, Paris, 1964.

Quanto à ligação entre diplomacia e economia, somos da opinião que a diplomacia serve e sempre serviu a economia na medida em que para se chegar a um determinado acordo é necessário passar por um processo de negociação tácito relativamente às garantias, rotas comerciais, abertura de fronteiras e taxas a aplicar, elaboração de acordos comerciais e no apoio às acções empresariais, sendo que o contrário também se verifica. A diplomacia também se serve da economia a nível da implementação de políticas externas, como arma ofensiva e defensiva e como vector de influência e pressão. De facto, assistimos a um aumento do poder das acções económicas que proporciona o exercício de uma determinada influência, uma vez que as medidas de acção económicas demonstram-se ser bem mais efectivas que qualquer outro tipo de coacção. Guy Carron de la Carrière é peremptório ao afirmar que: *"a arma económica da diplomacia é o manejamento por um governo dos seus meios de intervenção económica para atingir os seus fins. Pode ser como forma de favor, como uma ajuda financeira e um privilégio aduaneiro, uma sanção ou uma manifestação de hostilidade sob a forma, por exemplo, de uma guerra tarifária, de um embargo ou de um bloqueio"*.[38] Relembramos que nos referimos aos instrumentos pacíficos de aplicação de política externa.

A hierarquia entre Estados estabelece-se de acordo com a capacidade, sobretudo económica, de cada um. Do relacionamento entre Estados estabelecem-se tratados que implicam situações de interdependência, já previstas por Teilhard de Chardin, onde os efeitos recíprocos não são simétricos, como de resto teremos oportunidade de verificar neste caso específico. A dependência mútua é, portanto, em grau diferenciado, a capacidade do Estado mais forte utilizar a economia sobre o Estado mais fraco.

O que se verifica é, desde o fim do colonialismo e a criação de zonas de influência que vigora a diplomacia económica assente em concessões de exploração e privilégios territoriais com base no relacionamento afectivo, fruto de acções concertadas e que se tem constatado com as relações de cooperação China-África.

A organização das relações económicas entre Estados passa pela diplomacia pois sem essa modalidade não seria possível o estabelecimento de relações. A arte diplomática é *prime die* condição *sine qua non* ao relacionamento entre países, qualquer que seja. Neste âmbito, os acor-

---

[38] Guy Carron Carrière, *La Diplomatie Économique. Le diplomate et le marché.*, Paris, 1998, p. 23.

dos financeiros e tratados de comércio são o meio de organização das relações económicas que cada vez mais se têm expandido nas relações internacionais. Logo, as relações sino-africanas traduzem esta tendência, ao mesmo tempo que podem conferir um novo vigor à cooperação Sul-Sul.

2.1. As Teorias da Diplomacia Económica

Existem diversas teorias sobre a diplomacia económica mas para a dissertação em questão desejamos apenas salientar as que, segundo nos parecem, mais se adequam ao estudo do relacionamento entre a China e África. Assim, destacamos a Teoria da Estabilidade Hegemónica que tem como principal teórico Charles Kindleberger e defende a existência de um Estado dominante interessado, como condição prévia para o desenvolvimento da cooperação económica internacional, aliada a uma Teoria que tem como principal agente o Estado, pelas características dos modelos políticos singulares que vigoram na China e na maior parte dos países africanos, em que as estruturas institucionais assumem maior relevância.

De facto, a questão principal consiste em saber se o relacionamento China-África pode ameaçar a política de desenvolvimento económico internacional dos EUA liderado pelo Consenso de Washington, o qual abordaremos mais adiante. Como resultado, e a um nível epistemológico, devemos perguntar se esta teoria é incompleta relativamente ao papel do Estado, pela predominância de uma perspectiva redutora. De acordo com Hansenclever[39], esta teoria é no melhor dos casos imperfeita pela maneira exógena com que tratam a identidade, preferências e *"distribuição do conhecimento"*. Dadas as circunstâncias entre a balança do Consenso de Washington/Beijing, deveremos completar as teorias com base no poder dos regimes internacionais ou apresentar alternativas?

Consideramos que suster uma teoria com estas características, no que concerne às relações China-África, será mais uma vez uma perspectiva redutora e a mantê-la o princípio da igualdade que a China tanto advoga não se verificaria. Assim, a Teoria da Estabilidade Hegemónica pressupõe uma hierarquia de poderes que se quer evitar, para de resto se

---

[39] Andreas Hasenclever, Peter Mayer e Volker Rittenger, *Theories of International Regimes*, Cambridge, 1997, p. 136.

distinguir das tradicionais relações de cooperação. Será possivel? Não obstante, esta permite enquadrar, numa primeira fase, o início da relação entre ambos pois de acordo com os neo-realistas este tipo de teoria está ligada aos interesses que constituem a base do relacionamento sino--africano.

A primeira observação que se deve fazer é a de que, de acordo com a nossa perspectiva, não se pode fazer uma distinção entre a diplomacia económica e a diplomacia comercial. Assim, a diplomacia económica parece-nos mais abrangente e engloba a diplomacia comercial, que aparece como uma vertente da primeira.

De entre este tipo de diplomacia, salientamos a actividade comercial que está, desde há muito, na base das relações económicas internacionais, onde os objectivos políticos se cruzam com os termos comerciais. A este respeito, é ponto assente que o poder do Estado mede-se pela imagem que possui no exterior e essa imagem deve-se à prosperidade económica a nível interno e externo, sendo que as relações de poder são medidas, cada vez mais, pelo potencial económico. Com o fim da guerra-fria as questões de segurança deixaram de estar na ordem do dia e o primado da economia vence sobre a política. No entanto, as Relações Internacionais sofreram uma nova mudança com os ataques terroristas do 11 de Setembro de 2001, quando as questões de segurança voltaram a perfilar as preocupações mundiais, pelo que a luta contra o terrorismo tem servido de instrumentalização para os interesses económicos e aquisição de posições geoestratégicas de determinados países, ainda que de forma mais ou menos subtil.

Nesta conformidade, a diplomacia económica mantém a sua primazia porquanto é cada vez mais utilizada como meio eficaz para prevenir e resolver os conflitos e nesse sentido, poderá desempenhar um importante papel contra o maior desafio da humanidade que consiste na luta contra o terrorismo, cujo âmago, muitos advogam, provém da pobreza e exclusão social. A nossa interpretação é a de que a pobreza e a exclusão social podem ser factores que despoletem o terrorismo mas não serão os únicos ou os mais importantes na medida em que o terrorismo é sobretudo um problema ideológico profundo que não se resolve através da condição social. É necessário um maior empenho psicológico para se proceder à eliminação das crenças terroristas.

De facto, a globalização e a vitória do sistema capitalista potenciaram as relações de interdependência e a emergência de um complexo conjunto de interactividades sendo que a diplomacia económica domina as

Relações Internacionais como meio para implementar os objectivos da geoeconomia[40], espaço e poder.

2.2. A Importância dos actores estatais, não-estatais e transnacionais nas relações económicas

O alargamento do círculo de parcerias desenvolveu-se com a proximidade e inter-relações fomentadas pela globalização. A livre circulação de pessoas e a facilitação espelhada no desenvolvimento dos meios de comunicação dissipou os meios clássicos de intervenção do Estados. Actualmente, nenhum Estado confia somente nos diplomatas para exercer a diplomacia económica mas alarga-os aos serviços. Neste âmbito, a diplomacia económica tornou-se uma actividade clara e acessível a outros actores, dos quais destacamos as Empresas, as Organizações Não Governamentais (ONG) e as Organizações Internacionais, enumeradas por ordem de importância e que perfazem novas estratégias de actuação nos mercados.

O esbatecimento das fronteiras foi benéfico para as Empresas na medida em que lhes conferiu maior liberdade de escolha a nível estratégico de implementação. As empresas, *a priori*, ficam menos dependentes dos Estados para desenvolver a sua actividade económica.

Cabe ao Estado, em função dos diferentes sistemas, o papel de realizar a concertação de empresas para-estatais utilizando para isso os diplomatas e garantindo o apoio legal ou incentivando a deslocação de empresas para o exterior. A finalidade é contribuir com a presença no estrangeiro de empresas e produtos de cada país, dado que a China tem desenvolvido uma política de incentivo ao fenómeno do *going-out* que abordaremos no último capítulo da nossa tese.

Efectivamente, as empresas têm influência na definição das políticas externas ou mesmo nacionais de um país e a tendência de desenvolvimento na política é crescente. Desta forma, o grande desafio que se apresenta à China consiste em saber se as empresas terão influência suficiente para a definição política da China e se o efeito *going-out* contribuirá para a abertura da mentalidade chinesa.

---

[40] Cf. Philippe Moreau Défrages, *Introdução à Geopolítica*, Lisboa, 2003, p. 141-155.

Quanto às ONG, estas assumem o papel de vigilância e contestação junto de empresas e governos. Se nos anos 80 eram sinónimo de associações humanitárias, a partir dos anos 90 começaram a ter um papel mais diversificado e obtiveram acreditação mundial, em parte devido à participação nas grandes conferências internacionais, como por exemplo na Conferência sobre o Ambiente, que teve lugar no Rio de Janeiro, em 1992. A mediatização dos seus feitos fez com que se tornassem actores políticos das relações internacionais, exercendo uma função reguladora relativamente às regras de actuação e responsabilidade civil e ambiental.

Por outro lado, vigiam as regras de transparência e *accountability* da actividade diplomática económica. A intervenção diferenciada e abrangente faz das ONG essencialmente grupos de pressão ou interesse, chegando a exercer efeitos políticos reais junto da opinião pública, governos, multinacionais e organizações internacionais, exercendo maioritariamente a diplomacia paralela (*lobbying*). No fundo, o seu poder consiste na consciencialização das populações mundiais.

Apesar da sua influência crescente, o facto permanece que apesar de em grande número, o poder das ONG é limitado pela falta de união que existe entre as diferentes organizações, favorecido pela proliferação de interesses divergentes entre elas, caso contrário conseguiriam obter maior importância enquanto actores não estatais. Ainda assim, operam no continente africano um grande número de Organizações Não Governamentais internacionais que se espera venham desempenhar um papel importante na vigilância da cooperação sino-africana e auscultação da sociedade civil sobre este relacionamento, porque como teremos oportunidade de demonstrar há um afastamento entre a sociedade civil as elites, principais intervenientes da cooperação.

Por último, as Organizações Internacionais proliferam nas relações internacionais embora sejam frequentemente instrumentalizadas pelos Estados no processo de decisão. Não obstante, *congregam a cooperação de Estados sem terem poder político mas sem obedecerem a nenhum*[41]. De acordo com Nicholas Bayne e Shephen Woolcock, as Organizações Internacionais pertencem à categoria de actores transnacionais, em conjunto com a Sociedade Civil Global e as Empresas Internacionais[42].

---

[41] Adriano Moreira, Ob. Cit, p. 38.
[42] Cf. Nicholas Baynes e Stephen Woolcock, *The New Economic Diplomacy. Decision-making and negotiation in international economic relations, G8 and Global Governance*, Hampshire, 2003, p. 46.

2.3. A modalidade bilateral/multilateral da diplomacia económica

As relações internacionais podem ser unilaterais, bilaterais, regionalistas, pluralistas ou multilateralistas. Para a nossa dissertação importa destacar a modalidade bilateral e multilateral.

Por bilateralismo entende-se o relacionamento entre dois Estados que pode terminar com a concretização de acordos bilaterais para o investimento ou trocas comerciais ou apenas um contrato entre ambos. Já se referiu que o relacionamento entre a China e Angola, que iremos destacar na segunda parte desta tese, inclui-se no âmbito bilateral.

Já o multilateralismo diz respeito a entidades como o Fundo Monetário Internacional (FMI), o Banco Mundial (BM) ou a Organização Mundial do Comércio (OMC), onde a negociação ocorre nas grandes Conferências Internacionais e onde até agora a maior voz no processo de decisão corresponde aos G8. Este tipo de relacionamento tem sido bastante criticado pelos Países em Vias de Desenvolvimento (PVD) pois na base da negociação está a capacidade competitiva de cada país que nem sempre possuem. As regras são ditadas pelas potências económicas e em nossa opinião a única forma de contrariar esta tendência é através da união dos Estados considerados com menor peso, daí a importância das relações China-África.

Permanece o facto de que as grandes conferências internacionais são um método cada vez mais utilizado por proporcionarem fóruns de discussão alargados, abrangendo os mais diversos domínios dos quais a segurança, ambiente e cooperação para o desenvolvimento são alguns dos exemplos.

Parece-nos que tarde ou cedo esta modalidade ganhará terreno ao bilateralismo devido à existência de um mundo multipolar de actores independentes mas ligados por solidariedades afectivas. Logo, decerto conseguirá a afirmação enquanto forma de organização das relações entre Estados e terá resultados mais efectivos que através do bilateralismo, apesar de ser um método que necessita de melhoramento a nível organizativo. Lembramos que o processo multilateral é moroso e peca por excesso de burocracia, característica que não abona a seu favor mas assegura um tratamento mais igualitário na nova ordem económica internacional.

3. Relações de proximidade: a identificação da China com os problemas africanos?

3.1. A Conferência de Bandung: a afirmação da China

"O que podemos fazer? Podemos fazer muito! Nós podemos injectar a voz da razão nos assuntos mundiais [...] Sim, nós! Nós os povos da Ásia e da África, a força de 1.400.000.000, mais do que metade da população humana, nós podemos mobilizar aquilo que eu apelidei de Violência Moral das Nações a favor da paz [...]"[43]

A Conferência de Bandung teve lugar na cidade da Indonésia, na cidade que lhe deu o nome, entre os dias 18 e 24 de Abril de 1955 e contou com vinte e nove países[44] da Ásia e África. Constituiu um marco na história do mundo subdesenvolvido tanto pelas suas consequências como pelo que representou para os países sob o jugo colonial: primeiro porque o contexto internacional foi propício à realização da conferência dos designados países de cor, uma vez que os países impulsionadores[45] e que haviam preparado a reunião em Colombo, no Ceilão, um ano antes, eram recém descolonizados, o que possibilitou o desenvolvimento do sentimento de esperança para muitos países que ainda se encontravam em luta armada contra os colonizadores.

---

[43] Anexo I: Discurso de Ahmed Sukarno à Abertura da Conferência de Bandung, Abril, 1955.

[44] Afeganistão, Arábia Saudita, Birmânia, Cambodja, Ceilão (Sri Lanka), China, Costa do Ouro (Gana), Egipto, Etiópia, Filipinas, Índia, Indonésia, Iraque, Irão, Japão, Jordânia, Laos, Líbano, Libéria, Líbia, Nepal, Paquistão, Síria, Sudão, Tailândia, Turquia, Vietname Norte (República Democrática) e Vietname Sul (República do Vietname) e Iémen.

[45] Indonésia, Índia, Birmânia, Ceilão (Sri Lanka) e Paquistão.

Enquadramento Teórico das Relações China-África 53

QUADRO 3: **O Nascimento do 3.º Mundo**

Estados participantes à Conferência de Bandung (1955) ▢
Territórios não independentes 1m 1955 ▢

Fonte: Le Monde Diplomatique, http://www.monde-diplomatique.fr

No total, os Estados asiáticos e africanos perfaziam uma enorme massa populacional, difícil de ignorar mesmo assim, o mundo ocidental menosprezou os efeitos que daí poderiam advir, na senda do já habitual descrédito que confere aos países menos desenvolvidos. O facto de ser uma reivindicação aos poderes instituídos também contribuiu para tal essa estratégia de descredibilização.

Pela primeira vez na História houve uma quebra da estrutura bipolar (URSS ou EUA) pela existência de outra hipótese às duas habituais, que permitia a equidistância das grandes potências mundiais. Estavam lançados os princípios políticos do Não-Alinhamento, cujos ideais estavam já esboçados no excerto que se segue, da autoria do Primeiro-ministro Nehru: *"Eles deu-nos uma hábil declaração daquilo que eu poderia chamar de um lado que representa a visão de um dos maiores blocos existentes actualmente no mundo [...] eu não pertenço a nenhum e proponho que não pertençamos a nenhum, aconteça o que acontecer no mundo. Se tiver-*

mos de estar sozinhos, estaremos por nós próprios, aconteça o que acontecer"[46] *e* que apesar de não ter obtido o sucesso desejável, em termos de efectividade, foi a primeira tomada de posição política enquanto grupo na cena mundial. Não obstante, o Movimento dos Não Alinhados desempenhará um papel de destaque enquanto rede de cooperação Sul-Sul.

A Guerra-fria, conforme iremos demonstrar no ponto seguinte, ou melhor, a tensão gerada pelo conflito entre as duas maiores potências da altura, foi o motivo para a implementação da opção táctica do Não--Alinhamento. A proposta inovadora do conceito, apesar do objectivo não se ter verificado na realidade, teve o seu mérito por ter sido engendrado pelos países pobres do mundo, sinal claro das tentativas de união entre estes.

A simbologia ideológica da Conferência foi, em nosso entender, o que mais pesou e que se mantém até hoje, dado que instituiu a possibilidade de ruptura com os poderes hegemónicos do ocidente na cena internacional, ganhando-se consciencialização de que a união poderia ter resultados benéficos através da conceptualização de alternativas que não incluissem os poderes hegemónicos.

Efectivamente, foi a primeira vez que uma Conferência Internacional foi impulsionada pelos países marginalizados e com pouco peso internacional, que se uniam contra o colonialismo com o objectivo de cooperação, marcando o início de novas relações internacionais e o início da vida activa enquanto sujeitos não ocidentais que procuram soluções. Aliás, a noção e consciência da existência enquanto Terceiro Mundo[47] foi o primeiro passo para adquirir personalidade internacional. A partir daí já não é possível ignorar esses povos que, na qualidade de novo actor colectivo, ou como definido pelo Professor Adriano Moreira como o grupo dos

---

[46] Anexo II: Jawaharlal Nehru, Discurso à Conferência Bandung, 1955

[47] Conceito utilizado pela primeira vez pelo demógrafo francês Alfred Sauvy que, tanto de sabe, se inspirou no título da brochura do político gaulês Emmanuel J. Sièves – Quést ce que le tiers état? (1789), para enunciar um número relevante de países e povos marginalizados no sistema-internacional do pós-guerra. Fourastié e Vimont enunciam as suas características: *"Natalidade forte, mortalidade elevada, fraca esperança de vida, intuicionista e tradicionalista, sem iniciativa empresarial, estruturas políticas arcaicas, sem classe média, mulheres sibmetidas, instrução deficiente e falta de uadros, desemprego, fraca taxa de investimento, fraca capacidade financeira, fraca poupança agrária, produtividade baixa, auto-consumo, exportação de matérias-promas, dependentes do estrangeiro"*. In Histoire de Demain, Paris, 1956.

três A: Ásia, África e América Latina lutava pelo fim da *hegemonia branca*[48], não obstante as diferentes ideologias, composições políticas, económicas e culturais se tem mantido coeso pelos objectivos de cooperação Sul/Sul. O que há a reter desta nova noção enquanto actor colectivo é a sua importância estratégica durante o período da Guerra-Fria e a este propósito importa salientar a afirmação do mesmo Professor: *"Mas o grupo compreendeu geralmente que o mundo estava sujeito a uma balança de poderes sem fiel balança, em que o espaço que ocupavam era disputado simultaneamente pelo capitalismo liberal e pelo sovietismo marxista"*.[49]

As divisas propostas pelo Presidente Ahmed Sukarno da Indonésia são ainda válidas: *"Por isso, deixem esta Conferência asiático-africana ser um grande êxito! Façam do princípio "vive e deixa viver" e o mote "unidade na diversidade", a força unificadora que nos aproxima [...]"*[50], pois as clivagens culturais são em demasia e podem minar qualquer tentativa de solidificação. Estes motes devem ser respeitados e implementados, dando importância vital às características e objectivos comuns. Por características comuns referimos a própria riqueza cultural, que deve ser preservada; as carências económicas e condições de vida precárias; a marginalização a nível do comércio internacional; e por objectivos comuns a vontade de atingir o desenvolvimento sustentável, a própria vontade de cooperação; e união pelos aspectos económicos.

Na Conferência evidenciaram-se 3 posições: uma pró-ocidental que englobava países como o Japão, as Filipinas, o Vietname Sul, Laos, Tailândia, Turquia, Paquistão, Etiópia, Líbia, Líbano, Iraque, Irão e Libéria; outra neutralista com Afeganistão, Birmânia, Egipto, Índia, Indonésia, Síria e uma terceira posição – com tendências comunistas – assente na China e no Vietname Norte e que destacamos de forma a perceber-se que a China teria poucas hipóteses de se salientar.

No âmbito da nossa tese é fulcral realçar a importância da cooperação sul-sul cujos princípios fundadores foram implementados em Bandung. Importa pois, com vista ao enquadramento das relações China e África: o caso de Angola, analisar a estratégia que a China começou por

---

[48] Adriano Moreira, *Ciência Política*, Coimbra, 1997, p. 372.
[49] Idem, Ibidem.
[50] Discurso de Ahmed Sukarno.

delinear na Indonésia porque de facto foi em Bandung que o país asiático marcou o fim do seu isolamento diplomático.

A Conferência de 1955 marcou o início do relacionamento da China com África ao mesmo tempo que expôs as divergências ideológicas do regime soviético e chinês. De resto, já nos três anos anteriores à separação dos dois regimes ficara claro os conflitos divergentes quanto a África: os soviéticos apelavam aos estados africanos através de uma perspectiva material e a promessa de ajuda económica. Já a China, dada a incapacidade de competir monetariamente, deu enfoque a sentimentalismos.

Desta forma, a China viu um meio de promoção da sua esfera de influência em Bandung e uma oportunidade de reforçar o seu papel no mundo, conforme constata François Fejto: *"No decurso dos anos 1954- -1960, o 3.º Mundo torna-se uma das principais apostas da luta soviético- -americana pela hegemonia. Desde o começo desta rivalidade, a China tinha feito notar a sua ambição de participar na grande competição (Conferência de Bandung, 1955)"*[51], onde estabeleceu relações diplomáticas com os países africanos e que se foram desenvolvendo a partir daí.

Sobre o papel da China na Conferência, o Primeiro-ministro da Índia não hesitou em afirmar: *"Na Conferência de Bandung não era o objectivo da Índia procurar evidenciar-se. Alguns jornais, especificamente na Índia, naturalmente evidenciaram o papel da Índia. Sentíamos contudo que era melhor para nós trabalhar na descrição. A realidade, contudo, é que os dois países mais importantes presentes na Conferência de Bandung, foram a China e a Índia"*[52]. O facto do autor ter enumerado primeiro a China e só depois o seu próprio país é significativo e julgamos, propositadamente, porque de entre os patrocinadores, foi a China quem mais acabou por sobressair, como iremos demonstar adiante (convém realçar que a Índia também se tem afirmado como potencial potência, com um importante peso regional e um crescente poder nacional).

Na realidade foram poucos os assuntos africanos discutidos na Conferência mas para a perspectiva da solidariedade afro-asiática a união e a cooperação foram aí disseminados. Zhou En-Lai *"insistia em criar a impressão de que existia uma frente unida de comunistas e neutralistas*

---

[51] François Fetjo, *O Conflito China-URSS.a China perante 2 inimigos*, Lisboa, 1976, p. 36-37.

[52] Entrevista fornecida à chegada ao país imediatamente após a realização da Conferência.

baseada na convicção comum de que o colonialismo ocidental e os pactos militares eram os únicos perigos reais que ameaçavam a independência das novas nações africanas da Ásia e da África"[53].

O objectivo estratégico da China, não muito diferente dos outros países, consistia em tentar romper com a ordem internacional vigente, desenvolvendo uma nova ordem internacional com base na igualdade entre países grandes e pequenos de acordo com os Cinco Princípios de Coexistência Pacífica (descritos adiante). Dado este enquadramento, o Professor Adriano Moreira defende que: *"a necessidade e uma nova ordem económica internacional foi em primeiro lugar exigida pelo Terceiro Mundo, a partir, historicamente, da Conferência de Bandung em 1955"*[54].

Não obstante o descrédito que vigorava, de acordo com Richard Wright a Conferência de Bandung[55] não foi totalmente ignorada pelo ocidente que tentou desacreditar e dividi-la, devido ao medo da organização e união que se avizinhava[56].

Os obstáculos que a China teve de enfrentar foram tanto **externos** (referidos acima), como **internos**. Como factores internos há a referir que no seio da Conferência vigoravam acusações como neocolonialista ou ditadora pelas características do seu regime. A resposta chinesa apareceu sob a forma escrita, uma estratégia inteligente na medida em que não permite debates ou discusões mais acesas e que passou por afirmar que não procurava nem desejava fomentar divergências em prol do objectivo que deveria unir os países presentes apelando ao respeito por cada um, desenvolvendo a cooperação e relações de amizade com base nos Cinco Princípios de Coexistência Pacífica: respeito mútuo pela integridade territorial e soberania de cada país; não agressão; não intervenção nos assuntos internos de cada um; igualdade e benefícios mútuos e coexistência pacífica.

---

[53] Zbiegniew Brzezinski, *Africa in the Comunist World*, London, 1963, p. 155.

[54] Adriano Moreira, *Teoria das Relações Internacionais*, Coimbra, p. 436.

[55] Richard Wright, *The Colour Curtain: A Report on the Bandung Conference*, USA, 1994.

[56] A exemplo disso, os EUA enviaram um contingente impressionante de imprensa por forma a controlar a gestão da informação que era transmitida para o exterior. Igualmente, o grupo de avanço chinês sofreu três baixas com a explosão do avião Khasmir Princess. Esta série de acontecimentos (os mais marcantes) não conseguram atingir os seus objectivos de ensombrar a Conferência.

A temática central do discurso chinês assentou na importância da união asiático-africana sem nunca atacar o ocidente ou tentar incultar a ideologia comunista mas focando o objectivo da Conferência: *"A delegação chinesa veio a esta conferência à procura de unidade, não com o desejo de promover disputas. Os comunistas nunca desistiram de manifestar a convicção de que o comunismo e o socialismo são sistemas apropriados. Mas a finalidade desta conferência não é difundir ideologias pessoais ou sistema políticos das diferentes nações, apesar de ser evidente que entre nós existem diferenças"*[57]. Acresce, por outro lado, que o sucesso da delegação chinesa deveu-se às conversações paralelas com os diversos países. No âmbito da diplomacia esta é uma prática comum e considerada como a mais eficaz para atingir um determinado fim, como ficou demonstrado quando o Primeiro-ministro do Ceilão cometeu uma *gaffe* diplomática ao defender publicamente os EUA, Zhou En-Lai foi visto no intervalo a conversar com ele numa tentativa de amenizar as vozes críticas que se insurgiam contra a posição daquele país[58].

Outro aspecto que contribuiu para o fascínio da delegação chinesa foi o facto do país se encontrar em isolamento, o que aliado à fama que o seu presidente adquiriu como figura carismática, aumentava a curiosidade e o interesse das delegações que por isso se mostravam mais dispostas a ouvir o que a delegação propunha. Nehru afirmou a propósito do Primeiro-Ministro Zhou En-Lai: *"ele era a figura misteriosa, representando um país que desempenhava um importante e talvez perigoso papel no mundo e ambos aqueles que estavam inclinados a concordar com ele e aqueles que provavelmente se lhe oporiam, estavam ansiosos por vê-lo e medi-lo."* Era neste ambiente misto de fascínio e medo que as relações entre a China e os restantes países se desenvolveram.

Com o aprofundar da conferência Zhou En-lai foi conquistando o seu lugar devido à estratégia adoptada graças à ênfase uso da linguagem da cooperação ao invés de ataques pessoais.

Por fim, a Conferência terminou com um comunicado final de apoio à autodeterminação da Tunísia, Argélia e Marrocos e nesse comunicado há uma frase de Zhou En-lai que devemos destacar: *"Nós sempre defendemos*

---

[57] Cf. Anexo III: Discurso Complementar de Zhou Enlai à Conferência de Bandung.
[58] Richard Wright, Ob.Cit.

que as diferentes raças são iguais. A nova China nunca praticou a discriminação."

Richard Wright defende que os chineses terão manipulado Nehru, uma vez que este assumia sempre o papel de defensor deste país em momentos críticos, cuja credibilidade era inabalável enquanto porta-voz da neutralidade dos países afro-asiáticos, teria sido um joguete na estratégia chinesa. De referir que a visita de Zhou En Lai à Índia, em 1954, que culminou com a assinatura dos Cinco Princípios de Coexistência Pacífica terá influenciado as posições da Índia ao mesmo tempo que trataram da questão delicada da invasão chinesa do Tibete e os Himalaias.

Poucos têm a noção da representatividade de Bandung. Muitos nem sabem que ocorreu mas a Conferência de Bandung celebrou cinquenta anos em Abril de 2005, no entanto a data passou despercebida para muitos, desde os *media* ao mais comum dos cidadãos tanto nos países do Norte como do Sul. A efeméride foi celebrada por quarenta e três líderes de Ásia e África e impulsionada pela China, e foi fortalecida pela adopção da Declaração Conjunta sobre a Nova Associação Estratégica da Ásia-África[59], evidência do empenho chinês na liderança dos países sul-sul.

É importante reflectir sobre as razões da informação não veiculada. Será por se achar que alguns princípios defendidos em Bandung estão ultrapassados, como no caso do Movimento dos Não Alinhados?; ou será pelas mudanças mais radicais como o facto da China ser um país emergente que se encontra no centro dos assuntos mundiais? Não obstante, a verdade é que Bandung abriu um precedente na história e os povos com menos peso na cena internacional que têm apostado cada vez mais numa estratégia concertada como contrapeso aos poderes vigentes, daí que vigore a luta pela formação de novos pólos de poder regional, como afirmação geopolítica contra a ordem internacional unipolar[60].

---

[59] Anexo IV: Declaração Conjunta sobre a Nova Associação Estratégica da Ásia-África.

[60] A principal batalha consiste numa nova ordem mundial, pacífica, estável e economicamente mais simétrica. Aí um possível alinhamento entre a Eurásia e África poderiam determinar uma vitória contra o sistema vigente. É necessário salientar que os EUA, bem conscientes desse facto anteciparam-se e ocuparam as zonas do Iraque e Afeganistão, que são o início da Eurásia e que se estende à Rússia.

3.2. As descolonizações

A fim de compreender o fenómeno da descolonização é necessário compreender a conjuntura internacional que propiciou o fenómeno. Por um lado, após a II Guerra Mundial, os países que estiveram envolvidos no conflito viram a sua economia debilitada, o que tornava difícil a manutenção das colónias ou enfrentar qualquer tipo de rebelião. Por outro lado, a adopção da Carta da ONU[61] contribuiu para o aceleramento do processo, que de acordo com o Professor Adriano Moreira: *"A admissão de todas as comunidades na vida internacional, em princípio com voz própria, apenas se verificou realmente depois da guerra de 1939-1945, com o movimento geral de descolonização consagrado na Carta da ONU"*[62]. Este facto, aliado ao crescente nacionalismo, deu mais força aos países dependentes. Para além disso, a Guerra-Fria e a divisão do mundo em esferas de influência entre os EUA e a URSS (sem possessões coloniais), cada um com diferentes sistemas políticos, socialismo e capitalismo, fizeram com que se procurasse a captação de aliados – pela consciência da inevitabilidade das descolonizações – junto do então Terceiro Mundo.

Consideramos, porém, que é necessário não desvirtuar e relembrar a importância do papel desempenhado pelos Movimentos de Libertação em África na luta contra os opressores, porque se todo este processo alcançou a sua finalidade deveu-se, na sua maioria, ao esforço e à custa das vidas dos povos oprimidos.

Pese embora na China e nos países de África o tipo de presença ocidental tenha tido características políticas diferentes, porquanto segundo o Professor António de Sousa Lara na China vigoravam os *settlements* e em África as *colónias*: *"concessões espaciais de extra-territorialidade de um Estado aos súbditos de um outro Estado para que ali pudessem viver, aplicando as leis do seu país de origem e afastando as leis e interesse e ordem pública nacionais; e em África as colónias eram de Administração Directa onde o poder político metropolitano exerce-se directamente sobre o território e a população, os agentes do Estado colonizador desempenham todas as tarefas da administração e detêm o poder, o território da colónia é parte integrante do território do Estado colonizador e as insti-*

---

[61] Cf. Carta da ONU: http://www.un.org
[62] Adriano Moreira, Ob. Cit.

tuições de poder político local ou não existem ou não existem ou não são integradas na hierarquia política"[63], o sentimento de invasão funciona como factor de aproximação.

Apesar das diferenças no modo como as presenças estrangeiras se manifestaram na China e em África, a lembrança do passado fez com que houvesse uma identificação entre ambos, abrindo caminho para o desenvolvimento da solidariedade e cooperação, porque ninguém desconfia daquilo que nunca teve de temer.

Procedendo a uma análise sumária do caso chinês, importa destacar, como refere o Professor Sousa Lara, três acontecimentos marcantes: *"a era imperialista inglesa, o imperialismo japonês e as outras presenças coloniais estrangeiras"*.[64]

A invasão territorial começou com a fragilidade sentida pelo império chinês no século XIX que levou à procura do apoio de países estrangeiros para controlar as revoltas de Taiping entre 1850 e 1864 e em troca viu-se obrigado a realizar concessões territoriais. Quando, entre 1857 e 60, verificou-se uma invasão anglo-francesa, levou à ocupação de Pequim. Mais tarde, em 1958, a Rússia adquiriu a zona norte do rio Amur. A somar a tudo isso, outros Estados europeus iam-se apoderando de outros territórios que, não obstante não sujeitos a um governo directo chinês, exerciam a sua soberania: Japão na ilha Formosa e Coreia; Franceses na Indochina; e Ingleses na Birmânia. Nos anos seguintes as ocupações continuaram com os Russos em Porto Artur, os portugueses em Macau, Grã-Bretanha, França e Alemanha adquiriram novos portos. Na senda destes acontecimentos, J.M. Roberts afirmou: *"Longe de acordar, o gigante adormecido parecia sofrer a morte dos cem golpes [...]"*.[65]

Destes episódios históricos, o que se deve reter são as condições que os chineses tiveram de assumir face às suas derrotas. Os termos da paz foram humilhantes e passaram pelo reforço de contingentes estrangeiros e a instituição de bases para os militares estrangeiros. De facto, o problema crónico da China foi a insegurança quanto às fronteiras da nação e aa ameaças à sua soberania pelos constantes episódios de derrota. Essas sucessivas derrotas marcaram a radicalização do pensamento político chi-

---

[63] António de Sousa Lara, *Imperialismo, Descolonização, Subversão e Independência*, Lisboa, 2002.
[64] Idem, Ibidem.
[65] John M. Roberts, *History of the World*, USA, 1993.

nês. Por outro lado, as guerras do ópio, nos anos de 1830 e 1850, produziram um movimento de auto-força; a derrota face aos japoneses em 1894 fez surgir o movimento reformista de 1898; a incapacidade chinesa face ao Japão em 1919 marcou o movimento do 4 de Maio; e a ocupação dos soldados de guerrilha comunistas de vastas áreas da China em 1937 foi talvez o maior factor singular do nacionalismo popular chinês.

A flagrante incapacidade quanto às agressões estrangeiras e a dificuldade de reunificação da China traduziam os problemas de divisão interna por que o país atravessava, constituíndo a principal fraqueza face aos poderes estrangeiros.

Estes episódios, sumariamente descritos, contribuiram para o desenvolvimento do sentimento de empatia e união com os países africanos que se encontravam sob o jugo colonial e conduziu ao desenvolvimento
de relações de cooperação entre ambos, como passaremos a enunciar.

No que concerne a África, as descolonizações foram conseguidas, maioritariamente, em meados dos anos sessenta, sendo que o primeiro país independente da África subsariana foi o Gana em 1957, (exceptuando-se as colónias portuguesas e protectorados espanhóis), em muito devido aos apoios externos.

À URSS interessava angariar aliados para enfraquecer os impérios capitalistas o que proporcionou uma colaboração com as forças nacionalistas das colónias. No período do pós-guerra a URSS inspirou e criou clientes nas áreas coloniais mantendo-os e fornecendo material e treino de guerra.

Depois de 1949 a China juntou-se a Moscovo na luta contra o colonialismo mas com a intensificação das rivalidades entre as duas nações, tornaram-se concorrentes no apoio aos movimentos de guerrilha que vigoravam em África, conforme observamos pelo quadro:

QUADRO 4: **O apoio chinês e soviético aos movimentos de libertação nacional de 1970**

País	China	URSS e China	URSS
África do Sul	Congresso Pan-Africanista (PAC)		Congresso Nacional Africano (ANC)
Angola	União Nacional para a Independência Total de Angola (UNITA)		Movimento Popular de Libertação de Angola (MPLA)
Guiné Portuguesa		Partido Africano da Independência da Guiné e Cabo-Verde (PAIGC)	
Moçambique	Comité Revoluccionário de Moçambique (COREMO)	Frente de Libertação de Moçambique (FRELIMO)	
Rodésia	União Nacional Africana do Zimbabwe (ZANU)		União Africana do Povo do Zimbabwe (ZAPU)
Sudoeste Africano	União Nacional Africana do Sudoeste (SWANU)		Organização do Povo Africano do Sudoeste (SWAPO)

Fonte: Quadro elaborado a partir do estudo e análise de um vasto conjunto de fontes abertas

A divisão entre estes dois aliados foi sentida pelo Terceiro Mundo, tendo-se manifestado em choques doutrinais sobre estratégia e táctica, por isso cada um estabeleceu a sua própria escola de treino para a subversão e insurreição.

E, na sua maioria, as novas nações não escolheram o marxismo ou o alinhamento à URSS na guerra-fria, e conforme descrevemos anteriormente, optando pelo direito ao Não-Alinhamento. A Guerra-Fria serviu os interesses dos povos colonizados, instrumentalizados pelas potências em disputa mas de onde tiraram vantagens quanto às ajudas como armas de influência.

Quanto às colónias portuguesas, as lutas foram exaustivas e só em 1975 os países conquistaram a sua independência efectiva, coadjuvados pela crise que se gerara à volta do Estado-Novo e pelas pressões internacionais. Portugal desenvolveu a guerra do Ultramar de 1961 a 1974 como consequência da insurreição dos movimentos armados e nacionalistas que vigoravam nos territórios de Angola, Guiné-Bissau e Moçambique.

Foi em Angola que se iniciou a luta armada das colónias portuguesas, a 4 de Fevereiro de 1961, na Zona Sublevada do Norte (Zaire, Uíge e Cuanza Norte) e que se alargou posteriormente às restantes colónias.

Os três movimentos de libertação, MPLA, FNLA e UNITA tinham características próprias mas lutavam, nesta fase, por um objectivo comum em diferentes frentes. O apoio que obtiveram da URSS e da China teve diferentes nuances: a estratégia revolucionária marxista-leninista centrava-se nas cidades e tanto Lenine como Estaline apostavam no proletariado urbano para a revolução, daí que o MPLA operasse mais nas zonas urbanas. O modelo soviético, exemplo da Revolução Francesa de 1789 ou os acontecimentos de S. Petersburgo em 1917 repercutia-se na ideologia do MPLA. A estratégia de Mao era mais apropiada aos insurgentes, baseando-se na conquista do campo (o Terceiro Mundo é maioritariamente não urbanizado) que precedia à queda da cidade, onde operava o centralismo colonial.

O MPLA mantinha relações económicas com a URSS (da qual se tornou um aliado natural) a actuava maioritariamente em Luanda, a FNLA, liderada por Holden Roberto, actuava a Norte e tinha ligações aos EUA e a UNITA, liderada por Jonas Savimbi, de tendência maoísta, actuava no centro do país, contava com o apoio da China. Este último líder adquiriu na China, durante os anos de 1960, as tácticas de guerrilha, onde aprendeu a doutrina maoísta, factores que determinaram as doutrinas políticas e organizacionais do movimento que liderava. A este propósito, importa destacar o testemunho do próprio quanto ao apoio chinês: *"trocávamos ideias e eu achava fascinante a teoria de Mao sobre a luta armada para a libertação nacional em em que se apoiava nos camponeses para cercar as cidades [...] os meus colegas foram treinados em Nanquim, numa academia para guerrilheiros, eu treinei noutra cidade, numa academia que era mais estratégia, para organização de guerrilha e do movimento de libertação. Os chineses não me disseram para aplicar a teoria maoísta em Angola [...].Os chineses nunca insistiram na aplicação do maoísmo em Angola nem na formação do partido comunista, só diziam:*

"Esta é a nossa experiência aqui na China mas se serve ou não para vocês, vocês é que saberão".[66]

3.3. Os efeitos do fim da guerra-fria nas relações China-África

Com o fim da guerra-fria o relacionamento China-África registou uma metamorfose.

Os acontecimentos na Praça Tianamen[67] e as consequentes sanções internacionais significaram um decréscimo na ajuda chinesa aos países africanos. As prioridades na agenda chinesa eram de assegurar a economia doméstica face às pressões internacionais. Assim, segundo Gerard Segal[68], a excepção à ausência chinesa em África pertenceu aos empréstimos/pacotes de ajuda à República Centro Africana, Argélia, Etiópia e a restruturação da dívida do Zaire.

A fadiga da comunidade internacional que se gerara em torno de África e o facto de ter perdido a sua posição estratégica para as duas potências em conflito conduziu a um "abandono" substancial da assistência financeira e técnica do ocidente[69], era a altura do Afropessimismo[70]. Como consequência, a África viu-se obrigada a procurar novas alternativas para o desenvolvimento.

A China, consciente da importância da África porquanto proporciona uma porção significativa de matérias-primas às nações industrializadas, sabe que o investimento directo na economia africana é insuficiente devido ao desiquilíbrio estrutural das práticas comerciais[71]. Para além

---

[66] Jonas Savimbi, *In A Guerra de África 1961-1974*, Lisboa, 1995.

[67] Entre 15 de Abril e Junho de 1989 houve protestos da Praça Tianamen contra o regime chinês que culminaram com o massacre dos protestantes e conduziu à condenação Internacional.

[68] Gerald Segal, *China and Africa*, The Annals of the American Academy, 519, Jan-1992, pp. 114-126.

[69] Stefan Andreasson, *Orientalism and African Development Studies: The Reductive Repetition Motif in Theories of African Underdevelopment*, 26:6, 2005, p. 971-986.

[70] David Rieff, *In Defense of Afro-Pessimism*, World Policy Journal, 15:4, 1998, p. 10-22.

[71] A este propósito Jean Pierre Bouder, Director Executivo do Banco Mundial, referiu, na primeira Conferência Norte-Sul em Abidjan de 8-9 de Julho de 1991: *"os países subdesenvolvidos pagaram mais ao Norte do que estavam a receber em empréstimos, doações ou investimentos"*.

disso, rejeita a explicação de que a pobreza em África é o resultado directo da incapacidade africana de praticar a democracia e prosseguir ideais capitalistas, defendendo que o maior problema é a exploração e práticas de comércio injustas praticadas pelo Norte[72]. Do mesmo modo, o relatório chinês "Desafios do Sul" enfatizava: *"apesar das grandes promessas e recursos naturais o 3.º Mundo não beneficiou da prosperidade mundial"*[73] e criticava os acordos económicos e financeiros que apenas serviam os interesses dos países desenvolvidos à custa do Terceiro Mundo. Como conclusão, apela-se à formação de uma aliança entre os países menos desenvolvidos e o fim do pagamento da dívida nos termos em que estava negociada.

Dessa forma a aliança Sul-Sul seria fundamental para renegociar os termos com os países desenvolvidos e de facto, como iremos demonstrar adiante no caso específico entre Angola e o FMI, essa estratégia tem-se mostrado eficaz.

4. O papel das ideologias nas relações da China com o Mundo: a importância da estratégia

Como nota introdutória convém realçar que a balança de poderes como mecanismo de equilíbrio, é medida na actualidade pelo compromisso ideológico, pois durante a era da guerra-fria predominava a *Realpolitik* em que o bloco comunista competia com o liberalista e o Terceiro Mundo lutava contra a ideologia colonialista, difundindo o anti-colonialismo e a procura identitária. A ideologia faz parte do relacionamento entre os países, ainda que com diferentes características e neste contexto, as relações externas da China são condicionadas pelas experiências históricas, nacionalismo e ideologia transmitidas pelos líderes governamentais, estrutura de governo e o modo de processo de decisão centralizado.

Os chineses crêem que a política deve ser um processo holístico que deve constituir um sistema maior que a soma das partes e deve ser dominado pela ideologia, o que nos permite aferir sobre se a política externa

---

[72] Cfr. Luye Li, *UN Role in Establishing a New World Order*, Beijing Review, September 30 to 6 October 1991, p. 13.

[73] *Challenge to the South. The Report of the South Commission*, London, 1990, p. 218.

chinesa é ditada pelo pragmatismo ou ideologia (a nosso ver por ambos mas de acentuada matriz ideológica). Nessa perspectiva, efectuaremos uma breve análise da evolução ideológica chinesa, outrora fechada para o mundo e que, como defende Marques Bessa[74], é impossível de manter face às exigências de uma economia em crescimento assente no consumo de recursos que afecta a sua interacção com o sistema internacional, sendo que o objecto de estudo compreende o período pós 1949, altura da instauração da República Popular da China (RPC), até aos nossos dias.

De facto, é necessário salientar a capacidade de adaptação consoante os interesses do país, conforme ficou demonstrado com a amizade entre a URSS nos anos 50 e a sua oposição nos anos 70, pela mudança ideológica sofrida pela URSS. A ideologia, marcadamente influenciada pelo marxismo-leninismo e maoísmo, em tudo afectou as relações da China com o mundo ao longo dos tempos, tendo em conta que, de acordo com o pensamento marxista-leninista, a luta de classes são factores que determinam o desenvolvimento histórico, em que o progresso é determinado por uma luta constante entre diferentes forças.

Em 1949, a revolução liderada por Mao Tse Dong torna a China comunista (e o mais importante aliado da URSS na região) e instaura o fim do relacionamento que até então predominava com os EUA sob a direcção de Chiang Kai-chek. A crença baseava-se na inevitabilidade das guerras mundiais e oposição ao imperialismo norte-americano.

Até aos anos 70 o relacionamento de amizade entre os dois países comunistas havia sobrevivido, mas a partir daí a China não se assumia como mais um satélite do *heartland*[75] de Estaline mas começava a afirmar-se como potência independente. Com a morte do líder soviético eclodiram as fricções ideológicas entre as duas nações que de acordo com o Stefan Glejdura[76] surgiram por diversos factores. Mao Tse Dong atribuiu

---

[74] *"Uma das consequências mais graves do isolamento é o atraso tecnológico e, portanto, a perda de eficácia relativa da defesa militar. O Japão e a China, cada um de seu modo, pagou o preço do isolamento a que se votara até ao séc. XV e ao enfrentar poderes tecnologicamente mais evoluídos tiveram de ceder em todas as frentes"* – O Olhar de Leviathan. Introdução à Política Externa dos Estados Modernos, Lisboa, 2001, p. 76.

[75] Cf. J. Mackinder Halford, *Le pivot géographique de l'histoire*, Stratégique, n.º 55, Paris, Fundation pour les études de défense nationale, 1992, pp. 11-29.

[76] *"As divergências soviético-chinesas têm uma longa história. Não sugiram só depois da morte de Estaline, mas devem-se a uma série de razões históricas, políticas,*

as culpas aos soviéticos, conforme demonstrado pela sua afirmação: *"Quanto à ideologia, quem é que deu o primeiro tiro? Os russos chamaram dogmatistas aos chineses, e estes, depois, chamaram revisionistas aos russos..."*[77]. E, no diz respeito à nossa tese, a China foi conquistando o seu lugar em África, usufruindo do declínio do relacionamento entre a URSS e os países africanos[78].

Já nos anos 80, a ideologia da paz assume o primeiro lugar nas relações internacionais da China com os restantes países, tanto que com a queda do Muro de Berlim e o desmoronamento da União Soviética a China, muitos defendem, poderia ter ocupado o seu lugar como segunda potência mundial (devido ao seu tamanho e dinamismo económico) mas preferiu desenvolver relações comerciais pacíficas.

Enquanto a China esteve sob a direcção de Mao Tse Dong a economia manteve-se à margem do capitalismo global e a entrada da China na arena internacional apenas coincide com uma mudança no regime, sob a direcção de Deng Xiao Ping.

A formação de alianças, em especial com o então designado Terceiro Mundo e a Europa, aparece como uma forma de amenizar as tensões mundiais entre as duas superpotências de então e hegemonia dos dois poderes. Por esta altura, desenvolveram-se as relações bilaterias entre a China e os países mundiais.

O Professor Aaron L. Friedberg[79] defende que a estratégia do país no pós Guerra-Fria é caracterizada pelos seguintes axiomas, mormente: *evi-*

---

ideológicas e económicas." – Stefan Glejdura, *O Conflito Sino-Soviético*, Revista de Política Internacional, n.º 73, Madrid, 1964.

[77] Edgar Snow, *A Longa Revolução*, Lisboa, 1973.

[78] Segundo José Luis Gomez Tello, *"os soviétcos cometeram erros em África: subestimaram a força do nacionalismo africano e das instituições políticas; transformaram a ajuda económica em operações de prestígio para alguns dirigentes, mas sem benefícios para os mesmos; queriam assegurar o controlo da economia dos jovens países africanos com vista ao consumo mundial e não às necessidades da população; utilizaram mal e com ignorância as realidades humanas no sistema de formação de quadros e dirigentes mediante o apadrinhamento político. Os comunistas chineses, que descobriram um pouco mais tarde a África, aproveitaram estas lições [...] a sua acção centrou-se sobre as grandes massas e de acordo com o princípio rural".* In *Influencia de la China Comunista en Africa*, Coleccion Monográfica Africana, Madrid, 1967, No. 4.

[79] Aaron Friedberg, *"Going out": China´s Pursuit of Natural Resources and Implications for the PRC´s Grand Strategy*, NBR Analysis – The National Bureau of Asian Research, Vol. 17, Number 3, September 2006.

tar conflitos (especialmente com os EUA); *construir um poder nacional considerável* (conjugando as capacidades militares, económicas e tecnológicas); *avançar para consolidar uma posição de força* (aproveitar a distração dos EUA com o terrorismo para criar alianças com base na diplomacia económica); *manter a estabilidade, defender a soberania e a paridade* (resolução da questão de Taiwan; garantir a afirmação como potência regional).

A estratégia da China baseia-se no crescimento económico como forma de desafiar e competir com as grandes potências que tem conseguido com enorme sucesso. O país asiático é já a segunda economia mundial com o segundo maior orçamento de defesa, desempenhando um papel importante na geopolítica da Ásia e agora, como teremos oportunidade de verificar com o desenvolvimento deste trabalho, também na geopolítica de África.

O grande objectivo passa, em nosso entender, por travar a predominância dos EUA no mundo, principal oponente, não tanto ideológico mas predominantemente económico, de forma subtil. Para isso, conta com o desenvolvimento de alianças e crescente capacidade militar que possibilitarão à China desenvolver um *hard power*[80] o mais equiparável possível ao dos EUA.

Aliado a esses factos, importa travar o reconhecimento internacional de Taiwan, contribuindo para o seu isolamento político, por isso o estabelecimento de alianças é tão essencial.

A ideologia de Estado, que vigora na República Popular da China é caracterizada pelo Professor A. Sousa Lara como: *"adopção, por um determinado Estado em situação de monismo absoluto ou dominante de uma determinada ideologia explícita. Foram estas as situações dos Estados fascistas, nacionais-socialistas, corporativista português, soviético (URSS), como o são ainda hoje (1993-94) os casos das repúblicas cubanas e popular da China."*[81] A vigência do monolitismo político de partido único aliado à estratégia de economia aberta poderá gerar situações de tensões internas. Assim, o grande desafio que a China enfrenta passa por

---

[80] *hard power* é um conceito utilizado por Joseph Nye para caracterizar o uso da força militar. A estratégia do *hard power* consiste para a China no enfraquecimento psicológico do adversário.

[81] António de Sousa Lara, *Da História das Ideias Políticas à Teoria das Ideologias*, Lisboa, pp. 54-55.

encontrar o ponto de equilíbrio entre um sistema centralizador e totalitário e o desenvolvimento económico na era da globalização que pressupõe uma tendência destralizadora. Serão compatíveis? A nosso ver não se enquadram e será necessário, muito em breve, obter uma fórmula que se adapte aos dois sistemas.

Conforme refere o General Loureiro dos Santos, a nível de estratégia a China aposta no desenvolvimento de três frontes: económico-financeiro, política externa e desenvolvimento militar[82]. Quanto ao primeiro, refere, é o mais importante na visão estratégica chinesa e é extremamente dependente de recursos naturais. Nesse sentido, o petróleo assume a liderança dos produtos mais procurados oriundos principalmente de África (onde a Nigéria e Angola assumem a liderança) e do Médio Oriente. O Médio Oriente é actualmente uma zona de altas tensões e conflitos, pelas incursões americanas na zona (com objectivos claramente geopolíticos) e nesse sentido a tensão entre os EUA e o Irão assume um carácter relevante para a China, dado que o Irão constitui um objectivo estratégico.

A China representa para África uma alternativa a nível de financiamento e estabelecimento de parcerias, porquanto oferece propostas mais atractivas e menos exigentes que as do Banco Mundial (BM) e o Fundo Monetário Internacional (FMI) e que iremos desenvolver mais adiante, no estudo do caso de Angola.

A estratégia de utilização do poder da China baseia-se na implementação da concepção que Joseph Nye apelidou de *Soft Power*: *"Conjunto de formas de exercício de influência que é uma alternativa estrategicamente preferível ao hard power"*[83] e que reforça quanto aos países asiáticos, conforme comprovamos através do seguinte excerto: *"Os países asiáticos têm um impressionante potencial de recursos para o Soft Power. As artes, moda e cozinha das seculares culturas asiáticas têm tido um forte impacto noutras partes do mundo há séculos..."*[84], em que o poder nacional é medido pela cultura de um país, valores políticos, política externa e atracção económica e consiste na capacidade de persuadir as nações a adoptar os nossos objectivos sem a utilização da força.

---

[82] Loureiro dos Santos, *O Império debaixo de Fogo.Ofensiva contra a Ordem Internacional Unipolar-Reflexões sobre Estratégia*, Sintra, 2006, pp. 79-115.

[83] Joseph Nye, *Soft Power: The Means to Success in World Politics*, Public Affairs, 2004.

[84] Idem, *Soft Power Matters in Asia*, The Japan Times, 5 Dec. 2005.

A nível regional[85], a China procura relações políticas e económicas enquanto se fortelece e assegura a nível militar, dado que estratégia de boa vizinhança contribui para criar um ambiente propício à segurança nacional. Recordemos que a China faz fronteira com inúmeros países asiáticos, por isso é fulcral evitar hostilidades que perturbem o seu desenvolvimento e a sua ofensiva mundial, restando manter o bom relacionamento entre os países da Associação das Nações do Sudoeste Asiático e outras organizações regionais[86], que se por um lado temem a hegemonia chinesa também veêm esta era como uma oportunidade de contrabalançar o papel do Japão.

Da supracitada estratégia de boa-vizinhança, destacamos a interacção da China com três países que contribuem para o alívio de tensões na região e propiciam a segurança nacional: 1) Indía; 2) Vietname; e 3) Coreia do Sul.

1) O relacionamento China-Índia que assume cada vez menos uma posição antagónica. Se durante a guerra-fria assumiam posições opostas, agora apostam no estabelecimento de parcerias, como pudemos constatar pela parceria estratégica e de cooperação para a paz e prosperidade e os acordos concernentes à fronteira.

2) Após o restabelecimento, em 1991 das relações diplomáticas entre este dois estados, mais recentemente, em 2002, acordaram: desenvolver relações políticas a vários níveis; trocar experiências sobre o desenvolvimento económico; encorajar as trocas comerciais, reforçar a cooperação nos fóruns regionais e internacionais.

3) As relações da China com este país prendem-se com motivos económicos e dimensão estratégica. No primeiro caso, consiste nas vantagens económicas, uma vez que China é actualmente o seu maior parceiro de comércio e o segundo caso devido à tensão entre duas Coreias. Importa prevenir qualquer potencial ameaça da coligação EUA-Coreia do Sul.

---

[85] David Shambaugh refere, a este propósito que: *"A nova postura regional da China assenta em quatro pilares: 1) participação em organizações regionais; 2) estabelecimento de parcerias estratégicas e relações bilaterais; 3) expansão de laços regionais económicos; e 4) redução dos distrúrbios e ansiedade a nível de segurança."* In China Engages Ásia.Reshaping the Regional Order, International Security, Vol 29, No. 3, Winter 2004/05, p. 64.

[86] Cfr. China´s Multilateral Diplomacy in the Ásia-Pacific: http://www.uscc.gov/hearings/2004hearings/written_testemonies/04_02_12wrts/shirk.htm

A performance da China serve de impulsionadora à região da Ásia que cresce em influência a nível global. Como consequência, e tal como refere o General Loureiro dos Santos, o eixo estratégico do mundo encontra-se em deslocação à Ásia[87], pelo que acreditamos que mais cedo do que se pensa haverá um entendimento entre China e alguns países ao longo da Eurásia, formando um eixo estratégico de oposição norte-americana. De resto, como analisa o Professor Pereira Neto, a China sempre almejou o papel de centro geopolítico do mundo[88]. O sucesso da expansão comercial chinesa contribui para isso, porquanto é extremamente dinâmica e pontuado pelo pragmatismo descrito pelo Professor Políbio Valente como integrante de uma política externa flexível[89]. Seguindo essa política, a adesão à OMC em 2001 traduz a vontade de inclusão no comércio mundial multilateral e, de acordo com Wei Dan trará alguns benefícios[90],

---

[87] Loureiro dos Santos, *ob. cit.*

[88] João Pereira Neto, *As Províncias Portuguesas do Oriente perante as Hipóteses Geopolíticas*, Separata de Províncias Portuguesas do Oriente – Curso de Extensão Universitária, Lisboa, 1966.

[89] *"Se é o estabelecimento de novas relações diplomáticas o fim em vista, serve-se de diversos processos tais como a intervenção de um terceiro estado, o estreitamento de laços económicos, a colocação de jornalistas da New China Agency (NCNA) no país visado em influência e pressão dos elementos comunistas desse país junto do respectivo governo e instituições. Se procura o prestígio internacional, promove a organização de Conferências Internacionais e inscreve-se em actividades que possa, politicamente, influenciar. Quando está em jogo a obtenção de favores de governos estrangeiros, tenta criar uma atmosfera amigável, convida para visitas os chefes desses governos, concede-lhes pautas aduaneiras preferenciais e ajudas económicas. Finalmente, se é necessário iniciar ou incrementar a infiltração para a subversão de outras áreas, desenvolve uma propaganda intensiva utilizando os privilégios diplomáticos ou os seus agentes de espionagem, que normalmente se encontram nas delegações de assistência técnica ou cooperação cultural."* Vasco Políbio Valente, *Fundamentos de uma Política de Subversão Africana*, Revista de Estudos Políticos e Sociais, Lisboa, 1966, p. 230.

[90] **A nível de Comércio Externo:** tratamento não discriminatório;

Tratamento de Nação Mais Favorecida (NMF) – refere-se a qualquer vantagem ou imunidade concedida por uma parte contratante e consiste no reconhecimento como potência significativa no equilíbrio do sistema multilateral;

Resolução de litígios comerciais (negociações);

Participação no comércio internacional, de acordo com as regras da Organização: consenso; Maioria de três quartos dos membros quanto às obrigações ou dois terços dos membros sobre questões gerais.

A nível de Desenvolvimento da China: expansão do comércio externo (facilidades no acesso dos produtos chineses aos mercados internacionais);

assim como significará *"mudanças do regime económico e jurídico do país"*[91].

5. As relações China-África: a importância da cooperação Sul-Sul

Para procedermos ao enquadramento das relações sino-africanas num contexto global, é fundamental conhecer o histórico da cooperação entre os países em desenvolvimento no Sul. A expressão "Sul" designa, desde os anos 70, um conjunto colectivo de países em desenvolvimento por oposição ao termo "Norte", atribuído aos países desenvolvidos e que na sua maioria se situam a Norte do Equador e que partilham semelhanças a nível de vulnerabilidades e desafios.

Em 1961 a 1ª Conferência do Movimento dos Não-Alinhados em Belgrado[92], deu um novo significado ao sentido da cooperação Sul-Sul, cujo mote fora lançado em Bandung, enquanto um esforço concertado por parte dos países em desenvolvimento como forma de evitar a dicotomia da guerra-fria. Esse esforço combinado serviria para *"reforçar a sua capacidade de negociação com o Norte"*[93], especialmente em matérias relacionadas com o comércio e o desenvolvimento. Apesar da tentativa, esta tese apresentou alguns contratempos, face à constatação de que muitos países não ultrapassaram as dificuldades que apresentavam.

Benefícos da importação pelo acesso a produtos de alta qualidade a baixo preço; Reajustamento sectorial; crescimento do PIB; desenvolvimento do sector terciário; Reforma económica: interna e atracção de capitais estrangeiros; economia de mercado e menor intervenção estatal; *In* Wei Dan, *A China e a Organização Mundial do Comércio*, Coimbra, 2001, pp. 177-193.

[91] Idem, Ibidem, p. 193.

[92] As principais resoluções da Conferência foram: *i)* apelo ao fim do colonialismo; *ii)* redução de armamentos convencionais e controlo internacional das armas nucleares; *iii)* paz, segurança e cooperação amigável entre todas as nações; *iv)* respeito pela soberania e integridade das nações, não ingerência nos assuntos internos, direito de defesa de cada país, igualdade entre todas as nações, de acordo com a Carta da ONU; *v)* princípio da "neutralidade positiva", onde se definia a necessidade de cada Nação se abster de recorrer a acordos de defesa colectivos cujos objectivos sirvam grandes potências e abster-se de exercer pressão sobre outros países.

[93] Cfr. G. Lechini e A. A. Boron, *Is South South Cooperation Still Possibe?. Politics and Social Movements in Hegemonic World-Lessons from Africa, Asia and Latin America*, Buenos Aires, 2005.

O Não-Alinhamento não possibilitava aos Estados em desenvolvimento uma mudança sem a interferência dos EUA ou da Rússia. De facto, deixou a maior parte do Terceiro Mundo submetido aos dois poderes desejando construir uma aliança territorial: *"as duas principais potências nucleares...promoveram "guerras limitadas" no Terceiro Mundo... armaram disputas ou intervieram directamente para evitar que o outro conseguisse uma "conversão" bem sucedida"*[94].

A política institucionalizada através do FMI, Banco Mundial ou GATT (Acordo Geral de Tarifas e Comércio que precedeu a OMC) teve consequências para o Sul devido aos Programas de Ajustamento Estrutural (PAE) que, na maior parte das vezes impuseram cortes profundos nas despesas públicas na Ásia, América Latina e África[95] visto que como refere Rodrick as medidas "saudáveis" para *"estabilizar, privatizar e liberalizar"* produziram factos chocantes *"houve um inesperado colapso profundo e prolongado dos outputs nos países que faziam a transição do comunismo para as economias de mercado...a África subsariana falhou o take-off, apesar das significantes reformas políticas... e ajuda continuada."*[96]

A crise profunda enviabilizou a capacidade do Sul de participar multilateralmente[97] e conduziu os países em desenvolvimento para um clima do pós-guerra caracterizado pelo falhanço e desmoralização face à incapacidade de acompanhamento.

O ajustamento macro-económico representou apenas uma faceta de uma visão maior do *"internacionalismo liberal"*[98], caracterizando a

---

[94] J. Agnew e S. Corbridge, *Mastering Space: hegemony, territory and international political economy*, London, 1995, p. 42.

[95] Em 1992 o investigador congolês Elikia M´Bokolo denunciou o desempenho da política de apoio ao desenvolvimento a África, pelo FMI e BM: *"(...) As pretensas reformas concebidas pelo FMI e Banco Mundial não resolveram nenhum dos problemas de desenvolvimento do continente uma vez que a lógica é a de abdorver os desiquilíbrios externos das economias africanas. Em contrapartida, os seus efeitos sociais foram dramáticos para a maioria dos países."* In *Promesses et Incertitudes*, Le Courrier de l´UNESCO, Paris, cit. in., Adelino Torres, *Horizontes do Desenvolvimento Africano no Limiar do Séc. XXI*, Lisboa, 1998.

[96] D. Rodrick, *Goodbye Washington Consensus, Hello Washington Confusion*, Journal of Economic Literature, 2006.

[97] Cfr. G. Lechini e A.A. Boron, Ob. cit.

[98] Cfr. R. Paris, *Peacebuilding and Limits of Liberal Internationalism*, International Security, Vol. 22, No. 2, Autumn, 1997.

abordagem filosófica do Ocidente para com os Estados Africanos. Esta estratégia foi usada como um instrumento de construção de paz no pós--guerra em países profundamente subdesenvolvidos, assentando na assumpção de que a paz e a prosperidade seriam conseguidas através da adopção de princípios-chave e instituições inerentes às políticas democráticas liberais e economias de mercado capitalitas. Pelo contrário, o que se verificou, e pelo que o ocidente se deve responsabilizar, é que a "receita" não foi o elixir para os problemas africanos e paradoxalmente, as tão exigidas políticas de estilo ocidental e o capitalismo imposto teve efeitos de destabilização, agravamento de tensões sociais em sociedades debilitadas.

Toda esta ambiência foi determinante para o desejo de desenvolvimento das relações Sul-Sul e neste sentido, a interacção entre a China e África permite jogar com o cepticismo quanto ao Norte, devido ao passado de subjugação colonial e inerentes objectivos imperialistas. Conforme defende Ramiro Monteiro *"Os Povos do Sul devem-se libertar da pobreza, do subdesenvolvimento e da dependência e assumir controlo das suas economias e actividades políticas pelos seus próprios meios. A história tem revelado que as grandes potências nunca renunciam ao exercício da sua dominação e quando tal acontece é fruto de iniciativas cujo autonomismo é por elas controlado."*[99]

A temática central da política chinesa em África consiste, como já referimos, em usar este legado e experiência de libertação como vantagem no relacionamento com os estados africanos e uma táctica de desenvolvimento de relações ainda mais fortes, estando sempre presente o desejo de se assumir como líder dos países em desenvolvimento. A estratégia relacional passa, como salienta o Professor Heitor Barras Romana, pela vitimização. Refere o Professor: *"A técnica da "vitimização" perante a ameaça externa é uma constante na actuação da China ao longo dos tempos que, no plano internacional, funciona como factor de mobilização à volta do poder"*[100], o que permite desenvolver uma relação primada pela confiança.

A linguagem contemporânea da cooperação Sul-Sul assenta numa política internacional activa entre as nações em desenvolvimento que pro-

---

[99] *Coopération Sud – Nouvelles Orientations*, Julho 1995, n.º especial
[100] Heitor Barras Romana, Ob. Cit, Coimbra, 2005, p. 45.

duz benefícios materiais sob a forma de comércio e desenvolvimento de infraestruturas. A este propósito, Yiping Zhou é peremptório ao afirmar *"A importância de uma tal cooperação não pode ser ignorada num período de rápida globalização. A afluência do Norte é construída através de fortes redes de interacção de cooperação, e é imperativo que o "Sul Global" siga o exemplo para remediar a desproporção entre países desenvolvidos e em desenvolvimento"*[101].

A China tem sido a Embaixadora desta cooperação, caracterizada de "ofensiva diplomática contra a hegemonia"[102]. Como afirma o Professor Heitor Romana, assistimos à *"passagem de um bilateralismo formal para um "multilateralismo de fóruns, liderado por Pequim"*[103].

Para além disso, os líderes chineses contemporâneos assim como os seus predecessores, utilizam a prática da *realpotilitk*[104] que caracteriza o pragmatismo estratégico e lhes possibilita uma vantagem comparativa considerável, senão vejamos:

QUADRO 5: **Os líderes chineses e a política externa**

LÍDER CHINÊS	POLÍTICA
Mao Tse Dong	Apela à união dos "3 Mundos": "Na Ásia todos os países pertencem ao 3.º Mundo. Toda a África pertence ao 3.º Mundo e a América Latina também."
Zhou EnLai	Cinco Princípios de relacionamento com os países africanos e árabes: apoio contra o imperialismo e neocolonialismo; política da paz, neutralidade e não-alinhamento; unidade e solidariedade, solução de disputas pacificamente, respeito pela soberania e repressão de interferências externas. Oito Princípios que guiam a ajuda económica e tecnológica: igualdade e benefício mútuo; respeito pela soberania e não imposição de condições/privilégios; ajuda económica sem interesse e

---

[101] Yiping Zhou, *Forging a Global South.United Nations Day for South-South Cooperation*, UNDP, 19 Dezembro, 2004, p. 1.

[102] G. Shelton, Ob. Cit, p. 348.

[103] Heitor Barras Romana, *Jogos Chineses*, Ed. Especial do Diário Económico, No. 4066, Fevereiro de 2007, p. 29.

[104] Cf. Alaistair Lain Johnston, *Cultural Realism: Strategic Culture and Grand Strategy in Chinese history*, Princeton, 1995; Ibidem, *Cultural realism and strategy in Maoist China.The culture of national security*, New York, 1996, pp. 219-220.

	maior prazo de reembolso; desenvolvimento económico independente; projectos de menor investimento para maior capital e *inputs*; qualidade em equipamento e material; garantia da tecnicidade do pessoal; peritos chineses sem regalias ou privilégios.
Deng XiaoPing	Defende o desenvolvimento de acordo com as especificidades de cada país; apela à união para promover o desenvolvimento económico.
Jiang Zemin	Cinco Princípios de Coexistência pacífica como base para o desenvolvimento a longo prazo do relacionamento China-África para o séc. XXI: benefícios mútuos e igualdade; respeito pela integridade territorial e soberania de cada país; não ingerência nos assuntos internos de cada país; não agressão; e coexistência pacífica.
Hu Jintao	Respeito pela escolha política dos países africanos como padrão de desenvolvimento com base nas condições nacionais; esforço para manter a estabilidade, unidade e promover o desenvolvimento social económico.

Fonte: Quadro elaborado a partir do estudo e análise de um vasto conjunto de fontes abertas

Descrevemos três períodos relevantes no relacionamento entre a China e África:

1. Até aos anos 70 – Apoio específico aos movimentos de libertação na luta pela independência e conquista de esferas de influência aos EUA e à URSS durante a guerra-fria, principais concorrentes em África;
2. A partir dos anos 80 – Declínio das relações sino-africanas, pelo desejo da China em atrair investimentos e tecnologias dos países desenvolvidos e início das reformas de Deng XiaoPing que se empenhou no desenvolvimento económico do país e incremento de políticas económicas domésticas.
3. Finais dos anos 90 – Aproximação a África pelo colapso da império soviético e os acontecimentos na Praça Tiananmen em 1989 que traduziu o não ajustamento ao mundo liberal e pressões internacionais. Isolada, a China volta-se para o continente africano com o intuito de travar a crescente influência e o reconhecimento de Taiwan a nível internacional. A partir de 1999, a China empenhou-se na implementação de parcerias, com a anuência dos

países africanos. Desta forma, no ano 2000, o relacionamento China-África adquire novas proporções graças à criação do Fórum para a Cooperação China-África, um mecanismo de diálogo a nível Ministerial que possibilita concertações e aplicações efectivas e que traduz o empenho no estabelecimento de cooperações nas mais diversas áreas, por forma de entreajuda para atingir o desenvolvimento. O estabelecimento deste Fórum constituiu uma alternativa para os africanos, numa altura em que se estabeleceu uma nova relação com o Ocidente. Um dos objectivos consiste no estabelecimento de visitas de alto nível entre asiáticos e africanos, que como podemos comprovar pelo quadro abaixo, se têm multiplicado:

QUADRO 6: **Visitas de alto nível entre a China e África**

DATA	ENTIDADE	PAÍS
1960	Sekou Touré (Presidente da Guiné)	China
1963-1964	Zhou En Lai	Périplo por 10 países africanos
1992	Presidente da China	Costa do Marfim
	Presidentes da Namíbia; Benin; Tanzânia; Mali; Vice-Presidente de Madagáscar; Pres. do Parlamento Moçambicano; Pres. do ANC	China
1995	Presidentes das Seychelles; Etiópia; Togo e Gana	China
1996	Jiang Zemin	Egipto, Kenya, Etiópia, Mali, Zimbabwe
1997	1.º Ministro Chinês	Seychelles; Zâmbia; Moçambique; Gabão; Camarões; Nigéria; Tanzânia
	Presidentes: Costa do Marfim; Níger; Congo; 1.º Min. Maurícias, Cabo-Verde e Moçambique	China

1998	1.º Ministro Chinês	Guiné; Costa do Marfim; Gana; Togo; Benin
	Presidentes: Benin; Moçambique; Tanzânia; Djibouti; Angola	China
1999	Presidente da China	Madagáscar; Gana; Costa do Marfim; África do Sul
	Presidentes: Nigéria, África do Sul; Zimbabwe; Serra Leoa; Rep. Centro Africana	China
2004	Presidente, Vice-Pres. da China	Egipto; Gabão; Argélia
	Presidentes: Moçambique e Cabo-Verde	China
2005	Vice 1.º Min. dos Assuntos de Estado Li ZhaoXing Vice-Pres. Comissão Militar	RD Congo e Angola Egipto e Tanzânia Cabo-Verde; Senegal; Mali; Libéria; Nigéria; Líbia
2006	Presidente da China	Périplo pelos países africanos na sequência do lançamento da política chinesa para África

Fonte: Quadro elaborado a partir do estudo e análise de um vasto conjunto de fontes abertas

O estreito relacionamento entre a China e África é sinónimo de um novo vigor para o continente na medida em que pela primeira vez tem a possibilidade de ditar as regras para o seu próprio desenvolvimento, pelo que o Presidente da Comissão da União Africana, Alpha Oumar Konaré defende: *"A amizade da Europa é muito importante para a Europa. Mas é preciso deixar bem claro que os africanos são adultos e conhecem o caminho para Pequim e Nova Deli. Já não precisam de intermediários."*[105] Como consequência auguramos que haja uma multiplicação de

---

[105] Declarações proferidas na Fundação Luso-Americana para o Desenvolvimento, Dezembro de 2006.

propostas para parcerias com África, a exemplo da China, por diversas razões, desde o receio do sucesso chinês à necessidade de garantir o acesso aos recursos naturais, facto que ajudará a contrariar, ou pelo menos reduzir, a tendência paternalista e de imposição de alguns países, pelo que a *multiplicidade de opções* é o primeiro benefício para os africanos.

Por outro lado, e como refere Stephen Gelb, este relacionamento pode: *"dotar os governos individuais de África de maior poder de negociação nas relações com as corporações multinacionais dos países desenvolvidos e investidores estrangeiros em geral, porque diversifica as opções dos países receptores e maior poder negocial ao Governo"*[106].

E, concordamos com Ian Taylor que argumenta que um paradoxo possa emergir com o aumento da integração da China na economia global porque eventualmente terá de ser mais intervencionista politicamente de uma forma que a sua política externa tende a resistir. Os laços políticos com os países africanos, o estabelecimento do Fórum para a Cooperação China-África e a abordagem da segurança no Darfur na Cimeira de Novembro de 2006 são evidências da diluição das crenças não intervencionistas[107]:

> *"Esta ironia reflecte a tensão da política externa chinesa na sua procura simultânea pelo compromisso e uma posição crítica de acordo com determinadas normas que norteiam a ordem global."*[108]

---

[106] Stephen Gelb, *South-South Investment: The case fo Africa, Africa in the World Economy-The National, Regional and International Challenges*, Fondad, December 2005, p. 205.

[107] Deste relacionamento, a abordagem da Teoria Crítica com uma epistemologia não positivista, da linguagem diplomática e acções correspondentes entre a China e os países africanos, poderão ser um valioso caminho para os investigadores estudarem as mudanças subtis da pragmática política externa de Pequim[107].

[108] Ian Taylor, *China's Oil Diplomacy in Africa*, International Affairs, 82:5, 2006.

CAPÍTULO II: A Estratégia da China em África

A Estratégia chinesa para África constitui uma prioridade para o governo da República Popular, mormente a partir da entrada da China na OMC, em 2001. Pese embora a competição existente a nível de mercados, a cooperação e a solidariedade são condições necessárias num mundo globalizado. A RPC, em plena consciência desse facto, utiliza uma estratégia que visa extrair o maior proveito para o desenvolvimento da sua economia nacional e do seu poder no mundo.

Mas a África não é um continente passivo, apesar da metáfora utilizada por Adama Gaye no título do seu livro *Chine-Afrique: Le dragon et l'autruche*[109], e interessa uma parceria a fim de conquistar o tão almejado desenvolvimento sustentável usufruindo dos benefícios da globalização, ainda que devendo ter o devido cuidado na apropriação de técnicas e conceitos. E, como acentua o sul-africano Chris Alden o relacionamento com a China permite manter os interesses dos regimes vigentes: *"Para líderes e regimes confrontados com instabilidades domésticas, desgastes da reestruturação e liberalização económica e pressões pela abertura democrática, a China mantém acesa a esperança de reformas que não ponham a perder todos os ganhos acumulados no exercício do poder"*[110].

A realidade é que até agora o continente "beneficiou" dos efeitos perversos da globalização devido a factores endógenos, inerentes à estrutura dos estados africanos: conflitos, má governação, violação de direitos humanos e essencialmente factores exógenos como o sistema económico vigente que é em tudo agressivo para com as economias africanas. E é precisamente aqui que a cooperação com a China terá efeitos imediatos e neste ponto voltamos a frisar a necessidade de precaução.

---

[109] Adama Gaye, *Chine-Afrique: Le dragon et l'autruche*, Paris, 2006.
[110] Chris Alden, China in Africa, London, 2005.

Neste contexto, este capítulo serve para abordar a cooperação entre a China e o continente africano, analisando as principais vertentes e modalidades da "ofensiva" chinesa em África.

Desde a Guerra-Fria, o interesse da China por África registou um aumento significativo, "assombrado" pelo desejo de se tornar líder do então Terceiro Mundo ao qual pertencia. Tendo em conta essa linha de pensamento, defendemos que a China ocupa um estatuto diferente dos restantes países em vias de desenvolvimento e nesse aspecto, discordamos de Elizabeth Sidiropoulos que defende que a China é ainda um país em desenvolvimento, independentemente da sua performance económica[111], por pressupor a equiparação aos restantes países. A nossa perspectiva é de que é a China é um país emergente que não se pode equiparar aos restantes, porque apesar de algumas características idênticas no que concerne por exemplo a índices sociais encontra-se numa posição diferente de *take-off* económico para o desenvolvimento.

O objectivo é, entre outros, assegurar o acesso a energias e matérias-primas através da diplomacia, investimento e comércio mas como teremos oportunidade de expor, o objectivo central da presença chinesa em África é bem mais vasto. Para a efectivação destes propósitos, o governo chinês criou o Fórum para a Cooperação China-África (FOCAC), em 2000, com a finalidade específica de providenciar oportunidades para o reforço da cooperação económica.

De portas abertas à globalização, a política externa chinesa tem amadurecido, fruto de um pragmatismo que visa tirar o maior partido dos interesses vitais para o país e nessa senda organizou-se este capítulo de molde a avaliar a evolução desse relacionamento, de forma gradual, com base numa periodização trianual: 2000; 2003 e 2006.

No ano de 2000 destacaremos a já supracitada criação do Fórum de Cooperação China-África, enquanto marco de aprofundamento relacional, analisando as principais características. Por isso, a análise terá duas componentes interligadas: uma descritiva e uma crítica. Por outro lado, pareceu-nos importante salientar a influência que o acordo de Cotonou teve na criação do Fórum. Três anos depois, a realização do Segundo Fórum e a realização do Fórum para a Cooperação Económica e Comercial China-

---

[111] Elizabeth Sidiropoulos, *Options for the Lion in the Age of the Dragon*, South African Journal of Interntional Affairs, Vol. 13, Issue 1, Summer/Autumn 2006, p. 97.

-Países de Língua Portuguesa. Por fim, em Janeiro de 2006, a China definiu a sua política oficial para África, um documento político que aborda as mais diversas áreas.

1. O Fórum de Cooperação China-África

1.1. *O Manifesto de Beijing*

O ano de 2000 foi marcante para África no que concerne a dois acontecimentos fulcrais: o Acordo de Cotonou[112] e a realização da Conferência sobre a Cooperação China-África (ou Fórum para Cooperação China-África) que, na nossa opinião, estão correlacionados.

O Acordo de Cotonou foi assinado a 23 de Junho do ano de 2000, entre a União Europeia e os 77 países da África, Caraíbas e Pacífico (ACP)[113], na senda das já habituais iniciativas da União[114]. Não queremos com isto minimizar o esforço de ajuda aos países menos desenvolvidos mas parece-nos que o problema reside precisamente no conceito de ajuda condicionada. As habituais imposições, o tradicional discurso demasiado generalizado e excessivamente moral são pontos característicos nas tentativas falhadas dos ocidentais. Acresce que o Acordo rege-se sob as desiguais normas da OMC cujo mote consiste num mercado concorrencial que em tudo beneficia a União Europeia, com a agravante de impor a separação do Grupo em seis regiões[115] que não correspondem às organizações regionais existentes. Até que ponto esta divisão não obedece às leis da concorrência para a UE?

Face a isto, a RPC teve um alcance estratégico e lançou a Cooperação China-África. Coincidência temporal? De todo, a RPC apresentou-se como alternativa em termos de negócios, que no fundo obedece aos objectivos do Acordo de Cotonou de incentivar a cooperação Sul-Sul e

---

[112] O acordo tem um prazo de 20 anos, com uma cláusula de revisão quinquenal acompanhada de um protocolo financeiro.

[113] Ver Anexo V: Países ACP.

[114] Recordamos as Convenções de Yaoundé (1963); Convenção de Lomé (1975); Lomé II (1979); Lomé III/IV/V.

[115] África Austral; África do Oeste; Corno de África; África do Este, Caraíbas e Pacífico.

essa estratégia passa pelo perdão da dívida dos países África Caraíbas e Pacífico (ACP), anunciada em 2000.

Assim, de dez a doze de Outubro do ano 2000, em Pequim, teve lugar a Primeira Conferência Ministerial para a Cooperação China-África (Fórum)[116], com o propósito de enfrentar a globalização e aumentar a cooperação entre ambos e onde se aprovou o **Manifesto de Beijing** – um documento político – e o **Programa do Fórum para a Cooperação do Desenvolvimento Sócio-Económico** – um documento mais prático e que abordaremos no ponto seguinte.

O Manifesto de Beijing é um documento que refuta as noções ocidentais de liberalização política e reformas económicas como uma obrigatoriedade para se atingir o desenvolvimento, cuja tónica assenta no desenvolvimento do comércio e investimentos em infra-estruturas e instituições sociais sem reformas políticas e económicas.

Na primeira parte da Declaração, evidenciam-se a natureza e o enquadramento para a criação do Fórum como sendo um mecanismo colectivo de diálogo para a paz e desenvolvimento, criado para enfrentar os desafios do novo século, afirmando as injustiças do sistema internacional que favorece os países mais desenvolvidos em detrimentos dos menos desenvolvidos; apela-se à união dos africanos para enfrentar os problemas que assolam o continente africano; e destaca-se a importância do peso da dívida e afirma a aposta no desenvolvimento da cooperação sino-africana.

A segunda parte consiste na declaração propriamente dita com base em 10 pontos que evidenciamos:

1. Reafirmação do direito de participação nos assuntos internacionais de igual modo;

---

[116] Os temas da 1ª Conferência foram: De que maneira deveremos trabalhar para estabelecer uma Nova Ordem Política e Económica Internacional no século XXI e; Como podemos reforçar a cooperação económica e o comércio sob as novas circunstâncias?

Os participantes à Conferência foram da parte chinesa: o Presidente Ziang Zemin, Zhu Ronghi do Conselho de Estado, e o Vice-Presidente Hu Jintao; e da parte africana: Presidente Gnasinbe Eyadema da República do Togo, o Presidente Abdelaziz Bouteflika da República Popular Democrática da Argélia, o Presidente Frederic Chiluba da República da Zâmbia, o Presidente Benjamim William Mkapa da República Unida da Tanzânia e o Secretário-Geral da Organização da Unidade Africana, Salim Ahmed Salim; para além de mais de 80 Ministros da China e de 44 países africanos, representantes de organizações regionais e internacionais e personalidades ligadas aos negócios.

Os assuntos internacionais são discutidos nos grandes Fóruns mundiais e pelas grandes organizações internacionais. Ora, os países em vias de desenvolvimento não têm uma voz activa suficientemente forte para fazer valer os seus intentos. Contra esta corrente, impõe-se uma união cada vez maior entre entre estes países cujo exemplo mais esperançante em termos de efectividade se traduz na união entre a China e África, pelo menos até que organizações como a Organização das Nações Unidas (ONU) consigam proceder a reformas que permitam um mecanismo mais igualitário entre as nações.

2. Exaltação dos princípios da União Africana (UA) e os Cinco Princípios de Coexistência Pacífica como príncipios universais;

A paridade estabelecida neste ponto permite-nos compreender que entre a China e África há um entendimento de princípios comuns tanto no que toca à União Africana com os princípios que norteiam a cooperação chinesa, o que favorece o relacionamento entre ambos e marcam o distanciamento às políticas ocidentais.

3. Apelo à resolução de disputas por meios pacíficos e ao princípio de não proliferação nuclear;

O continente africano assiste a inúmeras lutas intestinais, fruto de descolonizações mal feitas e fronteiras que desrespeitam as ancestrais organizações do espaço pelas diferentes etnias e consequentemente uma convivência em harmonia. Face a isto, a solução que ambos defendem consiste nos meios pacíficos de resolução de conflitos, sempre preferíveis à utilização do *hard power* (conforme demonstrado no capítulo I).

Quanto à não proliferação nuclear, a razão prende-se maioritariamente com o facto dos países africanos não terem capacidade de produzir esse tipo de tecnologia, logo apela-se à paridade como forma de prevenção de ataques.

4. Respeito pelo papel do Conselho de Segurança da ONU;

Sendo a China um membro permanente do Conselho de Segurança da ONU com direito de veto, torna-se um importante aliado dos países africanos (recordemos a oposição da China às sanções ao Sudão). De igual modo, a China tem defendido a inclusão de mais países em vias de desenvolvimento com direito de assento no Conselho de Segurança da ONU que representariam para si mais um aliado.

5. Direito à escolha quanto ao seu próprio desenvolvimento;

A história demonstrou que por mais esforços, boas intenções ou assumpção de responsabilidade por parte dos países desenvolvidos quanto aos PVD para atingir o desenvolvimento, as imposições e modelos propostos mostraram-se totalmente inadequados à realidade africana em parte devido à inexistência de uma boa estratégia que, de acordo com Sun Tzu, é necessária para o sucesso de qualquer plano.

Parece-nos que o ocidente já teve inúmeras oportunidades de "ajudar" os países em vias de desenvolvimento, como demonstram as décadas de desenvolvimento. Obviamente não defendemos que estes devam ficar à margem de tentativas futuras mas deverão antes de tudo deixar de assumir uma atitude paternalista e moralista que serve de desculpa para responder aos interesses nacionais de cada um. O tempo é de aposta no desenvol-vimento endógeno e quiçá o modelo de desenvolvimento chinês não se adeque mais à realidade africana?

6. Exaltação do desenvolvimento e cooperação comum;

São ambos objectivos principais do relacionamento China-África. Pela primeira vez na história um país emergente propõe-se, dentro das suas limitações mas com uma vontade demonstrada de entreajuda, cooperar e suster a cooperação com os seus parceiros menos favorecidos.

7. Apelo à cooperação regional e ao papel da UA;

O relacionamento China-África faz-se bilateral e multilateralmente o que implica uma coordenação cada vez maior a nível regional que será estimulada pela União Africana, enquanto elo de ligação entre a China e os países africanos. Neste âmbito, devemos salientar que concordamos com os Professores M´Buyi Kabunda Badi e Mwatha Mussanji Ngalasso quando defendem uma cooperação regional de acordo com as idiossincrasias dos povos africanos. Este aspecto constitui a principal lacuna do relacionamento entre a África e o Ocidente.

8. Criação do Fundo de Solidariedade Mundial para combater doenças, pobreza e desenvolver a cooperação anti-terrorista;

9. Cancelamento, alívio ou redução das dívidas, a exemplo da China;

As dívidas consistem num insuportável fardo para os países africanos. Representam uma herança do passado e uma espada para o futuro. Os estados são obrigados a dedicar-se ao reembolso das dívidas públicas, em vez de canalizar esforços para o seu desenvolvimento, de acordo com as regras do Banco Mundial e o Fundo Monetário Internacional, dominados pelos G8.

10. Maior diálogo na cooperação Sul-Sul;
A cooperação sul-sul possibilita o alargamento dos espaços económicos entre os envolvidos, a livre circulação de pessoas e bens, a harmonização de taxas alfandegárias entre o conjunto de países envolvidos com vista a fomentar o investimento externo. Mas da teoria à prática há ainda um longo caminho a percorrer. No caso de África a cooperação sul-sul tem apresentado inúmeras falhas, inerentes às condições internas de cada país, cujas dificuldades deverão ser ultrapassadas através do diálogo e estabelecimento de acordos.

1.2. *O Programa para a Cooperação Económica e Desenvolvimento Social entre a China e África*

O segundo documento saído do primeiro fórum consistiu na aplicabilidade das medidas nas mais diversas áreas, mormente nas descritas abaixo:

a. Investimento;
b. Cooperação financeira;
c. Alívio ou cancelamento das dívidas;
d. Cooperação agrícola;
e. Recursos naturais e energia;
f. Educação;
g. Cooperação multilateral.

Grosso modo, explicitamos as principais ideias-força inerentes a cada uma dessas áreas, utilizando, *a posteriori,* a devida crítica:

a. Investimento: Criação de fundo especial para suportar e encorajar o investimento das empresas chinesas em países africanos. O objectivo passa por projectos de cooperação adaptados às condições locais com vista à criação de emprego e tranferência de tecnologia. Aos países africanos é dada a oportunidade de diversas formas de pagamento como em género o que constitui a melhor forma de contrapartida face à falta de capitais;

Há três considerações a reter nesta alínea: a primeira tem a ver com a adaptabilidade às realidades locais, a segunda com a forma de pagamento em género que em muitos países africanos consiste na única possível moeda de troca e a terceira com o facto de se proporcionar a criação de empregos sem no entanto se ter referido a quem se destinavam. Deveria estar explícito a criação de emprego dando primazia aos nacionais do país onde se desenvolve a cooperação.

b. Cooperação financeira: Abrange instituições como o Banco Africano de Desenvolvimento (BAD) e o Banco de Desenvolvimento e Comércio Africano e outras instituições financeiras multilaterais;

Os aspectos financeiros são de extrema importância para os africanos, sendo que a China é um membro não regional do BAD, à semelhança da participação no Banco de Desenvolvimento das Caraíbas (BDC) e em outras instituições financeiras da Ásia, reforçando a sua posição e apoio a instituições bancárias não ocidentais.

c. Alívio ou cancelamento das dívidas: Compromisso de redução ou cancelamento das dívidas dos países altamente endividados ou menos desenvolvidos de África no valor de 10 biliões de yuans e maior pressão da China a nível internacional para uma maior atenção a esta questão;

d. Cooperação agrícola: O desenvolvimento agrícola é um factor vital para eliminar a pobreza e aumentar a segurança. A aposta assenta na cooperação trilateral entre a China, os países africanos e insttuições internacionais como a FAO;

e. Recursos Naturais e energia: Aumento da exploração de recursos agrícolas, naturais e metalúrgicos para gerar actividades económicas industriais;

Dada a importância deste ponto para a China, os países africanos deveriam ver mencionados mecanismos de regulação de uma exploração que constitui a principal *moeda de troca*.

f. Educação: Aposta no intercâmbio escolar para desenvolvimento do potencial de recursos humanos, através do envio de estudantes para a China (oferta de 1500 bolsas de estudo) e envio de professores/formadores para África;

Este ponto é de extrema importância como vector capaz de dotar os recursos humanos africanos de capacidades técnico-profissionais. Por outro lado, urge a necessidade de se conhecer a cultura chinesa, pelo que as universidades africanas deveriam acolher matérias sobre o país, a exemplo da disseminação da língua chinesa nas Universidades Nnamdi Azikiwe, na Nigéria, e Stellenbosch, na África do Sul[117]. Defendemos igualmente a criação de fóruns de discussão alargados aos mais diversos sectores da sociedade africana.

    g. Cooperação multilateral: O reforço da cooperação e consultas institucionais multilaterais como a Organização das Nações Unidas (ONU) e a OMC para salvaguardar os interesses como a necessidade de reforma dos regimes de comércio multilateral e novas regras que garantam a equitatividade de concorrência entre os países, para além de apostar na reforma da ONU e do Conselho de Segurança para uma maior representação equitativa geográfica.

Analisado o Programa, convém dizer que este apresenta algumas lacunas, nomeadamente pela ausência de medidas a implementar a nível do bem-estar social, à excepção da cooperação em matéria de educação. Referimo-nos ao bem-estar das populações relativamente a este tipo de cooperação. Que mecanismos de concertação entre os políticos e empresários, principais agentes da cooperação, e a sociedade civil existem? Como auscultar a população acerca das consequências da cooperação a fim de evitar tensões sociais como consequência do choque de culturas?

O Programa não permite encontrar respostas a estas perguntas o que denota um afastamento entre a população e as políticas implementadas, talvez porque uma vez que o Programa foi pensado pela China, onde há um total distanciamento entre Governo e sociedade civil, se ignore propositadamente esse aspecto.

---

[117] Ndubisi Obiorah, *Who´s Afraid of China in Africa? Towards an African Civil Society perspective on China-Africa Relations*, In Firozi Manji e Stephen Marks, (eds.), *African perspectives on China in Africa*, South Africa, 2007, p. 49.

2. O Fórum para a Cooperação Económica e Comercial entre a China e os Países de Língua Portuguesa

O segundo Fórum China-África[118] teve lugar a 15 e 16 de Dezembro, em Addis-Ababa e culminou com a adopção do Plano de Acção, com as directizes para a Cooperação sino-africana concernentes ao período compreendido entre 2004-2006[119]. Este fórum contou com uma maior participação a alto nível[120], tendo-se abordado as seguintes temáticas:

a) Promoção da democratização das Relações Internacionais;
b) Harmonização da posição para enfrentar a globalização;
c) Maior ajuda aos países africanos;
d) Grandes delegações de empresários chineses em África de empresas estatais e privadas nas áreas de construção, electrónica, farmacêutica, exploração de recursos, troca de experiências.

Houve em simultâneo um encontro de três dias com mais de duzentos empresários chineses e duzentos e cinquenta empresários africanos. Foi a primeira conferência de negócios China-África, tendo-se assinado acordos e memorandos de entendimento sobre vinte projectos no total de seissentos e oitenta milhões de dólares entre dezassete empresas africanas e chinesas – dezanove contratos e uma carta de intenções (no valor de 460 milhões de dólares). Os acordos assinados são de encorajamento e protecção de investimento com vinte e dois países africanos e acordos sobre evitar a dupla tributação[121].

A agenda principal deste Segundo Fórum consistiu em rever a implementação da Declaração de Beijing e o Programa para a Cooperação

---

[118] Os temas da Conferência foram consagrados à solidificação e desenvolvimento das relações de amizade; promover e expandir a cooperação mutuamente benéfica.
Os participantes, pela parte chinesa foram o Primeiro-Ministro Wen Jiabao e mais 70 Ministros chineses, e pela parte africana o Primeiro-Ministro Etíope Meles Zenawi, seis Presidentes africanos, três Vice-Presidentes, dois Primeiro-Ministros, o Presidente da Comissão da União Africana, Alpha Oumar Konaré, um representante da ONU, Representantes de Organizações Regionais e Internacionais.
[119] Anexo VI: Plano de Acção de Addis-Ababa
[120] Este fórum contou com a presença de cinco Presidentes Africanos; três vice-presidentes; dois Primeiro-Ministros e o Presidente da União Africana.
[121] Informação extraída do site: http://www.focac.org

Económica e Social. A este propósito, o discurso do Presidente chinês apelou ao sucesso dos dois documentos adoptados, exemplificando com o aumento de 20% da cooperação bilateral, a presença de cento e dezassete empresas de investimento chinesas em África, sete mil africanos treinados em várias profissões e o arranque da cooperação bilateral em desenvolvimento de energia e alta tecnologia[122].

Mas a inovação deste Fórum foi a instituição do Primeiro Fórum para Cooperação Económica e Comercial China-Países de Língua Oficial Portuguesa que significou mais uma visão estratégica da China ao atribuir importância a este conjunto de países ligados por uma língua comum, aos quais a China se interliga pelo facto de Macau, enquanto parte integrante do território chinês, partilhar a mesma língua. Este autêntico *oportunismo estratégico* poderá conferir um novo estatuto à internacionalização do português, enquanto língua comum de trabalho. Portanto, este fórum foi uma medida adoptada na segunda Conferência Ministerial de 2003 e teve lugar em Macau, gerido pelo Plano de Acção[123], como um mecanismo subsidiário do Fórum de Cooperação China-África.

Macau, outrora sob administração portuguesa, funciona como plataforma de conexão, herança da ligação histórica e cultural com os países de língua portuguesa que em termos de comércio beneficiam de um processo de transformação que lhes permite a reexportação para a China continental isentos de taxas ou com tarifas reduzidas.

A este respeito, Ana Cristina Alves explica que a passagem da Macau para a China significou uma vantagem e um meio de aproximação que a RPC poderá usará a seu favor para expandir a influência económica e política em África[124]. Para além disso, os países podem contar com os serviços governamentais e diversos serviços comerciais competitivos, aliado a um enquadramento legal e administrativo em tudo semelhante ao

---

[122] Discurso de Abertura do Presidente chinês ao 2.º Fórum.

[123] O Plano de Acção consiste nos seguintes tópicos: princípios gerais; cooperação intergovernamental; comércio; investimento e cooperação empresarial; cooperação no domínio agrícola e das pescas; cooperação no domínio da engenharia e construção de infraestruturas; cooperação no domínio de desenvolvimento e recursos humanos; mecanismos de acompanhamento.

[124] Ana Cristina Alves, *The Growing relevance of Africa in Chinese Foreign Policy: the case of portuguese speaking countries*, In Daxiyangguo, n.º 7, 1.º semestre de 2007, p. 93.

do continente europeu, facilitando a aproximação entre os mercados de língua portuguesa e o mercado da China continental.

A Cooperação é também importante para Macau que eleva assim o seu estatuto internacional de periférico para fulcral nas relações de cooperação entre as partes. Salientamos que esta zona, com limitações em termos económicos, desempenha agora um papel de dinamizador de relacionamento, enquanto sub-região dinâmica. Nesse sentido, preconizamos que Macau se deva tornar, graças ao papel enquanto plataforma de ligação, a principal Região Administrativa Especial da RP China.

A organização e o desenvolvimento das relações bilaterais entre a China e os Países de Língua Portuguesa cabe ao Secretariado Permanente, cuja central de operações situa-se Macau e a quem se deve a monitorização das acções a que as partes se propoem.

Volvidos que estão três anos da implementação do Plano de Acção, salienta-se o crescente número de visitas de alto nível entre as partes e a importante implementação de construções de infra-estruturas de grande escala, a par do crescente número de trocas comerciais entre as partes intervenientes que permite fazer uma projecção a longo prazo de estabilização:

QUADRO 7: **Trocas comerciais China-Países de Língua Portuguesa**

Milhões de dólares	
2004	18270
2005	23185
2006	35000

Fonte: Quadro elaborado a partir do estudo e análise de um vasto conjunto de fontes abertas

No total, os países de língua oficial portuguesa perfazem mais de 200 milhões de habitantes, constituindo uma mais valia em termos de recursos humanos e um mercado apetecível que em tudo satisfaz os objectivos da China e o seu crescimento exponencial.

Portugal integra a União Europeia, permitindo a entrada dos produtos chineses no vasto mercado de 370 milhões de consumidores. De resto, já antes da passagem de Macau para a China, as empresas portuguesas penetravam no mercado asiático, ainda que com limitações. Caso o território ainda estivesse sob administração portuguesa a posição de Portugal enquanto parceiro sólido da China e como plataforma para os restantes países de língua portuguesa seria em tudo facilitada. São estes os objectivos de Portugal mas por mais tentativas nesse sentido, até ao momento a única plataforma possível é a nível linguístico, não obstante reconhecermos que o país é o elo comum aos países que formam a Comunidade de Países de Língua Oficial Portuguesa (CPLP), de que falaremos mais adiante. Mas se Portugal pudesse ter um lugar de destaque ter-se-ia a China se empenhado para desenvolver esta plataforma? Efectivamente, o país encontra-se em igual circunstância com os restantes mas segundo o Professor Heitor Romana *"A projecção conjuntural da sua presença na África Lusófona – excêntrica à área de influência geopolítica chinesa – deve implicar, no caso concreto das relações luso-chinesas, a substituição, por parte de Portugal, de uma 'diplomacia de prestígio' por uma 'diplomacia de interesses' na qual a CPLP poderá ser optimizada e a posição atlântica de Portugal valorizada como plataforma de ligações comerciais e logísticas da China..."*[125]. Não obstante, o papel aglutinador que caracteriza o país nas mais diversas tentativas de diálogos multilaterais não é de menosprezar. A somar a estas características, a sua localização estratégica permite o controlo das principais rotas marítimas entre a Europa e os Estados Unidos da América assim como um pleno domínio da entrada e saída do Mediterrâneo.

Por sua vez, o Brasil é um dos maiores blocos económicos do mundo que por estar integrado no Mercado Comum da América do Sul, uma zona franca com todos os seus benefícios, é sem dúvida um ponto estratégico para a projecção da China na região. Para além disso, possui aquilo que o Professor Adriano Moreira caracterizou de *"um poder potencial importante, em vista dos recursos materiais em sua posse"*[126], sendo que actualmente, é o maior parceiro comercial da China na América Latina. Salientamos também a extrema importância deste país, porquanto constitui a oportunidade para a China controlar a área circundante aos EUA, que estes consideram a sua traseira[127]. A juntar a estes factos, o Brasil consitui uma

---

[125] Heitor Barras Romana, *Jogos Chineses*, Ed. Especial do Diário Económico, No. 4066, Fevereiro de 2007, p. 29.

[126] Adriano Moreira, *Teoria das Relações Internacionais*, Lisboa, 2002, p. 263.

[127] A par do Brasil, os dois principais aliados chineses são a Venezuela e Cuba, sendo que para este último país a cooperação com a China dificulta o isolamento por parte dos Estados Unidos da América.

área nuclear para a América do Sul e decerto desempenhará o papel de dinamizador da região.

Timor-Leste conquistou a sua independência em 1999 e desde então procura a estabilidade e o crescimento. Os chineses têm contribuído para a estabilização do país através do financiamento de construções de instituições governamentais. De novo, a exploração territorial à procura de jazigas petrolíferas e de gás constituem uma prioridade para os chineses.

Moçambique constitui, a nível de mercado, a porta de entrada para a África Austral, para além das reservas de gás natural e petróleo por extrair. A China tem colmatado a falta de investimento que permite desenvolver a actividade extractiva, assegurando o acesso a recursos energéticos e o facto de ter incluído o país no rol dos Destinos Turísticos Aprovados significa uma oportunidade para o desenvolvimento do sector.

Cabo Verde de entre os países lusófonos é o que possui melhor controlo das contas internas e externas tem uma das maiores Zonas Económicas Exclusivas Marítimas de África. Acrescem as vantagens do seu posicionamento estratégico que fazem do arquipélago um ponto de escala obrigatório de navios.

A Guiné-Bissau é um país pontuado por problemas estruturais que afectam o seu desenvolvimento. Apesar disso possui potencialidades a nível de recursos naturais que, por falta de financiamento, não foram explorados. Nesse sentido, a China poderá fornecer o auxílio necessário para tentar inverter essa situação e como contrapartida usufruirá da cooperação em matéria, por exemplo, de pescas em áreas profundas.

São Tomé e Princípe (STP), dos países de língua portuguesa, é o único que não mantém relações com a China, por ter estabelecido um relacionamento com Taiwan. Preconizamos que esta situação irá alterar-se a longo prazo pois será difícil para São Tomé manter-se fora do círculo de vizinhança. Aliás, advogamos que este país tem dado alguns tímidos passos no sentido da aproximação à China. Exemplo disso, tem sido a participação, ainda que como observadores, ao Fórum China-África e a participação nos Primeiros Jogos da Lusofonia[128], realizados em Macau.

---

[128] Cuja realização ocorreu de 7 a 15 de Outubro e traduziu, mais uma vez, a política de charme chinesa que utilizando a língua portuguesa e o conceito da lusofonia, se vai aos poucos aproximando dos ideais organizativos como forma de projectar a sua política internacional.

Quanto a Angola, decidimos não incluir nesta breve descrição dos países de língua oficial portuguesa uma vez que se inclui no estudo de caso.

Exposto isto, resta mencionar que os países supracitados fazem parte da Comunidade dos Países de Língua Portuguesa, vulgo CPLP[129], facto que permite desenvolver os laços com a China de forma multilateral e reforçar os laços entre os países da organização, tendo em conta o papel de Macau. Por outro lado, a China beneficia do acesso a uma rede relacional vasta, que lhe permite a expansão internacional[130]. No entanto, estes benefícios podem ser retardados pois a organização necessita de um novo vigor, por isso Narana Coissoró afirma: *"Em três anos, o fórum já fez mais pelos países lusófonos do que a Comunidade dos Países de Língua Portuguesa em dez"*[131]. Aliás, o envolvimento chinês tem contribuído para o desenvolvimento do diálogo entre a CPLP, à semelhança do empréstimo concedido à Guiné-Bissau para organização do Conselho de Ministros, em 2006[132].

Enquanto organização política apresenta alguns obstáculos, principalmente se avaliarmos aspectos tão importantes como a visibilidade internacional e entendimento político no seio da organização. Ainda assim, a

---

[129] Anexo VII: Países Membros da CPLP. Organização de Estados Independentes e iguais em dignidade que partilham a língua portuguesa como Língua de Trabalho. Foi instituída a 17 de Julho de 1996, sendo que Timor-Leste juntou-se ao grupo a 1 de Agosto de 2002. Esta Comunidade assenta em três pilares de prioridades diferentes para cada Estado-Membro: concertação político-diplomática; cooperação diversificada; promoção e difusão da Língua Portuguesa.
Cfr. Manuel Ennes Fereira e Rui Almas, *Les Contours Économiques de la CPLP*, Lusotopie 1997.Lusotropicalisme, Centre d´Études d´Afrique Noire, Institut d´Études politiques de Bordeaux, pp. 19, http://www.lusotopie.sciencesbordeaux.fr/ferreira%20Almas%2097.pdf.

[130] Conforme já referimos, acede à Mercosul através do Brasil; Commonwealth por intermédio de Moçambique; CEDEAO – Comunidade Económica de Estados da África Ocidental através de Cabo-Verde e Guiné-Bissau; SADC – Comunidade da África Austral para o Desenvolvimento, através de Angola e Moçambique; CEDEAC – Comunidade Económica dos Estados da África Ocidental, por intermédio de S. Tomé e Príncipe; e União Europeia, através de Portugal.

[131] Comunicação apresentada ao Seminário organizado pelo Instituto Internacional de Macau. Setembro de 2006.

[132] Cfr. Anexo VIII: Notícia do Empréstimo Chinês à Guiné-Bissau para a realização do Conselho de Ministros da CPLP

"lufada de ar fresco" que a China trará, decerto conferirá um novo dinamismo e ajudará à concertação política, pelo menos neste aspecto, entre os estados-membros, que sem dúvida empenhar-se-ão para maximizar os objectivos da cooperação através da CPLP. Quiçá futuramente, esta organização consiga obter o reconhecimento internacional que lhe falta.

3. A política chinesa para África: apreciação crítica do Livro Branco

Como já se referiu, ano de 2006 marcou o quinquagésimo aniversário das relações diplomáticas entre a China e África[133], pelo que, aproveitando esse facto, a China divulgou, em Janeiro, um documento oficial sobre a política para a África, conjugando os princípios pelos quais se devem reger as relações com aquele continente. Esse ano seria o "Ano Africano da China". Paralelamente, Li Zhaoxing, Ministro das Relações Exteriores da República Popular da China, encetou visitas por nove dias a países africanos, em conformidade com o objectivo de África ser alvo da primeira visita oficial do governo chinês no início de cada ano, como meio de publicitar, ou melhor, exercer a promoção, conforme definida por Calvet de Magalhães[134] e referida no Capítulo I, dessa publicação.

Para melhor compreensão desse Livro Branco, alguns extractos-chave são apresentados abaixo, em conjunto com a devida crítica:

O Livro Branco para África, divide-se em seis partes, cujo esquema organizacional consiste numa introdução (dividida em três parágrafos: enquadramento; objectivos da cooperação; medidas concretas para a relação China-África) e seis partes:

Parte I – Posição e Papel de África

- Alusão ao vasto território africano, recursos e às conquistas de liberdade e afirmação;
- Apelo à independência, união e à cooperação Sul-Sul, através da União Africana e da NEPAD;
- Desafios e necessidade de apoio da Comunidade Internacional.

---

[133] Refira-se que o primeiro país africano a estabelecer relações diplomáticas com a China foi o Egipto, em 1956.
[134] Cf. Calvet de Magalhães, Manual Diplomático.

Parte II – As relações China-África

- Ênfase na amizade sino-africana e no passado comum (conforme abordámos no ponto 3 desta dissertação);
- Relações bilaterais;
- Apoio da China a África e vice-versa.

As relações de complementariedade são a tónica desta segunda parte, no entanto não podemos descurar a possibilidade de um relacionamento competitivo, pelo menos em termos de comércio, pois os países africanos não têm capacidade para lidar com a concorrência a nível de têxteis, móveis e sapatarias[135].

Parte III – A política da China para África

- Reforço da cooperação e desenvolvimento da amizade;
- Princípios gerais e objectivos da política:
  - Cinco Princípios da Coexistência Pacífica
  - Benefícios Mútuos
  - Apoio mútuo e cooperação estreita (multilateral)
  - Troca de experiências
  - Apelo ao *Princípio de Uma só China*

O *soft-power* chinês é evidenciado neste ponto através de um discurso onde apela à cooperação sem contrapartidas políticas, de acordo com os Cinco Princípios de Coexistência Pacífica. No entanto, e propositadamente em último lugar, aborda-se o apoio ao *Princípio de Uma só China*, que no fundo constitui um condicionalismo, o que constitui uma contradição. Se a China advoga entre outros o princípio da não-ingerência como base relacional como pode exigir que os países africanos opinem sobre a sua política doméstica? Para além desse aspecto, os africanos arriscam-se a eventualmente mais tarde assistir à máxima *o feitiço vira-se contra o feiticeiro*, pois que moral terão para criticar a China caso esta resolva opinar sobre os seus aspectos domésticos? Dessa forma, o princípio da

---

[135] Têm existido algumas fricções a este nível em países como a África do Sul e a Nigéria. Cfr. http://www.washingtonpost.com/wp-dyn/content/article/2007/02/07/AR2007020700960.html

não-ingerência aparece como uma regra flexível e até que ponto essa flexibilidade poder-se-á reflectir futuramente em África?[136] Os primeiros sinais de alerta foram lançados aquando da recente eleição presidencial na Zâmbia, ao porem a hipótese de terminar as relações diplomáticas com o país caso um determinado candidato vencesse as eleições[137].

A única diferença do condicionalismo imposto pela China é que diz respeito a um assunto interno que ela própria autoriza e necessita da ingerência, isto é, uma imposição que necessita para fazer valer os seus intentos de união nacional, de modo a evitar o reconhecimento internacional de Taiwan. Dito isto, afirmamos que em determinados aspectos a ingerência é desejável e necessária para atingir um determinado fim. Para além disso, o relacionamento entre as elites governamentais chinesas e africanas dá uma certa segurança aos governos africanos detentores da cooperação[138]. No Sudão o apoio chinês tem funcionado como entrave à oposição, expresso no apoio declarado ao Presidente[139]. Daí que, inadvertidamente ou não, haja sempre ingerência nos assuntos domésticos dos países envolvidos.

Parte IV – Promoção da cooperação em diversos sectores

1 – *Área Política*
a) Contactos de alto nível (trocas de visitas);
b) Intercâmbios legislativos (contactos entre as Assembleias Nacionais);
c) Intercâmbios entre partidos políticos;
d) Mecanismos de consulta (comissões bilaterais; consultas...);
e) Cooperação em assuntos internacionais (ONU);
f) Contactos entre governos regionais.

---

[136] Deve-se ter em conta que o facto de a China ter assinado o Pacto Internacional sobre o Direitos Civis e Políticos, em 1998, funciona como mecanismo de pressão internacional para as tomadas de posição e ingerências.

[137] Cfr. China Intervenes in Zambian Elections: http://www.ft.com/cms/s/ d6d5d176-3d0a-11db-8239-0000779e2340.html By John Reed, Southern Africa Correspondent, Published: September 5 2006

[138] Sobre a temática das elites governativas sugerimos a leitura do livro *Quem Governa (Uma Análise Histórico-Política do Tema da Elite*, do Professor António Marques Bessa.

[139] Ali Askouri, *China's Investment in Sudan: Displacing Villages and Destroying Communities*, In Firozi Manji e Stephen Marks (eds.), Ob. Cit, p. 74.

2 – *Área Económica*
a) Comércio: facilitar a entrada no mercado chinês dos produtos africanos através de isenção de impostos alfandegários, graças ao papel da Associação de Indústria e Comércio China-África;
b) Investimentos: O governo chinês apoia o investimento em África através de empréstimos e créditos e vice-versa. A negociação do Acordo de Promoção e Protecção Bilateral dos Investimentos e Acordo de Inibição da Dupla Tributação para criar ambiente ao investimento;
c) Cooperação Financeira: Fomentar os intercâmbios;
d) Cooperação Agrícola: Criação de Infra-estruturas, transportes, comunicação, hidráulica, electicidade, tecnologia e administração;
e) Infra-estruturas: Intensificação;
f) Cooperação em recursos: Partilha de informação e cooperação com África; exploração e utilização de recursos com vista ao desenvolvimento sustentável e fomento de competências;
g) Cooperação Turística: Atribuição a África do status de destino de grupos turísticos;
h) Isenção e redução de dívidas: Negociação para redução de dívidas;
i) Ajudas Económicas: Oferecer e aumentar ajudas sem pré--condições políticas;
j) Cooperação multilateral: Para maior direito de decisão nos assuntos financeiros internacionais.

3 – *Educação, Ciência, Cultura, Saúde e Sociedade*
a) Exploração de recursos humanos e cooperação no sector educacional e Desenvolvimento do Fundo de Exploração dos Recursos Humanos Africanos, de investimento em intercâmbios estudantis e ofertas de bolsas de estudo;
b) Cooperação Científica e Tecnológica que passa pela exploração e transferências tecnológicas, maior cooperação bilateral de biotecnologia, prospecção geológica, exploração mineral e medicamentos, assim como cursos de qualificação técnica;
c) Intercâmbio Cultural (artístico e desportivo). A exemplo desta, referimos a realização do festival internacional em Pequim, em Maio de 2004, com grupos artísticos e delegações culturais de diferentes regiões de África, em conjunto com exposições de arte

sob o tema: "Viagem da Cultura chinesa em África" ou a realização do Fórum sobre a Cooperação entre jovens chinese e africanos;
d) Cooperação médica e higiénica garantida através do intercâmbio de quadros médicos e envio de equipas com medicamentos para combater as doenças que mais afectam o continente africano, mormente o SIDA e o paludismo e conjugação com a medicina tradicional;
e) Compreensão e informações mútuas desenvolvidas pelas empresas;
f) Cooperação consular por forma a facilitar o intercâmbio de pessoal e a segurança dos imigrantes;
g) Intercâmbio populacional de organizações de jovens e mulheres e envio de voluntários chinseses para África;
h) Cooperação ambiental para protecção dos recursos hídricos e a biodiversidade;
i) Redução de calamidades, resgate de vítimas e assistência humanitária (ONG, Cruz Vermelha).

4 – *Paz e Segurança*
a) *Cooperação Militar*: Intercâmbio militar de alto nível, qualificação de efectivos para consolidação da defesa nacional;
b) *Solução de conflitos e manutenção da paz:* Apoio aos esforços da UA e organizações regionais para solucionar conflitos e potenciar assistência;
A China tem sido bastante activa nas discussões sobre as questões de segurança africana na ONU, tendo participado nas reuniões sobre o Sudão, Somália e a manutenção de paz na zona dos Grandes Lagos;
c) *Cooperação jurídica e policial:* reformas jurídicas em ambos os lados para maior autodefesa e combate ao crime organizado e uma maior cooperação na assistência jurídica, extradição e repatriação de sujeitos, ao mesmo tempo que lutam contra a imigração ilegal;
d) *Segurança não tradicional:* contra o terrorismo, tráfico de armas, drogas e crimes económicos internacionais.

Tendo em conta os pontos supracitados, verificamos que a abordagem chinesa para a África consiste numa multiplicidade de áreas-chave que podem permitir encaminhar o continente para o desenvolvimento. Mesmo assim, permanecem algumas dúvidas sobre os moldes para a cooperação, pela percepção de que o exposto é demasiadamente teórico para permitir a avaliação dos benefícios que África poderá colher. Sendo o relacionamento recente, não é possível realizar um balanço efectivo da cooperação. No entanto, o que temos observado das práticas chinesas em países africanos, em especial em matéria de cooperação técnica, é que os chineses tendem a valorizar a sua própria mão-de-obra[140], ao invés de apostar na mão-de-obra nacional como forma de contribuição para a redução do desemprego no continente e proporcionar hipóteses de dotar os povos africanos do tão desejado *know-how*, que permita desenvolver alguma sustentabilidade.

Por outro lado, o desenvolvimento da cooperação turística é uma das grandes novidades da cooperação, uma área inédita no que concerne à cooperação com a África, e constitui uma das grandes esperanças para desenvolver o sector, em razão das potencialidades do continente, pelo que a inclusão dos países africanos na lista de destinos aprovados pela China[141] é um aspecto a reter.

Outro tema a referir quanto a esta parte, prende-se com a falta de políticas ambientais e que reflitam sobre os efeitos da extração dos recursos africanos e sua sustentabilidade a longo-prazo. Apenas se aborda a *Cooperação ambiental para protecção dos recursos hídricos e a biodiversidade* de forma vaga o que se compreende porque sendo a China um país em crescimento as preocupações ambientais não estão no topo da agenda política, tanto mais que a intervenção do país não requer nenhuma avaliação sobre os impactos ambientais aos projectos suportados pelos seus créditos nos países africanos[142].

De qualquer forma, esta e outras preocupações têm de provir dos próprios africanos, se se quiser instituir uma efectiva relação *win-win*[143],

---

[140] Cfr. Tod Moss e SARA ROSE, *China ExIm Bank and Africa: New Lending, New Challenges*, Center for Global Development, November, 2006.

[141] O estatuto de destino turístico aprovado permite aos cidadãos da China deixar o país, desde que em viagens em grupo, sem necessidade de autorização por parte do governo central. Até agora Moçambique, Tanzâni, Zâmbia, Maurícias, Namíbia e Madagáscar já integram essa classificação.

[142] Tod Moss e Sara Rose, Ibidem.

[143] Tipo de relação de cooperação em que ambas as partes ganham benefícios e privilégios do negócio.

porque o que se constata, como refere o Embaixador da Serra Leoa à China é que *"Os chineses estão a fazer mais que o G8 para a história da pobreza... Se um país do G8 quisesse reconstruir um estádio, ainda estaríamos a realizar reuniões! Os chineses apenas chegam e fazem-no. Eles não realizam reuniões acerca da avaliação dos impactos ambientais, direitos humanos, má governação e boa governação. Não estou a dizer que é correcto mas que o investimento chinês tem tido sucesso porque eles não estipulam elevados patamares"*[144].

Exemplo dos efeitos perversos desta cooperação, negligente dos aspectos ambientais, é o financiamento para a construção da barragem de Mpanda Nkuwa, em Moçambique, no Rio Zambezi, que como referem Anabela Lemos e Daniel Ribeiro: *"A electricidade da barragem será dirigida primordialmente para a indústria e para a grelha regional da África do Sul, ignorando por completo o facto de que menos de 5% dos moçambicanos têm acesso à electricidade. A produção de energia irá causar duas vezes ao dia flutuações da corrente do rio que irá afectar adversamente os recursos da população que depende do rio para adequada e aceitável acesso à àgua, pesca, navegação fluvial..."*[145].

Para além disso, devemos salientar o facto de a China *apoiar o investimento em África através de empréstimos e créditos e vice-versa*, o que para África constitui uma alternativa de financiamento, em que o maior agente é o ExIm Bank[146], conforme verificamos pelo quadro:

---

[144] Elizabeth Sidiropoulos, Ob. Cit., p. 106.

[145] Anabela Lemos e Daniel Ribeiro, *Taking Ownership or just Changing Owners?*, In Firozi Manji e Stephen Marks (eds.), Ob. Cit, p. 67.

[146] Banco Chinês de Exportações e Importações, estabelecido em 1994 e propriedade do Governo, cujas principais actividades consistem na atribuição de créditos para a exportação, garantias internacionais, empréstimos para a construção e investimento no exterior e linhas oficiais de crédito. Este Banco faz parte da estratégia chinesa de política externa.

QUADRO 8: **O ExIm Bank em África**

• Possível empréstimo de 1.2 bilhões de dólares ao Gana, incluindo 600 milhões de dólares para a construção da barragem Bui; • 2,3 bilhões de dólares para financiamento da barragem de Moçambique a Mepanda Nkua e fábrica hidroeléctrica e mais 300 milhões de dólares para a barragem de Moamba; • Um empréstimo de 1,6 bilhões de dólares para um projecto petrolífero chinês na Nigéria; • 200 milhões de dólares em crédito para compradores preferenciais para o primeiro satélite de comunicações da Nigéria; • Uma linha de crédito de 2 bilhões de dólares para Angola, com a possibilidade de outros 9 ou 10 bilhões; • Outros empréstimos e créditos de exportação para outros projectos no Congo--Brazzaville, Sudão e Zimbabué.

Fonte: Centro para o Desenvolvimento Global: China ExIm Bank and Africa: New Lending, New Challenges, 2006.

Parte V – O Fórum para a Cooperação China-África e acções futuras

a) Referência ao Fórum para a Cooperação Sino-africana como um sistema eficaz no diálogo e coperação multilateral e implementação das medidas acordadas por ambas as partes;
b) Manifesto de Pequim;
c) Programa para a Cooperação do Desenvolvimento Sócio--Económico entre a China e África;
d) Plano de Acção de Adis-Ababa para o ano de 2004-2006;
e) Reforço da cooperação entre o Fórum e a NEPAD.

As relações de cooperação China-África são estimuladas através do Fórum com base numa parceria estratégica. A China serve-se deste Fórum para se assumir como doadora, dado que se apresenta como principal agente, o que permite, de certa forma, afirmar-se como potência dominante. Por outro lado, a manutenção deste Fórum permite aceder ao continente por duas vias: bilateralismo e multilateralismo, que asseguram a sustentabilidade das acções.

Parte VI – As relações da China com as organizações regionais africanas

Apoio ao relacionamento com a União Africana (UA) e organizações sub-regionais

É necessário ter em conta que a política chinesa inclui a África enquanto um só bloco, pois a sua política e os seus objectivos sobre os benefícios da cooperação com África são unos, ao passo que a África lida com a China de forma *ad hoc*, em virtude dos objectivos nacionais de cada país que se guiam pelos seus próprios interesses e necessidades específicas.

De acordo com o relatório sobre a China em África há um papel potencial para a NEPAD (Nova Parceria para o Desenvolvimento Económico de África) e a UA na coordenação das respostas africanas para a China, no entanto o relatório defende que é improvável, e talvez indesejável a emergência de uma só estratégia para a China[147]. Improvável porque a concertação política tende a ser um processo moroso e as clivagens ideológicas são bastante acentuadas no caso de África. Nessa perspectiva a afirmação de Nbubisi Obiorah é ilustrativa: *"Uma efectiva resposta comum a nível governamental parece improvável durante algum tempo devido à fraqueza da Organização Regional de África, a União Africana. A China efectivamente lida com África nos seus próprios termos via Fórum de Cooperação China-África, que é organizado pela China. A UA, que deveria gerir o compromisso da África com a China, é caracterizada pelas divisões linguísticas e culturais que ainda minam a política regional africana"*[148]. E indesejável porque a maior parte dos países africanos, como já referimos, tende a sobrepor os interesses nacionais aos supranacionais, em virtude da falta de concertação política. Dessa forma, a China usufrui dessa falta de união lhe permite enfrentar uma oposição em menor escala do que a nível de um continente.

Há que ter em conta que enquanto doadora exerce alguma forma de domínio e controlo, pelo que, por forma a dispor de algum tipo contrapeso, a África deveria apostar numa só política para lidar com a China e neste

---

[147] Cfr. Leni Wild e David Mepham (Eds), *The New Sinosphere: China in Africa*, London, 2006, 72 p.

[148] Ndubisi Obiorah, *Who´s Afraid of China in Africa? Towards an African Civil Society perspective on China-Africa Relations*, In Firozi Manji e Stephen Marks, (eds.), Ob. Cit., p. 49.

ponto concordamos com Elizabeth Sidiropoulos em seguir o exemplo da criação de um Plano Estratégico entre a União Europeia e a União Africana[149].

A União Africana, em colaboração com as organizações regionais do país, deveria implementar uma política que regesse as relações China-África. Contudo, não descuramos as especificidades de cada país que podem inviabilizar a concertação política, que poderiam ser ultrapassadas através de estratégias regionais. O que defendemos é a existência de políticas complementares em que a política nacional seria ancorada numa política geral da União Africana. No entanto, a concretização dessa política, de acordo com Mwaila Tshiyembé, só se conseguirá quando se basear numa união económica[150].

O que devemos destacar é que este autêntico Livro Branco consiste numa eficaz estratégia para captar as preferências africanas, se tivermos em conta os aspectos abordados no capítulo I sobre o poder da linguagem e dos discursos. Para começar, a China soube criar um documento que deu aos africanos exactamente o que querem ouvir: valorização do continente, relembrar o passado correlacionando-o com a amizade e prelúdio de futuro com base numa cooperação eficiente, diferente das que experenciou até agora. Assim, o uso de expressões como amizade, solidariedade, sinceridade, reciprocidade, igualdade é uma constante ao longo do documento. Logo, as principais mudanças a nível linguístico perfazem a imagem de marca do documento pela prevalência de um discurso que contrariamente ao utilizado pelo ocidente – do topo para baixo e que impõe políticas e restrições a exemplo dos Planos de Ajustamento Estrutural – assenta numa parceria estratégica, enfatizando a amizade.

Têm havido algumas críticas, nomeadamente por parte do ocidente, face à ausência de menções à boa-governação, por oposição aos Cinco Princípios de Coexistência Pacífica, e também pelo receio da aproximação chinesa. Resta saber se a preocupação que apresentam é genuína, relativamente ao desenvolvimento africano ou se não passa da percepção de perda de relacionamento. Será a China uma ameaça para o ocidente ou para o continente africano? Preocupações deste tipo não se deveriam colocar mas o ocidente deveria encarar a possibilidade de se aliar à China através

---

[149] Elizabeth Sidiropoulos, Ob. Cit, p. 105.
[150] Mwaila Tshiyembé, *A difícil gestação da nova União*, Le Monde Diplomatique.

de uma parceria para o desenvolvimento africano ao invés de encarar o país de forma competitiva[151]. Nesse âmbito, o governo chinês, na pessoa da porta-voz do Ministério dos Assuntos Exteriores, Jiang Yu, afirmou que o país teria em consideração as Declarações da 24ª cúpula de Chefes de Estados Africanos com a França[152], no que concerne à predisposição de encetar um diálogo com a União Europeia sobre a cooperação com África[153].

Efectivamente, tal atitude vem reforçar a defesa da abertura política chinesa e de facto a China poderá usufruir das lições que o Ocidente tem para partilhar, quanto às relações de cooperação com África.

Também Javier Solana mostrou-se receptivo às conclusões Cimeira Europa-China, que teve lugar em Setembro de 2006, concernentes ao estabelecimento de um diálogo oficial regular sobre África, pelo que o mesmo afirma: *"Para sermos mais eficientes precisamos de compreender melhor o que cada um está a fazer, os programas e políticas que desenvolvemos, para assegurar que os nossos esforços não sejam contraditórios como foram por vezes no passado"*[154].

Relativamente à temática da boa-governação, a alusão da China à UA/NEPAD como a nova esperança para o desenvolvimento africano deixa antever que essa preocupação está a cargo dos próprios africanos, o que a nosso ver é positivo, mas na realidade os africanos dificilmente, sem ajudas externas, conseguirão combater um problema cultural deste tipo.

Mas o que realmente importa saber é se a política chinesa é tão diferente da política ocidental? E se não for, afinal quais são as vantagens?

---

[151] "Uma rápida iniciativa para encorajar maior diálogo entre a China e os governos ocidentais seria convidar a China a tornar-se membro do Fórum para a Parceria Africana e pressionar o envolvimento da sociedade civil ocidental no Fórum para a Cooperação China/África em Pequim [...] uma oportunidade seria através da relações da União Europeia com a China. A política da União Europeia baseia-se no papel político da Comissão, Parcerias Mútuas: interesses partilhados e desafios para as relações EU-China, que foi adoptado pelo Conselho Europeu em Outubro de 2003 [...] Outra oportunidade para o diálogo advêm do facto de a China se ter tornado membro da Organização Mundial do Comércio" Elizabeth Sidiropoulos, Ob. Cit.

[152] Anexo IX: Declarações da 24ª cúpula de Chefes de Estados Africanos com a França.

[153] Cfr. Conferência de Imprensa: http://www.chinamission.be/eng/fyrth/t298262.htm

[154] SOLANA, Javier, Desafios da Cooperação Europa-China em África, China Daily, 7 de Fevereiro de 2007.

Atentemos ao esquema respectivo elaborado com o propósito de clarificação por contraposição:

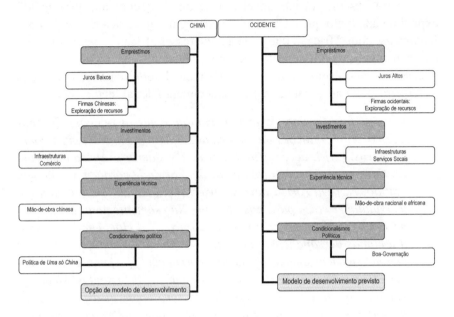

Fonte: Esquema elaborado a partir do estudo e análise de um vasto conjunto de fontes abertas

Na realidade, a China tende a actuar em áreas normalmente negligenciadas pelo ocidente, como grandes projectos de construção de infra-estruturas como edifícios governamentais e estádios[155], cooperação médica, entre outros. A somar a isso, a predisposição para o perdão da dívida e a especialização militar e escolar de africanos colocam a China na linha da frente em matéria de cooperação.

Como já se referiu, a China utiliza a publicidade de forma eficiente, graças à visibilidade que atribui às visitas oficiais de altos dirigentes chineses a África, com o propósito de desenvolvimento dos laços de amizade e cooperação. Assim, tendem a distanciar-se dos restantes doadores pela afirmação da compreensão e por se apresentarem menos intervencionistas

---

[155] No caso concreto de Angola decerto os chineses desempenharão um importante papel na construção dos estádios de futebol para o Campeonato Africano (CAN) de 2010.

que os restantes, ou pelo menos, sem imposições políticas explícitas que afectem os países receptores.

Outra observação inevitável é a de que o documento apresentado explicita não aquilo que a China pode conseguir em África mas *em* e *conjuntamente* com África, o que serve os interesses africanos, na medida em que constituem os pressupostos de uma verdadeira relação de parceria o que, se contraposermos com a posição ocidental, representa uma inovação e a esse respeito apresentamos o reconhecimento de tal facto:

> *"O que devemos fazer hoje em dia, é que as relações Europa--África sejam relações de maturidade, que nos consideremos como parceiros. [...] É necessário deixar de considerar a África como um continente que é necessário ajudar por caridade porque isso não tem sentido. [...] Da África deve-se dizer que, quando falam connosco, têm qualquer coisa para nos oferecer. Não somente no plano económico mas também no plano da segurança. [...] Hoje em dia, devido a algumas derrapagens e derivações, colocamos todo o mundo no mesmo saco e dizemos: "Atenção à corrupção"![...] mas estou consciente que fazer o Parlamento Europeu ou os Estados Membros admitir que devem ter confiança não será uma coisa fácil porque há todos os dias uma parte dos riscos que eu, estou disposto a correr"*[156].

Por último, salientamos que o documento não aborda os mecanismos reguladores da cooperação com África, nomeadamente no que concerne a uma avaliação da cooperação nas diversas áreas e ao próprio Fórum para Cooperação.

3.1. *O papel da UA e da NEPAD nas relações de cooperação*

Após as descolonizações, a Organização da Unidade Africana (OUA) tornou-se obsoleta uma vez que se mostrou incapaz de solucionar os problemas que assolavam o continente africano, nomeadamente do foro económico. Contudo, é preciso salvaguardar o mérito de uma época em

---

[156] Declarações de Louis Michel, Comissário Europeu para o Desenvolvimento e Acção Humanitária, sobre o seu plano para a África, para a revista mensal Afriques, Edição Internacional, n.º 7, Fevereiro de 2006, p. 21.

que, como afirma o M´Buyi Badi, a organização encarnou o papel de ONU regional, encarregada de manter a paz e a segurança do continente[157].

Conquistada a independência política e finalizados os objectivos da Organização, era altura de se proceder a um rejuvenescimento estrutural e ideológico. É então criada a União Africana, uma instituição de estrutura semelhante à União Europeia, para fomentar a integração africana e dirigir o continente para o processo de desenvolvimento. Dada a sua criação recente (2002), não é possível fazer um balanço global, pois tal como todos os processos de integração política os objectivos efectivam-se a longo prazo.

A União Africana não se deve limitar a "copiar modelos externos" mas adequá-los à realidade africana, pois se há factores de união ainda há mais factores que podem levar ao afastamento. Como fenómenos potenciadores da união, concordamos com Mwatha Mussanji Ngalasso[158] que defende a vantagem de África relativamente aos restantes continentes em termos de limitações geográficas. Actualmente, e neste âmbito, a União Europeia debate-se com esses problemas pois os seus limites são difíceis de definir. Onde acaba a União Europeia e começa a Ásia? A resposta a esta pergunta tem originado discordâncias no seio da União e tenderá a persistir. Ora, por sua vez o continente africano possui contornos bem definidos o que possibilita que se efectue uma integração sem problemas fronteiriços. E no que diz respeito à definição de um modelo político, os mesmos problemas são enfrentados pela União Europeia que já existe há mais tempo.

O percurso histórico, a actual situação económica dos países e a vontade de alcançar o desenvolvimento fazem parte dos factores que permitem o entendimento. Mas a África é um continente multi-étnico, pontuado por conflitos religiosos e de índole histórico, consequência do colonialismo, a exemplo da guerra no Ruanda entre Totsies e Hutus, sensíveis às questões de ingerência interna, dominado por clivagens sociais acentuadas, o que contribui para o afastamento.

A tarefa da União Africana pressupõe um trabalho árduo e defendemos, deve assentar no alcance do desenvolvimento sustentável através, por exemplo, da responsabilização de cada país por uma determinada área.

---

[157] M´Buyi Kabunda Badi, Actas da Conferência África: Parcerias para o Desenvolvimento, Lisboa, Maio de 2006.

[158] Mwata Mussanji Ngalasso, Ibidem.

Este tipo responsabilização, a nosso ver, serviria para implementar contactos para parcerias multilaterais e sobretudo multidimensionais (que não apenas a nível de comércio), que propiciem, entre outros factores, o desenvolvimento da maior riqueza de África que são o desenvolvimento das capacidades humanas. Para além disso, a aposta deve seguir o rumo indiciado de cooperação Sul-Sul dado que a cooperação com o Norte não tem correspondido às exigências do continente. Desta forma, enveredar-se-á por um caminho que fará o Norte repensar o seu método cooperativo, pela pressão e maior capacidade de negociação que a cooperação Sul-Sul faculta.

Nesse sentido, a União Africana, como organização política, tem o dever de tentar mudar a mentalidade vigente de previlegiar as relações com as antigas metrópoles colonizadoras, alargando o horizonte de possibilidades.

Relativamente às questões meramente económicas, a criação da Nova Parceria para o Desenvolvimento da África (NEPAD) foi marcante e suscitada pela adopção da ONU dos Objectivos do Desenvolvimento do Milénio (2000), que levou os líderes africanos a tomar consciência da necessidade de proceder a um desenvolvimento endógeno para atacar a pobreza e reduzir a dependência dos outros.

O desenvolvimento deve ser da responsabilidade dos próprios africanos que desenvolvem a política de desenvolvimento que mais se adapta a cada realidade específica. Assim, a esperança na integração económica, a cargo desta Nova Parceria, subsiste como forma de dotar os países de África da capacidade para enfrentar os desafios económicos, com base nos investimentos privados e públicos estrangeiros.

A NEPAD, antecessora do Plano de Acção de Lagos e do Tratado de Abuja – ou Tratado que estabelece a Comunidade Económica Africana – é muito diferente dos predecessores pois apela a uma mudança no relacionamento entre doadores/receptores, almejando sobretudo uma parceria genuína baseada em princípios como respeito mútuo, responsabilidade e *accountability*. E, nesse sentido, discordamos do Prof. M´Buyi que sustenta que esta organização transformou o Norte num parceiro natural para o desenvolvimento do continente africano[159] pois defendemos que pelo contrário, todos os países se encontram em pé de igualdade com o Norte e em nenhuma parte dos objectivos da NEPAD tal ideia é clarificada. A

---

[159] Mbuyi Kabunda Badi, Ob. Cit.

estratégia consiste em jogar com as possibilidades interpretativas dos objectivos da organização. Admite-se que essa predisposição possa estar subentendida pela referência às exigências ocidentais democráticas mas a interpretação e aplicabilidade cabe a cada um. De resto, deve-se assimilar as características que visem o bem-estar das populações, pelo que a implementação de algumas políticas como a boa-governação e respeito pelos direitos humanos devem ser salvaguardadas.

Dado este enquadramento teórico, o relacionamento entre a NEPAD e a RPC poderá ser determinante como pólo dinamizador do desenvolvimento sócio-económico que se deseja operar.

Alguns *think-tanks* africanos, como Amadou Seck[160], advogam que a NEPAD apresenta erros estratégicos que ameaçam a sua eficácia.

Também Tony Blair com o seu relatório da Comissão para África, de 2005, defende que a NEPAD não tem em conta a realidade. Não podemos deixar escapar a oportunidade para críticar negativamente a Comissão de Tony Blair porquanto estipula que o ano de 2005 representou a última oportunidade para a África inverter o seu destino. A parcialidade demonstrada é flagrante, por omitir factores que condicionam a situação actual do continente e como defende Demba Moussa Dembee: *"Apesar das aparências, a iniciativa de Gleneagles é ainda muito ortodoxa e a multiplicação de tais operações traduz antes de tudo a vontade dos países do hemisfério norte de continuar a ditar os termos do debate sobre o desenvolvimento, a despeito do fracasso patente de suas receitas"*[161].

Por sua vez, Joseph Ki-Zerbo afirma que a NEPAD é a voz tropicalizada do ocidente que os dirigentes africanos recuperaram e apresentaram como modelo de desenvolvimento, pela preocupação com a aplicação dos já referidos conceitos como a boa-governação e direitos humanos. Nesse sentido, teme-se que a aproximação chinesa faça desaparecer essas preocupações.

Já John Rocha adverte para o facto de que a emergência da China possa trazer uma dependência extrema em vez de África apostar nos seus próprios recursos[162].

---

[160] Tom Amadou Seck, *Leurres du Nouveau Partenariat pour l'Afrique*, Le Monde Diplomatique, Novembre 2004, pp. 18-19

[161] Demba Moussa Dembee, *As Máscaras de Tony Blair*, Le Monde Diplomatique, Janeiro de 2006.

[162] Jonh Rocha, *A New Frontier in the exploitation of Africa's natural resources: the emergence of China*, In Firozi Manji e Stephen Marks (eds.), Ob. Cit.

O Prof. M´Buyi Badi aponta outra crítica à NEPAD porquanto insiste em apostar em grandes infra-estruturas que implicam a intervenção de multinacionais do Norte e culminam no ciclo de dependência habitual.

Para colmatar as falhas da organização, partilhamos da opinião do Prof. M´Buyi quando defende que a organização deve recuperar certos aspectos do Plano de Acção de Lagos, mormente no modelo de desenvolvimento endógeno e autocentrado e evitar a concentração de investimento no sector industrial em detrimento do sector agrícola que constitui a base do desenvolvimento em África.

A NEPAD pode exercer pressão sobre os países, e aqui defendemos uma solução já apresentada por outros pensadores africanos que consiste na adopção de uma estratégia semelhante à usada pela SADC, em que há a responsabilização de cada país sobre um domínio económico específico. Este tipo de modelo é funcional e fomenta o desenvolvimento de um sentimento de comunidade que serve os interesses de todos.

Outra medida consiste em converter os estados africanos em motores de integração regional, pelo que os países que propomos formariam um quarteto estratégico, com contribuições a diversos níveis numa conjugação de *hard* e *soft power*, cuja função seria de eixo de arranque para os restantes:

QUADRO 9: **Quarteto Estratégico**

País	Contribuição
África do Sul	Forças Armadas Economia Experiência Política (Democracia)
Angola	Economia Lobbying regional Forças Armadas
Líbia	Influência Política
Nigéria	Petróleo

Quanto à relação entre a NEPAD e o Fórum para a Cooperação China-África He Wenping salienta dois aspectos fundamentais: os objectivos de uma nova parceria estratégica para o desenvolvimento e as prioridades sectoriais: *"Por exemplo, ambos concordam com que as três principais prioridades são a nível de infraestruturas, desenvolvimento de recursos humanos e cooperação agrícola"*[163]. Já Moreblessings Chidaushe adverte para o facto do alinhamento estratégico da China à NEPAD se dever à conveniência do programa quanto às enormes intenções a nível de infraestruturas em África[164].

Apesar dos factores de aproximação enumerados acima, só recentemente se tem assistido a medidas de entrosamento entre os dois organismos pois apenas a 15 de Março de 2006 se realizou a primeira reunião entre o Secretário-Geral do Mecanismo de Concertação do Fórum e o Secretário-Geral da NEPAD[165]. Defendemos a necessidade de maior entrosamento entre os dois organismos, através da implementação de *task-forces* capazes de proceder a avaliações de projectos nas áreas de prioridades sectoriais e estabelecer um mecanismo de avaliação dos projectos chineses em África, tendo em conta a prossecução da sustentabilidade.

Mencionados os pontos acima, há inúmeras contribuições que a União Africana e a NEPAD podem realizar através desta cooperação. A NEPAD, por se dedicar à categoria económica, deve desempenhar o papel de regulador da cooperação económica com a China e zelar pelos interesses do continente no acesso aos mercados do continente asiático, atendendo ao facto de que há interesses que a África deve ver assistidos como formas de acesso ao mercado chinês que desde a implementação do Fórum não obteve grandes desenvolvimentos.

3.2. *Benefícios Mútuos?*

Conforme exposto nos objectivos da presente dissertação, o interesse chinês em África levanta algumas hipóteses: Estaremos perante uma nova

---

[163] HE WENPING, *Engaging with NEPAD: A view fom China*, Comunicção à Conferência China in Africa in the 21st Century: Charting the Future, Joanesburg, 16-17 Outubro de 2006.

[164] Moreblessings Chidaushe, *China's Grand Re-Entrance into Africa – Mirage or Oasis?* In Firozi Manji e Stephen Marks (eds.) *African perspectives on China in Africa*, South Africa, 2007, p. 113

[165] Idem, Ibidem.

modalidade do neocolonialismo? Serão os objectivos chineses imperialistas? Ou será uma oportunidade para o desenvolvimento real?

Ainda é demasiado cedo para uma avaliação mas de qualquer forma há algumas conjunções que se podem aferir, mormente acerca das características imperialistas assim determinadas por Lenine, em *Imperialismo, último estádio do capitalismo*, Walter Rodney e J.A. Hobson, em *Imperialism: a study*, que preconizam a conjugação de factores culturais, financeiros, de género, religiosos e financeiros. Como refere Horace Campbel, a China não possui ainda uma presença tão abrangente em África e os africanos têm presente essas características e o tipo de organização que implica a manutenção da auto-determinação[166]. O conceito de *neocolonialismo* implica uma reflexão terminológica porquanto designa *"forma nova de colonialismo, que impõe a dominação económica a um país"*[167], que a nosso ver é um conceito de difícil efectivação no mundo globalizado, em primeiro lugar pelas relações de interdependência entre os Estados e a multiplicação de parcerias, em segundo lugar porque a própria palavra deriva do conceito de *colonialismo europeu*, um conceito ultrapassado, que pressupõe uma vitimização e uma falsa independência. Ora, a África não é uma vítima nem um corpo amorfo, pelo contrário, pela vontade de uma integração igualitária no sistema internacional e de atingir o desenvolvimento, quando muito é agressora.

Os chineses estão dispostos a fazer negócio com todos os interessados e dispostos a apostar em ambientes de risco, como em zonas de conflito, em nome da aquisição de recursos naturais e conquistar alianças, com vista à salvaguarda dos seus interesses nos *Fora* Internacionais e instituições como a Comissão dos Direitos Humanos das Nações Unidas. Como se referiu são movidos pelo pragmatismo económico que aliado ao pressuposto da não ingerência cativa os países mais polémicos a nível internacional, pelas acusações de desrespeito de Direitos Humanos e outras atrocidades.

A China beneficia do acesso aos mercados dos países em questão, permitindo alcançar outros mercados como a União Europeia e a América Latina, para além de que a sua presença em África é uma vantagem geoes-

---

[166] Horace Campbel, *China in Africa: Challenging US Global Hegemony*, In Firozi Manji e Stephen Marks, (eds.), Ob. Cit, p. 133.

[167] In Dicionário de Língua portuguesa, 8ª Edição, Porto Editora, 1999.

tratégica. Relembramos as afirmações de Bismarck, no século XIX *"Quem controla a África controla a Europa"*. Por outro lado, acede aos recursos naturais necessários para acompanhar as exigências de crescimento pacífico, conforme o esquema elaborado:

Para além destas consequências, o continente proporciona oportunidades de emprego para os excedentes de mão-de-obra chinesa.

Por seu turno, a África obtém da China a ajuda que Kwame Nkrumah caracterizou *de mais impressionante, por ser mais flexivel, moldável e com juros mais baixos*[168]. De facto, a grande inovação são os empréstimos sem contrapartidas políticas, a redução ou eliminação das dívidas:

QUADRO 10: **Perdão da dívida da China aos países africanos**

ANO	PERDÃO DA DÍVIDA
2000	1.2 bilhões de dólares
2003	750 milhões de dólares

Fonte: Quadro elaborado a partir do estudo
e análise de um vasto conjunto de fontes abertas

---

[168] Kwame Nkrumah, *Neo-colonialism – The last stage of imperialism*, London, 1965.

E, sumariamente apresentamos as principais características da assistência chinesa aos países africanos, de molde a se aferir a abrangência da intervenção chinesa no continente:

África do Sul		Chad**	
Angola	Alívio da dívida	R.C. Africana	Estação tecnológica agrícola
	Empréstimos		Estação de rádio
	(recursos naturais joint-ventures)		Centro de treino
			Clínicas
Benin	Estádios	Congo	Estádios
	Edifícios Governamentais		Estação hidroeléctrica
	Hospitais		Estação Radiofónica
Burkina Faso**	Centro de Conferências		Hospitais
Burundi	Estação Hidroeléctrica		Fábricas
	Auto-estradas	Costa do Marfim	Teatro
Camarões	Centro de Confrências		Conservação de água
	Estação Hidroeléctrica	Djibouti	Estádio
	Hospital		Edifício Governamental
Cabo-Verde	Edifícios Governamentais	Eritreia	Assistência Humanitária
	Centro de Conferências		Hospital
Etiópia	Auto-estradas	RD Congo	Estádio
	Centro Veterinário		Centro de Comércio
	Estação Energética		Palácio
	Fornecimento de água		Fábricas
Gabão	Centro de Saúde	Ruanda	Auto-estrada
	Escola primária		Fábrica de cimento
	Edifício da Assembleia	S. Tomé e Príncipe**	
Gâmbia**	Estádio	Senegal	Estádio
	Centros de Saúde		Conservação de água
Gana	Teatro Nacional	Seichelles	Piscina
	Projecto de irrigação		Projectos habitacionais
	Centro de Vocação Profissional		Escolas
		Serra-Leoa	Pontes
	Hospital		Estádio
Guiné	Estação Hidroeléctrica		Complexo de açúcar
	Cinema		Edifício governamental
	Palácio Presidencial		Estação hidroeléctrica
Guiné-Bissau	Projecto Habitacional		Casas civis
	Geração de energia	Somália	Equipas médicas
	Cooperação Técnica		Tratamentos medicinais
Guiné Equatorial	Estação Hidroeléctrica		Materiais de desastres
	Estação de rádio	Sudão	
	Auto-estradas		
Lesoto	Parque Industrial	Suazilândia**	
	Centro de Convenções	Tanzânia	Caminho-de-ferro
Libéria	Projecto de arroz		Projecto de arroz
	Estádio Desportivo		Fábrica de açúcar
	Renovação de Hospita		Mina de carvão
		Togo	Centro de Conferência
	Edifícios de escritórios		

Malawi**			Refinaria de açúcar
Mali	Estádio		Estádio
	Centro de Conferências		Hospital
	Refinaria de açúcar		Projecto de irrigação
	Farmácia	Uganda	Estádio
	Fábrica de peles		Projectos de arroz
Maurícias	Estádio		Fábricas
	Pontes	Zâmbia	Caminho-de-ferro
	Terminal de aeroporto		Estradas
Moçambique	Fábrica de sapatos		Fábricas
	Edifício parlamentar		Fornecimento de água
Namíbia	Fornecimento de água	Zimbabué	Estádio
	Projecto habitacional		Hospitais
Níger	Estádio		
	Fornecimento de água		
	Projecto habitacional		
Nigéria	Remodelação dos c. de ferro		

** Países com ligações diplomáticas a Taiwan
Fonte: http://www.fmprc.gov.cn/eng/wjb/zzjg/fzs/default.html

E, como referiu o Presidente do Banco Africano de Desenvolvimento: *"podemos aprender com eles a organizar a nossa política de comércio a evoluir de baixas a médias receitas, a educar as crianças em especializações e áreas que irão ser benéficas daqui a alguns anos"*[169]. Mas também se deve alertar, como refere Moeletsi Mbeki para as desigualdades das trocas comerciais: *"A África vende recursos naturais à China e a China vende produtos manufacturados a África. Esta é uma equação perigosa que reproduz o antigo relacionamento com as antigas potências coloniais. A equação não é sustentável por uma série de razões. Primeiro, a África precisa de preservar os seus recursos naturais para usar no futuro na sua própria industrialização. Em segundo lugar, a estratégia de exportação chinesa contribui para a desindustrialização de alguns países de médios incomes...é o interesse tanto da África como da China encontrar soluções para estas estratégias"*[170].

Face ao *ocidentopessimismo*[171], a China apresenta qualidades atractivas a nível de comércio e investimento, mormente no que concerne à

---

[169] World Economic Forum: "Trade Wins:Chinese Investment in Africa: http://weforum.org/site/kwoledgenavigator.nfs/Content/_S16446

[170] Moeletsi Mbeki, In Firozi Manji e Stephen Marks, (eds.), Ob. Cit., p.5.

[171] Compreendemos esta expressão como associada ao Consenso de Washington

adequação do Consenso de Beijing[172] a África que, sistematizado por Joshua Ramo, consiste em *"três teoremas sobre como organizar o lugar de um país em desenvolvimento no mundo..."*[173], que correspondem aos seguintes pressupostos:

1.º Teorema: Inovação: reduz as fricções das reformas – *"A inovação suporta o progresso de uma nação"*[174];
2.º Teorema: Instrumentos de gestão do caos: qualidade de vida através do modelo de desenvolvimento sustentável;
3.º Teorema: Teoria da auto-determinação como doutrina de segurança.

À luz disso, e a exemplo do desenvolvimento implementado na China, o primeiro sector a ser desenvolvido seria a agricultura[175]. De facto, a África é um continente onde o sector agrícola é o principal meio de subsistência, no entanto tem sido constantemente negligenciado pelas políticas de desenvolvimento ocidentais. Logo, e em consonância com o primeiro teorema, somos da opinião que este deve ser um sector prioritário, na medida em que muitos países de África (como a Etiópia), não possuem infra-estruturas capazes de desenvolver o sector secundário e têm um grande défice alimentício.

A aposta na responsabilização dos camponeses pelas suas áreas de intervenção permitiria desenvolver uma espécie de pequenos empresá-

---

implementado em África. Anos de tentativas de desenvolvimento falhadas por parte dos ocidentais conduziram ao descréidto africano.

[172] De acordo com Ndubisi Obiorah é dada a oportunidade para os africanos questionarem abertamente o Consenso de Washington, facto que até então nunca havia acontecido ou mesmo sugerido alternativas africanas. In Firozi Manji e Stephen Marks, (eds.), Ob. Cit., p. 43.
Cfr. Shiqing Wu e Enfu Cheng, *The Washington Consensus and Bejing Consensus*: http://english.people.com.cn/200506/18/print20050618_190947.html. Convém salientar que a própria China vê vantagens na adequação deste modelo de desenvolvimento que lhc confere prestígio, orgulho e segurança, à semelhança da Índia e Vietname, e, em última análise, poderá constituir um meio para alcançar a liderança dos países em desenvolvimento.

[173] Joshua Cooper Ramo, *The Beijing Consensus*, London, 2004, p. 11.

[174] Jiang Zemin, Report the 16th Party Congress, citado por Joshua Ramo, Ob. Cit, p. 13.

[175] Nos anos 80 este sector cresceu mais do que os restantes.

rios. Nessa perspectiva, África poderá usufruir da tecnologia chinesa em matéria de drenagem, mormente quanto à drenagem por meio de poços/ /tubos[176] e trocar experiências no âmbito da gestão de *stocks* e recursos hídricos que tornaram os camponeses chineses dos mais inovadores a nível mundial. Por outro lado, a aposta chinesa na excelência e aproveitamento de quadros, incentivando o recrutamento de especialistas estrangeiros para troca de experiências e aproveitamento dos quadros nacionais, parece-nos a mais viável e urgente, até porque o intercâmbio de professores e estudantes desde a implementação do Fórum China-África, permite o fácil enquadramento dos quadros.

Por outro lado, as ideias de Deng Xiao Ping preconizam que a experimentação e a falha são aceitáveis e que os resultados das acções políticas são geralmente imprevisíveis, o que implica o controlo do Estado como forma de controlar os danos. Ora, em África esta medida seria facilmente adaptada, dadas as características políticas dos Estados. Para além do mais, a criação de Zonas Económicas Especiais[177], em colaboração com a China, pode funcionar em pleno, dado a pré-existência, em África, de determinadas zonas dinamizadoras, que no fundo não são mais do que zonas experimentais de uma determinada política económica.

O segundo teorema consiste em criar um ambiente para o desenvolvimento sustentável com base no aperfeiçoamento da economia de mercado socialista. Neste sentido, o modelo das zonas económicas especiais também poderá ser implementado em África.

À guisa de súmula deste ponto, concordamos com Joshua Ramo na defesa da manipulação da China, para que África tire o maior proveito. Este autor defende que se deve lidar com a China com base nos pontos fracos – e relembramos que um dos pontos fracos da China consiste na

---

[176] Wang Shaoli, *Advancement of Drainage – Work in China*, China Institute of Water Resources and Hydropower Research, 2006.

[177] Medida adoptada na 11ª Reunião do Partido Comunista, em 1978. Estas Zonas Económicas Especiais devem usufruir de incentivos tarifários especiais; maior independência em actividades de comércio internacional; características económicas com base mos quatro princípios: a construção advém da atracção e uso de capital estrangeiro; utilização de joint-ventures e parecrias assim como empresas estrangeiras; produtos destinados à exportação; actividades económicas direccionadas para o mercado. Cfr. Tatsuyuki Ota, *The Role of Special Economic Zones in China´s Económic Development*, Asia in Extenso, March, Tokyo University, 2003.

falta de recursos energéticos que existem com abundância em África – tendo a percepção que por vezes é necessário manipular e não persuadir, construir um ambiente para as interacções e aproveitar as responsabilidades actuais da China no mundo, à luz do sucesso do Consenso de Beijing, que tem repercussões na maneira como a China é vista internacionalmente, o que conduzirá a uma maior transparência da política chinesa[178].

E este aspecto conduz-nos à questão sobre a China se apresenta como um *responsible stakeholder*, que iremos abordar no último ponto desta dissertação.

Efectivamente, quando se realiza um trabalho deste tipo, uma das fontes a ter em conta é a consulta do site da Internet do Fórum para a Cooperação China-África, no qual se identificou algumas evidências que importa realçar. A primeira tem a ver com o parco acesso a documentos oficiais. A segunda evidência é que a informação contida diz respeito aos benefícios para a África, com notícias sobre a actuação chinesa em África e raríssimas informações sobre os benefícios para a China, o que denota parcialidade e evidência da estratégia chinesa para a conquista de aliados.

3.3. Balanço da China em África

A primeira observação a fazer é a de que a China desempenha um importante papel internacionalmente, sendo que a cooperação com África é o principal pilar da sua política externa, segundo Xu Weizhong[179].

A China necessita dos recursos naturais e dos mercados africanos para escoamento dos seus produtos com uma tendência crescente, senão vejamos:

---

[178] Joshua Ramo, Ob. Cit, p.58.

[179] Director do Departamento de Estudos Africanos, Junho/28, 2006, Conferência: "O Papel da China em África": "Na China temos três categorias de política externa: política de grande poder, política de vizinhança e política dos países em desenvolvimento. Os países em desenvolvimento são considerados a base da política chinesa e África é considerada a base da base."

QUADRO 11: **Comércio China-África**

10 000 USD	Exportações para África	Importações de África	% do Comércio Chinês
2002	696121	542715	2.00
2003	1018185	835999	2.18
2004	1381322	1564606	2.55
2005	1868160	2106213	2.81

Fonte: China´s National Bureau of Statistics Yearbook: 2004/2006

O ano de dois mil e seis marcou o 50.º aniversário das relações diplomáticas entre a China e África e seis anos de aprofundamento económico entre ambos, sendo que o primeiro balanço consiste nos seguintes pontos:

- Em 2005 África registou um crescimento económico de 5.2%, o maior de sempre, devido ao investimento chinês;
- Construção civil a baixo custo, assente, mormente, na construção de estradas, pontes e barragens, e num custo espaço de tempo;
- Pouca transparência nas transações e pouca informação veiculada;
- Construção de projectos na Etiópia, Tanzânia, Zâmbia, entre outros;
- Cancelamento de dívidas (enquanto país emergente poderá fornecer apoio junto da comunidade internacional)
- Envio de médicos e produtos;
- Intercâmbio cultural/estudantil (em 2003, 1793 estudantes africanos estudaram na China)
- Impedimentos de sanções a países africanos, como o Sudão;
- Exportações para África de têxteis e produtos baratos;
- Maior investimento (logo, maior oportunidade de crescimento económico)
- Presença de maior número de empresas chinesas em África;
  As vantagens oferecidas pelo governo chinês são de todo apelativas, traduzidas pelos empréstimos concessionais e créditos de exportações para infraestruturas e promoção de cooperação entre empresas.
- Investimento em áreas negligenciadas pelo ocidente a nível de infraestruturas, indústria e agricultura;

- Competição ao ocidente e revisão das condições oferecidas (diversificação das relações estrangeiras permite a África diversificar a cooperação tradicional com os países desenvolvidos que, até hoje, trouxe poucos ou nenhuns benefícios)
- Troca de experiências (aprendizagem através do modelo de desenvolvimento oferecido pelo Consenso de Beijing).

Elencados estes pontos, identificámos alguns obstáculos à cooperação China-África.

Por conseguinte, o primeiro obstáculo incide na falta de compreensão mútua, em razão do desconhecimento cultural, o segundo consiste no facto de que o relacionamento faz-se a nível das elites chinesas e africanas, o que é compreensível mas de facto uma boa parte da população ignora a existência da cooperação. Por isso defendemos a disseminação dos objectivos da cooperação de forma a evitar tensões sociais.

Do mesmo modo, existe uma falta de cooperação considerável a nível agrícola e de pequenas e médias empresas, pois os governos tendem a favorecer e desenvolver os grandes projectos descurando os restantes. É certo que a reforma chinesa baseou-se na reforma agrícola e no dinamismo das pequenas e médias empresas pelo que se África quiser aproveitar seguir o modelo de desenvolvimento chinês terá de inverter esta tendência. A juntar a tudo isto, apesar de significativo, o investimento chinês não é suficientemente influente e o comércio com os países africanos é desigual, o que inviabilizará o efeito corrente para todos, daí a importância de uma só política africana que possibilite algum equilíbrio da cooperação entre a China e os diversos países africanos.

Outro aspecto que deve evidenciar é que se analisarmos os pormenores das acções da China em África, em matéria por exemplo de formação, construção ou mesmo doacções verificamos que no cômputo geral as quantidades são irrisórias para a totalidade do continente africano.

CAPÍTULO III: Antecedentes e Evolução das Relações Diplomáticas entre a China e Angola

Este capítulo inicia o nosso estudo de caso, que incide sobre as relações China-Angola, com especial ênfase no estabelecimento das relações diplomáticas como um importante passo para o desenvolvimento relacional entre dois países. Nessa perspectiva, impõe-se uma reflexão sobre a origem e natureza das relações políticas entre os intervenientes e a instituição das Missões Diplomáticas.

1. Origem e natureza das relações políticas entre a China e Angola

As relações político-institucionais entre os dois países datam da altura da conquista da independência da República de Angola, altura em que Angola se consagra como Estado *de Jure*. Não obstante, por razões já apresentadas no capítulo II desta dissertação, já havia contactos entre Angola e a China, em virtude do apoio aos Movimentos de Libertação Nacional, no entanto, e por razões de exactidão, o ano de 1983 é o ano oficial do estabelecimento de relações e início do aprofundamento das mesmas.

Em 1975, o Movimento Popular para a Libertação de Angola (MPLA) subiu ao poder e o facto de a China ser apoiante da UNITA, fez com que as relações entre os dois países só se efectivassem anos mais tarde.

A 12 de Janeiro de 1983, as relações diplomáticas entre os dois países concretizaram-se através de um Comunicado Conjunto sobre o Estabelecimento das Relações Diplomáticas entre a República Popular da China e a então República Popular de Angola[180].

---

[180] Anexo X: Comunicado Conjunto sobre o Estabelecimento das Relações Diplomáticas entre a República Popular da China e a República Popular de Angola; O primeiro

Desde então, e segundo Wen Jiabao, o relacionamento sino-angolano mantém-se inalterável[181], o que entendemos não ser totalmente exacto pois, como já demonstrámos, as alterações na política externa chinesa ditaram o interesse no aprofundamento relacional com os países africanos e Angola não foi excepção. Assim, as relações entre os dois países foram pontuadas por períodos de volatilidade.

Conforme se referiu no capítulo I, o facto de a China ter apoiado a UNITA e se ter afastado ideologicamente da URSS conduziu a que mantivesse um *low profile* no país, logo após a independência.

O ponto de viragem no relacionamento, e à semelhança dos restantes países africanos, deu-se a partir do ano 2000, com a criação do Fórum China-África e o subsequente aumento de trocas e em especial a partir do ano de 2004, com a atribuição de um empréstimo no valor de dois biliões de dólares que iremos abordar mais adiante.

A par disso, as visitas de alto nível foram-se multiplicando, como podemos observar pelo quadro:

QUADRO 12: **Visitas de alto nível entre a China e Angola**

ANO	VISITA A ANGOLA	VISITA À CHINA
1983	GONG DAFEI Vice-Ministro das Relações Exteriores	
1988		JOSÉ EDUARDO DOS SANTOS Presidente da República de Angola
1989	QIAN QICHEN Ministro das Relações Exteriores	
1993		VAN-DÚNEM Porta-Voz da Assembleia Nacional
1994		DE MORA Ministro das Relações Exteriores
1995	ZHU RONGJI Vice Primeiro Ministro	

---

acordo de comércio bilateral entre os dois intervenientes data de 1984 e estebeleceu uma Comissão Mista para a Economia e o Comércio em 1988.

[181] "O relacionamento sino-angolano nunca mudou apesar de grandes mudanças no cenário internacional e respectivos países." – Discurso proferido por altura da visita a Angola, em Junho de 2006, a primeira visita de um Primeiro-ministro chinês a Angola.

1996	Li Zhaoxing Vice-Ministro das Relações Exteriores	
1997	Ji Peiding Ministro Assistente do Ministério das Relações Exteriores	
1998		Lopo do Nascimento Secretário-Geral do MPLA
2000		Kundi Payhama Ministro da Defesa Nacional
		Lourenço Secretário-Geral do MPLA
2001	Tang Jiaxuan Ministro das Relações Exteriores	
	Li Tie Ying Membro do Bureau Político da RPC	
2002	Wang Wenyuan Vice-Presidente da Conferência Consultiva Política da RPC	
	Yang Wenchang Vice-Ministro do Ministério das Relações Exetriores	
2005	Zeng Peiyang Vice Primeiro-Ministro	
	Lu Xinhua Vice-Ministro do MNE	
2006	Wen Jiabao Primeiro-Ministro	

Fonte: Quadro elaborado a partir do estudo e análise de um vasto conjunto de fontes abertas

2. Instituição das Missões Diplomáticas

A instituição de Missões Diplomáticas, pressupõe, conforme estipulado na Convenção de Viena[182], um consentimento entre dois Estados, que facilitem o contacto permanente entre países e contribuam para o aprofundamento das relações de cooperação bilateral entre os Estados.

---

[182] Cfr. Art. 2 da Convenção de Viena sobre as Relações Diplomáticas.

Nessa conformidade, desde 1984, a China enviou os seus representantes a Angola, conforme exposto:

Zao Zhenkui	– De Setembro de 1984 a Maio de 1988
Hu Lipeng	– De Maio de 1988 a Abril de 1992
Zhang Baosheng	– De Junho de 1992 a Julho de 1994
Xiao Sijin	– De Março de 1995 a Fevereiro de 1999
Jiang Yuande	– De Fevereiro de 1999 a Agosto de 2002
Zhang Beisan	– De Setembro de 2002 até à actualidade

Da parte angolana, dois representantes do governo foram enviados à China, sendo que o primeiro foi Manuel Bernardo de Sousa em 1994 e o segundo João Manuel Bernardo, ex-Ministro da Educação e ex-Governador Provincial de Malanje e anterior Embaixador de Cuba.

De facto, o reconhecimento é que o estabelecimento das relações diplomáticas não é uma consequência requerida pelo Direito Internacional Público pois antes do reconhecimento os Estados podem manter relações não oficiais, o que acontece *a priori* em todos os casos.

Mais recentemente, aquando da visita oficial do Primeiro-Ministro Wen Jiabao a Angola, em Junho de 2006, o comunicado entre a China e Angola deu a conhecer a criação de um Consulado-Geral de Angola na Região Administrativa de Macau, como forma de reforço de consultações a nível regional e internacional[183]. O verdadeiro objectivo passa por facilitar o intercâmbio entre as partes, mormente a nível do empresariado para o desenvolvimento das relações comerciais.

Nessa conformidade, o Professor Adriano Moreira afirma: *"É crescente a importância da acção económica no domínio da política internacional e a longínqua instituição dos cônsules está intimamente relacionada com o desenvolvivemto do comércio"*[184].

---

[183] Ver Anexo XI: Comunicado sobre a criação do Consulado-Geral de Angola na Região Administrativa de Macau.

[184] MOREIRA, Adriano, Teoria das Relações Internacionais, 4ª Ed., Coimbra, Almedina, 2002, p. 95.

CAPÍTULO IV: **Objectivos da Cooperação China-Angola**

O relacionamento entre a China e Angola tem-se desenvolvido a um ritmo vertiginante desde 2002, altura em que a guerra entre as duas facções políticas maioritárias – MPLA e UNITA – chegou ao fim. Advertimos para este facto na medida em que em nossa perspectiva só é possível avaliar a cooperação e proceder a qualquer análise da evolução do país partir do final da guerra-civil, dado que em ambiente hostil a governação está condicionada.

Esperamos, com este capítulo fornecer um caso de estudo específico que permita aferir o alcance da cooperação bilateral.

O facto é que a China tem suplantado outros poderes tradicionais em Angola, que a têm encarado como uma ameaça no continente, e nesse caso damos o exemplo de Portugal, que vê o crescimento da influência chinesa em Angola com alguma apreensão, uma vez que este relacionamento pode comprometer o estatuto de parceiro previligiado, pelas ligações históricas. Mas não é o único actor tradicional em Angola a sentir os efeitos da China no país. A questão central assenta em saber se a China está disposta a desenvolver um *multilateralismo cooperacional*[185] ou se deseja actuar sozinha, sendo que esta última hipótese parece mais viável, dado o engajamento, como teremos oportunidade de verificar, que se verifica entre ambos.

---

[185] Segundo Joshua Kurlantzivk: "A África oferece um teste – um teste se a China, agora que começa a desenvolver uma política externa global, se irá demonstrar receptiva a trabalhar com o doadores e poderes tradicionais. Antes da China se tornar mais poderosa em África, outros actores devem desenvolver estratégias para ajudar a assegurar que Pequim se torne um actor colaborativo – estratégias que podem ser reproduzidas noutras partes do mundo desenvolvido. In *Beijing´s Safari: China ´s Move into Africa and Its Implications for Aid, Development and Governance*, Policy Outlook, Carnegie Endowment for International Peace, November 2006, p. 2.

O Presidente José Eduardo dos Santos, no discurso pronunciado por altura da visita do Primeiro-ministro chinês, Wen Jiabao, a Angola, ocorrida em Junho de 2006, afirmou: *"No caso concreto de Angola, nós saudamos a postura pragmática e a cooperação multiforme que a República Popular da China mantém com Angola e que permite acelerar a reconstrução do nosso país, dilacerado por quatro décadas de guerra."*

Quanto à China, como já tivemos oportunidade de referir e num aparente paradoxo, o bilateralismo é o principal alvo das iniciativas multilaterais e, neste caso específico, Angola corresponde aos objectivos da estratégia chinesa, conforme verificamos com o esquema:

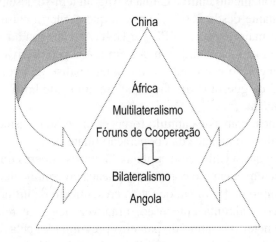

Deste bilateralismo, consideramos os impactos directos e indirectos e se predomina a complementariedade ou a competitividade. Nesse âmbito, este capítulo desenvolve-se a partir de um mesmo pressuposto: os interesses de cada país relativamente à cooperação entre ambos.

No que concerne à China, quais as principais contrapartidas do relacionamento com Angola? Nesse aspecto, destacamos: a) o petróleo; b) o acesso aos mercados angolanos; c) a utilização do poder geopolítico de Angola; e d) o apoio internacional para o isolamento de Taiwan.

Já no diz respeito a Angola, focamos: a) a importância do crédito chinês; b) as trocas de experiência; c) a cooperação na área militar; d) a cooperação tecnológica; e) a cooperação médica; e f) os benefícios do relacionamento com um dos membros permanentes do Conselho de Segurança da ONU.

1. A China: Interesses da Cooperação com Angola

1.1. *A importância do "ouro negro" para a economia em Crescimento – exigências crescentes*

O petróleo é uma matéria-prima de *alto grau de valor estratégico*, portanto desempenha uma importância vital para qualquer economia crescente. No entanto, e dada essa importância, a sua correcta gestão implica uma reflexão sobre as suas duas principais características: a *escassez* e o facto de ser um recurso *finito*.

De acordo com André Giraud e Xavier Boy de la Tour[186], há dois critérios para classificar determinada matéria-prima como sendo estratégica: 1) *o seu grau de importância para a economia de um país; e* 2) *a existência de riscos potenciais que possam afectar o seu acesso*. Quanto ao primeiro critério, o petróleo constitui a base da economia angolana[187], já o segundo suscita alguns pontos adicionais, mediante factores internos (políticos, económicos ou sociais); dependência de importações e condições de reservas.

Efectivamente, este recurso energético tem sido alvo das vicissitudes da História, que visam o acesso e o seu controlo, pois contribui para o aumento do poder nacional dos países: *"Tal é a situação do petróleo, que já viu o seu normal fornecimento afectado por diversas vezes, das quais se destacam o embargo petrolífero decretado em 1973 pelos países árabes, a queda do Xá do Irão, a guerra Irão-Iraque e mais recentemente a guerra do Golfo"*[188]. Já não restam, aliás, dúvidas de que a actual guerra do Iraque, resultante da intervenção dos EUA, tem como motivação a questão petrolífera, conforme havíamos referido no capítulo II.

Angola detém um *poder funcional* considerável, de resto característico aos pequenos Estados, cuja importância se deve à interdependência global e cuja necessidade é reconhecida para o sistema internacional.

---

[186] João Garcia Pulido e Pedro Fonseca *O Petróleo e Portugal – o mundo do petróleo e o seu impacto no nosso país*, 2004, p. 40.
[187] Ver Quadro 14 – p. 129.
[188] João Garcia Pulido e Pedro Fonseca, Ob. Cit.

A China procura em África a segurança económica a nível de recursos naturais, nomeadamente quanto ao petróleo, consequência de se ter tornado o segundo maior consumidor, logo a seguir aos Estados Unidos da América. E salientamos o facto desse estatuto ser um fenómeno recente, de há apenas dez anos, altura em que se transformou de exportadora de petróleo a grande consumidora. Uma inevitabilidade quando comparada com o ritmo de crescimento económico quase constante do país[189]. Acresce que o mercado chinês, por si só, foi responsável por 40% do aumento da procura de petróleo entre 2000 e 2004[190].

Toda esta sede de crescimento exige um esforço para suster aquilo que, de acordo com José Caleia Rodrigues[191], constituem as ameaças de natureza económica e que podem afectar a segurança nacional. Fornecendo um breve enquadramento, no que concerne ao petróleo, as reservas existentes na China não têm correspondido às exigências crescentes: referimo-nos aos três maiores locais da região costal – Daging, Shangli e Liaoche – e das reservas a Este do mar da China e Xinjiang, cujas capacidades conseguem assegurar apenas alguns dias de exigências domésticas[192].

Dessa forma, o fosso entre as exigências e as reservas efectivas continuará a crescer ao ritmo do crescimento económico e consequentemente a dependência na importação do petróleo que serve as exigências de transporte e indústria. Actualmente a China importa 50% do seu consumo e as previsões apontam para um aumento de 70% a médio prazo. Por isso Jean-François Susbielle advoga que quem tem petróleo tem a China[193]:

---

[189] O crescimento económico em 2003 foi de 10.0%; em 2004 de 10.1% e em 2005 de 9.9%.
[190] The Economist, 2006.
[191] Cfr. José Caleia Rodrigues, *Petróleo. Qual Crise?*, Booknomics, 2006.
[192] China´s Quest for Oil, Time Magazine, U.S., Monday, October 18, 2004.
[193] Jean-François Susbielle, *Chine-USA. La Guerre Programmée*, Paris, 2006, p. 185.

QUADRO 13: **Produção e consumo de petróleo na China**

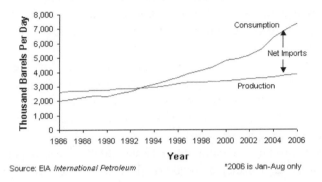

Source: EIA *International Petroleum*   *2006 is Jan-Aug only

Outro facto que não se pode descurar e que muito contribui para o consumo petrolífero é que a China é uma potência militar e como tal, necessita de suporte para as suas forças armadas. Recordemos a importância do controlo de matéria-primas de acordo com Hans Morgenthau[194]. Contudo, o facto de a China depender de materiais de fora do Estado, defende José Caleia Rodrigues que constituem: *"ameaças de natureza militar"*[195].

Nessa conformidade, prevalece a necessidade de procurar novas fontes de energia que assegurem a sustentabilidade nacional que parece-nos, não passam, no imediato, pelo desenvolvimento do carvão que apresenta dois inconvenientes: transporte (os locais de produção são remotos) e poluição, ou pelo desenvolvimento do gás natural que acarreta gastos enormes, aliados à necessidade de construção de gasodutos.

A longo prazo, a solução existente passa pela importação, uma medida mais rápida e barata do que o investimento para desenvolver a produção de petróleo nacional[196].

---

[194] *"A absoluta importância do controlo de matérias-primas para o poder nacional aumentou de proporção com a modernização do armamento e, desde logo, certas matéria--primas ganharam nova importância em relação a outras."*. In *Politics among nations*, New York, 1985, p. 132.

[195] José Caleia Rodrigues, Ob. Cit.

[196] Salientamos que, no caso das reservas petrolíferas chinesas, existem dificuldades que passam por obstáculos geológicos, no caso de Xinjiang, e que implicam gastos enormes de prospecção, ou de topo de capacidades de, no caso de Daqing, Shengli e Liaoche.

Esta lacuna implica um esforço adicional por parte do governo asiático que tenta assegurar a sustentabilidade económica, daí que a estratégia não se limite a um mero relacionamento entre exportador/importador mas a uma presença activa da influência chinesa no país, através da categoria de maior parceiro comercial que permita atingir um nível de segurança.

Angola ocupa o décimo oitavo lugar a nível de exportação de petróleo, o que perfaz uma verdadeira renda para o país. Em África é o segundo maior produtor de petróleo, a seguir à Nigéria, situação que se deverá inverter em virtude da crescente exploração territorial, facilitada pelo advento da paz e que decerto culminará com a descoberta de novos campos de exploração, *on shore*.

A sua produção deverá duplicar até 2008[197] e em poucos anos poderá tornar-se o principal produtor de petróleo de África[198] face às novas prospecções que se avizinham, nas quais, graças às *joint-ventures*, a China estará envolvida.

Relativamente à cooperação entre os países em estudo, Angola tornou-se desde 2004 o maior fornecedor da China em África, atingindo o valor de 11,2 milhões de toneladas de petróleo em 2006, suplantando os outros parceiros como o Sudão ou a Nigéria, o que colocou o país no topo dos parceiros africanos. Acresce que a nível global o país situa-se, relativamente à exportação de petróleo, a seguir ao Irão e à Arábia Saudita. Na nossa percepção, a tendência é de reforço enquanto parceiros, principalmente pelo facto de Angola possuir um vasto território inexplorado, o que se apresenta como uma oportunidade única para a China. De igual modo, em 2006, de Janeiro a Março, Angola tornou-se o principal fornecedor mundial, exportando 456,000 barris/dia, ultrapassando a Arábia Saudita[199]. Em média, da sua produção de 1,4 milhões de barris/dia, exporta para a China 500 mil barris/dia[200].

Atendendo ao quadro abaixo, verificamos que o petróleo é o produto de maior exportação angolana:

---

[197] Em 2006 a produção registava 551,4 milhões de barris e aprevisão para 2008, de acordo com o Governo irá atingir 835,6 milhões de barris.

[198] N. Shaxon, *Oil and politics: leaving countries hostages to fortune*, The Afric Report, n.º 1, Mayo de 2005, p. 30.

[199] Despacho Lusa retomado em Angonotícias: http://www.angonotícias.com/full_headlines.php?id=9393

[200] Idem.

QUADRO 14: **Principais produtos de exportação angolanos**

% Total de exportações	2000	2001	2002	2003
Petróleo	87.1%	89.0%	91.9%	91.3%
Diamantes	9.3%	10.4%	7.7%	8.3%
Outros	0.8%	0.6%	0.4%	0.4%

Fonte: Banco Nacional de Angola

A constante oscilação dos preços de petróleo mantém uma tendência crescente de 6% para os países exportadores de petróleo desde 2003. Em Angola, o aumento do preço do barril de petróleo de 10% é equivalente a um aumento de 30% do Produto Interno Bruto[201].

1.2. A participação em blocos de exploração petrolíferos

A China possui duas das petrolíferas mais cotadas a nível mundial, a Petrochina[202] e a Sinopec[203], aqui descritas por ordem de importância.

A primeira participação chinesa na exploração de petróleo em Angola foi assinada em Setembro de 2005 pela China Sonangol International Limited, no valor de 25% blocos 3/05 e 3/05-A da costa angolana, cujo mesmo valor pertence à Sonangol, o que faz com que ambas sejam as sócias minoritárias[204].

A estratégia das petrolíferas chinesas é de se associarem em *joint-ventures* para a exploração em Angola. Assim, a Sinopec, a maior da Ásia em capacidade de refinaria, adquiriu participações em três campos petro-

---

[201] African Development Bank Group. *High Oil Prices and the African Economy*. Concept paper prepared for the 2006 African Development Bank Annual Meetings, Ougadougou, Burkina Faso.

[202] É uma filial da CNPC (Corporação Nacional de Petróleo da China) e a primeira produtora chinesa de gás e petróleo.

[203] Corporação Química e de Petróleo da China. É a primeira refinaria da China e da Ásia inteira.

[204] Da joint-venture fazem parte a Angola Japan Oil (com 20%); a italiana ENI Angola Production (12%); a Sociedade Petrolífera de Angola (com 10%) e 8% coube aos Sérvios da Petroleum Industry e aos Croatas da INA-NAFTE.

líferos *off-shore* em Angola, em conjunto com a Sonangol, a maior petrolífera angolana. A este propósito o Presidente angolano salientou: "*...nós apreciamos a cooperação estabelecida entre a China-Sonangol, a SINOPEC e a UNIPEC e o esforço que os nossos dois países levam a cabo para a reabilitação das infra-estruturas básicas danificadas durante a guerra em Angola."*.[205]

As reservas adquiridas, no valor de 3.200 mil milhões de barris, significarão a aquisição de 100 mil barris dia para a China.

Para além disso, a China associou-se à europeia British Petroleum (BP) para a exploração do Bloco 18 da costa angolana, da qual detém metade dos direitos de exploração:

QUADRO 15: **Características do Bloco 18**

BP 50% – O Bloco 18 teve um programa de exploração excelente, com oito sucessos nos oito poços de exploração perfurados. O 'Grande Plutónio' que é constituído por cinco destas descobertas é o primeiro desenvolvimento operado pela BP em Angola. O desenvolvimento do Grande Plutónio apresenta vários desafios. Os campos estão espalhados por uma vasta área com profundidades entre 1200 e 1500 metros. Será usado um navio de Produção, Armazenamento e Descarga Flutuante (FPSO) para processar e armazenar o petróleo e gás descobertos, antes de os descarregar para os navios tanque. O desenvolvimento foi aprovado no início de 2004 e os contratos de desenvolvimento estão a ser levados a cabo. O projecto está em curso para produzir o primeiro petróleo em meados de 2007.

Fonte: http://www.bp.com/liveassets/bp_internet/globalbp/STAGING/global_assets/
downloads/S/Southern_Africa_SR_2004_Final_Portuguese.pdf
Nota: De acordo com o Fundo Monetário Internacional, este projecto poderá produzir cerca de 250 mil barris/dia em finais de 2007.

A exploração de novos blocos contribuirá para que, a longo prazo Angola mantenha a tendência de maior fornecedor mundial do país asiático, alicerçada na instabilidade vivida no Médio Oriente com as incursões americanas no território.

---

[205] Parte do discurso proferido por altura da visita do Primeiro-ministro chinês a Angola, em Junho de 1006.

1.3. *O mercado por explorar*

Angola é um país em desenvolvimento, saído de uma guerra fraticida que durou 28 anos e terminou apenas em 2002. Quatro anos passados desde a instauração da paz, o país enfrenta enormes desafios, nomeadamente a nível de mercado.

Anos de guerra trouxeram congestionamento para as parcas cidades angolanas, apesar da imensidão territorial mas que agora possibilitam o desenvolvimento da região. As 18 províncias angolanas: Luanda, Benguela, Cabinda, Huambo, Moxico, Lunda Norte e Sul, Kuando Kubango, Kunene, Namibe, Kwanza Norte e Sul, Malanje, Bengo, Huíla, Bié, Uíge e Zaire, quando plenamente *equipadas* de capital humano, proporcionarão o desenvolvimento do mercado interno.

Por isso, Angola é um horizonte comercial para as empresas de manufacturas chinesas, pois a capacidade de eliminar a concorrência é um dos pontos fortes do comércio de têxteis chineses. O mercado angolano significa uma clientela menos exigente e sedenta pelos produtos baratos que o país tem para oferecer.

Nesse âmbito, devemos dar alguma atenção à questão da competitividade enquanto inevitabilidade. De facto, como abordaremos no ponto dedicado ao impacto sócio-cultural, os efeitos da entrada dos pequenos comerciantes chineses em Angola já se tem sentido e é em tudo semelhante ao experienciado pelos países ocidentais com a agravante de ser mais competitivo, especialmente em matéria de indústrias têxteis e manufacturas de baixa tecnologia onde se regista a proliferação de lojas retalhistas chinesas que competem com os pequenos e médios comerciantes

1.4. *A importância de Angola como esfera de influência na África Austral*

1.4.1. *A expansão da política "Uma só China"*

Taiwan representa para a China o seu *"calcanhar de Aquiles"* que deseja resolver em tempo útil, integrando o território nos objectivos nacionais da RPC[206], que sumariamente expomos:

---

[206] De entre os objectivos nacionais referimos o papel de Taiwan na formação da Grande China que, de acordo com o Professor Heitor Romana pressupõe "uma conver-

a. Um passado que tencionam esquecer;
b. A ingerência dos EUA;
c. Uma ameaça económica;
d. Uma ameaça militar;
e. Uma mais-valia estratégica.

a. Quando em 1 de Outubro de 1949, a República Popular da China foi instaurada, o regime de Jiang Jieshi retirou-se para a ilha de Taiwan, com o apoio dos Estados Unidos da América. O objectivo da RPC é tornar o território uno pelo que defendem a instauração de um sistema diferente em Taiwan, à semelhança do que acontece a Hong Kong e Macau. Enquanto a questão não é resolvida, a ilha permanece fonte de tensões políticas.
b. Os EUA são os principais apoiantes, parceiros comerciais e fornecedores de material e apoio bélico que vêem na ilha uma oportunidade única de fazer face à China, em caso de um conflito militar declarado.
c. A ilha é detentora de um poderio económico e comercial que, bem desenvolvidos, poderão oferecer concorrência aos objectivos da China e exercer influência a nível o reconhecimento político.
d. O apoio os EUA traduziu-se na aquisição de armamento bélico sofisticado que são a força da ilha, daí que as circunstâncias obriguem a uma posição diplomática por parte da China, cujo poderio militar ainda necessita de melhoramento.
e. Uma mais valia-estratégica pela posição que ocupa, funcionando como recife que separa a China do oeste do Pacífico, onde reside parte do futuro da China[207].

Como sustenta o Professor Heitor Romana: *"A agressividade diplomática de Taiwan, assente no seu poderio económico e comercial, é vista com grande preocupação por parte do regime chinês, que receia que o reconhecimento 'económico' de Taiwan se possa vir a transformar no seu*

---

gência entre interesses económicos e factores histórico-culturais" In Heitor Romana, *Algumas Notas sobre os Factores Culturais nas Relações Externas da República Popular da China*, Lisboa, 1995, p. 39 e que engloba a China Continental, as Regiões Administrativas Especiais, a diáspora chinesa e Taiwan enquanto província.

[207] YOU JI, citado por Heitor Barras Romana, Ob. Cit.

reconhecimento enquanto 'entidade política'[208], *expressão utilizada frequentemente por Taiwan.*" Daí a estratégia da RPC no sentido de minar o reconhecimento económico ao afirmar-se como maior potência económica.

Relativamente a África, a aproximação a Taiwan deu-se nos anos 90, devido às questões monetárias, reflexo das medidas de austeridade tanto económicas como os planos de ajustamento estrutural e políticas como a implementação da democracia por parte do Ocidente.

Agora, segundo o mesmo Professor: *"No tocante à frente africana, a actuação do governo chinês enquadra-se no objectivo principal de neutralizar a "diplomacia da ajuda" levada a cabo por Taiwan, que tem em África a sua principal base de reconhecimento"*[209].

Actualmente poucos são os países africanos que mantêm um relacionamento com a Formosa e de entre os países africanos de língua oficial portuguesa, apenas São Tomé e Príncipe se enquadra na estatística. No entanto, preconizamos que esta situação terminará a breve trecho por um lado, em virtude da crescente aproximação à RPC como é visível pela participação, ainda que com o estatuto de observador, deste país africano ao Fórum China-África e por outro, face ao possível *lobbying* por parte dos parceiros naturais de São Tomé e Príncipe, no qual Angola poderá desempenhar um papel preponderante[210]. Por essa razão, a influência geoestratégica de Angola será outro benefício que a China poderá usufruir.

No caso do país angolano, uma das exigências feitas pelos chineses passa pelo apoio público à política *"Uma só China"*, razão pela qual, ocasionalmente, os dirigentes angolanos procedem a declarações nesse sentido. A título de exemplo, destacamos a intervenção de Francisca Paiva, na altura agindo como Secretária-Geral do MPLA, em que fez uma declaração atestando o apoio à integração de Taiwan à China durante o encontro entre a delegação da Federação de Mulheres da China e a OMA – Organização da Mulher Angolana – que foi noticiado entre os media angolanos.

---

[208] Heitor Barras Romana, Ob. Cit., p. 240.
[209] Idem, Ibidem, p. 243.
[210] Desde a independência dos dois países, Angola e São Tomé e Príncipe (STP) construíram laços de amizade e respeito mútuo que se mantém até hoje, pelo que o aconselhamento e apoio mútuo são dois factores determinantes no relacionamento entre ambos.

1.4.2. Os benefícios da integração regional: a SADC, a COMESA e a CEEAC

A SADC[211] é uma das integrações regionais mais efectivas do continente africano e já em 1974, o Presidente Kenneth Kaunda da Zâmbia aventava a possibilidade de uma união que constituiria uma *"cintura transnacional de nações independentes e economicamente poderosas, de Dar-es-Salaam até Luanda"*[212].

Angola desempenha um papel de potência regional em devir, pelo que a sua inclusão na organização consolida a sua defesa territorial e reforça o seu posicionamento internacional.

A China tem todo o interesse em aceder aos seus mercados, mormente pelo papel que a SADC desempenha enquanto elo de ligação com a América do Sul, se configurarmos o eixo Sul-Sul. Quiçá, por observação do Professor Heitor Barras Romana, com base nos seguintes países: China-Índia-África do Sul-Angola-Brasil? Sem dúvida, esta hipótese parece bastante viável a nível de futuro, se tivermos em conta a tendência do relacionamento entre estes países. Seria a oportunidade perfeita para a China controlar a área horizontal que se estende do pacífico ao oceano atlântico, o que facilitaria as trocas comerciais.

Desde a formação da SADC, a África do Sul assumiu o papel de liderança, fazendo da integração o seu *hinterland*. Mas essa situação está cada vez mais distante pelo desempenho cada vez mais activo e influente de Angola.

As forças armadas angolanas sempre tiveram uma função de destaque nessa região, em especial para evitar que a UNITA usasse esses países como base para atacar o território nacional. Relembramos que Angola interviu na República Democrática do Congo e no Congo Brazzaville, regiões com as quais Angola tem um relacionamento amigável por razões

---

[211] Comunidade para o Desenvolvimento da África Austral. Este tipo de integração regional que se quer como uma etapa para um multilateralismo pleno desenvolvido pela NEPAD, é das mais importantes em África, tendo sido estabelecida em Agosto de 1992, em Windhoek (Namíbia). Os membros da Comunidade são: Angola, Botwana, Tanzânia, Zâmbia, Zimbabwe, Maurícias, África do Sul, Lesoto, RD Congo, Suazilândia, Madagáscar, Namíbia, Malawi e Moçambique.

[212] Beatriz Morais, *A Cooperação e a Integração Regional da África Austral. A SADC: o papel de Angola*, S. Paulo, pp. 11-18.

geoestratégicas, tendo o seu apoio sido decisivo para a eleição de Laurent (em Maio de 1997) e Joseph Kabila (em 2006), assim como na assistência fornecida ao Presidente do Congo, Dennis N´Guesso.

Com o passar dos anos, e efectivamente a partir de 2002, Angola tem sobressaído como potência regional, apenas equiparável à África do Sul, que excede o país apenas em economia e finanças. O poder militar de Luanda e Pretória são equivalentes, sendo que Angola se destaca pelo papel activo do seu exército, experiente na participação de operações de paz do continente, que lhe garantem o reconhecimento regional e internacional. Acresce que conta com a força da liderança do sector petrolífero para cativar os outros países.

Apesar destes factos, a realidade é que a África do Sul é ainda o país mais poderoso da região, devido ao conjunto das características do seu *poder nacional*. Na SADC, a sua influência é ainda significativa, mormente quando se trata de política de vizinhança, tendo beneficiado do dinamismo económico da região.

Exposto isto, defendemos que o relacionamento Angola-África do Sul não se deva desenvolver de forma antagónica mas complementar. Queremos com isto dizer que os dois países poderão desempenhar o papel de motores da região, à semelhança do desempenho do eixo franco--alemão na Europa.

Amiúde, a China usufruirá deste tipo de relacionamento porque os dois países fazem parte do seu *inner circle* a nível de relações económicas. A África do Sul é ainda o seu maior parceiro de trocas em África, seguindo-se Angola. O relacionamento com os dois, dadas as suas posições geoestratégicas e cujas fronteiras limítrofes permitem aceder a todos os mercados da região, constituem uma mais valia em termos de futuro para o país asiático. Não queremos com isto dizer que a China defenda um relacionamento desta natureza porque na verdade o seu objectivo é adquirir vantagens comerciais e havendo ou não qualquer tipo de aliança entre estes dois gigantes da SADC, a China ganhará de qualquer forma mas terá maiores benefícios com um entendimento geográfico entre Angola e a África do Sul pelas razões que apresentámos no início deste ponto. Para além disso, em nossa perspectiva, a formação de um eixo deste género viria a beneficiar ainda mais a China a longo prazo pois aumentaria as hipóteses de sustentabilidade económica de toda uma região e devido à modalidade da cooperação, funcionaria como um garante de lucros.

Para além disso, Angola está envolvida na COMESA[213], o que proporciona a entrada num vasto mercado sob tarifas preferenciais e outros benefícios de comércio integrado, logo a China poderá aceder a estes benefícios. O apoio que o país asiático tem dado aos países membros é bem-visto entre os membros da COMESA. No caso concreto de Angola, o país poderá exercer o seu *lobby* no sentido de conseguir apoio aos intentos da China no estabelecimento de um acordo entre as partes e no acesso dos produtos chineses.

Por último, Angola também faz parte do grupo de países que englobam a CEEAC[214], uma organização regional cujo principal objectivo é estabelecer um Mercado Comum Centro-Africano. No entanto, esta integração regional tem registado alguns obstáculos ao desenvolvimento, por ser uma zona com um histórico de conflitos.

Ao observarmos o mapa concernente às integrações regionais podemos aferir que Angola possui uma posição estratégica que permite aceder à quase totalidade dos países africanos:

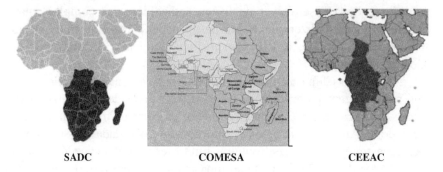

SADC   COMESA   CEEAC

Fonte: Páginas Oficiais das Integrações Regionais

---

[213] Mercado Comum da África Oriental e Austral que inclui os seguintes países: Angola, Egipto, Madagáscar, Sudão, Burundi, Eritreia, Malawi, Suazilândia, Camarões, Etiópia, Maurícias, Uganda, RD Congo, Quénia, Ruanda, Zâmbia, Djibouti, Líbia, Zimbabué e Seichelles. Os objectivos consistem em promover a integração económica regional através do comércio e investimento. Conta uma população de mais de 385 milhões de habitantes.

[214] Comunidade Económica dos Estados da África Central. Foi estabelecida a 18 de Outubro de 1983. Até 1999, o estatuto de Angola era apenas de observador altura em que se tornou um membro efectivo. Os restantes membros são Burundi, Camarões, República Centro-Africana, Chad, República do Congo, República Democrática do Congo, Guiné Equatorial, Gabão, Ruanda e São Tomé e Príncipe.

E, se pensarmos que a África ocidental foi descurada, devemos considerar o relacionamento com Cabo-Verde e Guiné-Bissau que permitem a abrangência a todo o continente.

A integração na SADC, COMESA e CEEAC[215] constituem uma oportunidade para Angola se projectar como potência regional, dado que são as três organizações dominantes no continente africano[216].

2. Angola: Interesses da Cooperação com a China

Em destaque, já mencionámos que o modelo chinês de desenvolvimento centrado no Estado é apelativo aos estados africanos, dada a tendência de centralização política. Defendemos que dadas as fragilidades que alguns regimes enfrentam face às fragilidades sociais, em alguns casos é a melhor opção, pelo menos numa primeira fase.

Em segundo lugar, o perdão da dívida é um factor importante para Angola e nesse sentido, a China perdoou uma dívida estimada em 81 milhões de dólares, no ano de 2000, aquando da realização do Fórum para a Cooperação, descrito no capítulo III.

Angola tem todo o interesse em relacionar-se tão proximamente com a China numa altura em que a economia apresenta grandes sinais de vitalidade e que já não se encontra condicionada pela guerra que inviabilizava o desenvolvimento o país.

A juntar a esses factos, o ano de 2004 foi decisivo para a economia angolana, tendo atingido um saldo positivo por oposição a longos anos de défice e desde então a performance tem sido cada vez melhor:

---

[215] Anexo XII: Angola e as Integrações Regionais.
[216] John Akokpari, *Africa in the New Millenium: reflections on some challenges and possibilities,* In Eddy Maloha e Elizabeth Kox (ed.), *Africa in the New Millenium. Chalenges and Prospects*, African Century Publications, No. 3, Pretória, 2001, p. 33.

QUADRO 16: **A performance da economia angolana**

ANGOLA	2002	2003	2004	2005	2006 (Estimativa)
PIB real	14.4	3.4	11.2	14.7	15.5
Inflação	119.1	109.0	54.2	20.0	
Saldo Bal. Corrente	- 1.4	-5.2	6.8	8.6	
Saldo Orçamental	-7.5	-7.8	0.6	-8.0	
Dívida Externa	71.5	70.6	50.7		

Fontes: FMI, BNA, Ministério das Finanças e Ministério do Planeamento

Também nesse ano, nove acordos de cooperação foram assinados, na sequência da visita de Zheng Peiyang, que de acordo com um número especial da revista África Today incluíam:

1. *Dois acordos de cooperação nas áreas da energia, recursos minerais e infraestruturas;*
2. *Acordo de Cooperação Económica e Técnica;*
3. *Um acordo de empréstimo para a fundação de projectos angolanos de cerca de 6,3 milhões de dólares;*
4. *Um acordo de cooperação entre o Ministro do Petróleo, Geologia e Minas e a Comissão Nacional da china para o Desenvolvimento e Reforma;*
5. *Um acordo de negócios assegurando o fornecimento da Sonangol à Sinopec;*
6. *Dois Memorandos de Entendimento concernente ao estudo conjunto do Bloco 3 pela Sonangol e a Sinopec;*
7. *Um acordo de rede de telecomunicações entre a Corporação Chinesa ZTE e a Mundo Startel no valor de 69 milhões de dólares*[217].

Os negócios entre a China-Angola constituem uma mais-valia para a economia angolana que dá os primeiros passos rumo ao crescimento sustentável. A China exporta para Angola principalmente têxteis, equipamentos eléctricos e importa principalmente petróleo e diamantes.

---

[217] Dados retirados da revista ÁfricaToday, 2006.

QUADRO 17: **Comércio Externo entre Angola/China**

ANOS	Exportações Angola/China (milhões de USD)	Exportações China/Angola (milhões USD)
2000	1842.69	33.74
2001	721.83	45.72
2002	1087.05	61.3
2003	2204.85	145.77
2004	4717.66	193.53
2005	6580.68	372.86

Fonte: World Atlas Trade Data

Mas é necessário compreender as vantagens globais que Angola usufrui. Nesse sentido, o país tem atraído a atenção internacional que contribui para o reconhecimento da sua importância para a economia mundial, ao mesmo tempo que serve para atrair o investimento estrangeiro.

2.1. *A importância do crédito chinês*

A China, através do ExIm Bank tem atribuído alguns empréstimos e créditos a Angola, sendo que o primeiro, no valor de 2 biliões de dólares concedidos em duas fases, com período de reembolso de 17 anos (por oposição aos habituais 7 anos de reembolso exigidos pelos mercados de Londres) significou, à semelhança do que acontece noutras partes de África, uma alternativa de financiamento. A este propósito, um Comunicado do Conselho de Ministros[218] informa: *"será definido em função do período de execução de cada projecto, com um limite de três anos, podendo em casos especiais ser dilatado até cinco anos despois do primeiro desembolso"*. A Rádio Nacional de Angola informou, entretanto, que o empréstimo *"será reembolsado em 17 anos, com um período de graça de até 5 anos e uma taxa de juro de 1.5%"*, o que satisfaz o FMI na categoria de Escrow Account[219].

---

[218] Março de 2004.
[219] Conta movimentada a crédito pelo resultado das exportações de petróleo e débito, para execução do serviço da dívida de projectos de infra-estruturas.

Os acordos[220] foram rubricados em Março de 2004 e constituem a principal fonte de financiamento do programa de investimentos públicos para o biénio 2005-2007. O empréstimo subiu, em Março de 2006 para 3 biliões de dólares, o que tornou a China o maior interventor no processo de reconstrução.

A quantia difundida não é exacta claro, e queremos com isto dizer que o montante divulgado não corresponde à quantia exacta das transações, o que se por um lado evita especulações internacionais, por outro lado corre-se o risco de dificultar a transparência. O valor supracitado corresponde a apenas uma secção do empréstimo sob a alçada do Ministério dos Petróleos, pois há outros projectos sob a direcção de outros membros do governo.

As empresas angolanas, seleccionadas através de concursos públicos, tiveram acesso, na primeira fase, a cerca de 600 milhões de dólares, funcionando sob subcontratações por empresas chinesas, sob o sistema de *joint-ventures*, de acordo com o Ministro das Finanças, José Pedro de Morais[221]. Este sistema permite proteger a economia do país e o esforço do Governo tem sido louvável nos esforços para dotar o país de legislação protectora face à "invasão" que tem proliferado. Medidas como a recém criada Lei de Bases do Investimento Privado[222], dão segurança aos investidores estrangeiros e são um sinónimo da vontade de abertura ao mercado exterior, que permite também a descentralização da política económica assente no Estado[223].

Para além disso, outra contrapartida do empréstimo é a de que Angola deve providenciar à China 10.000 barris de petróleo/dia, que perspectivamos poderá ser uma contrapartida perigosa à luz das oscilações do preço dos petróleos. Ainda assim, facilmente se compreende esta contra-

---

[220] Os vinte e cinco acordos foram assinados pelo Ministro das Finanças de Angola, José Pedro de Morais, e o Vice-Presidente do ExIm Bank, Su Zohong.

[221] Após a assinatura dos contratos as empresas tiveram entre 30 a 60 dias para se instalar no país. Desta forma as empresas angolanas podem usufruir da experiência chinesa e a uma maior capacitação tecnológica.

[222] Anexo XIII: Lei de Bases do Investimento Privado n.º 11/03 de 25/07/2003 – DR 37/2003.

[223] Há que referir no entanto que grande parte dos investidores privados, ou pelo menos os que detêm maior capital para investimentos, são ou estão de algum modo ligados ao Governo angolano.

partida, pelo menos no início, dada a falta de alternativas que assegurem os recursos financeiros.

A prioridade, na primeira fase, foi atribuída aos sectores agrícola; energia e águas; obras públicas; saúde; comunicação social e educação, sectores-chave para a reconstrução do país. Com base nisso, os dados abaixo fornecidos pelo Ministro das Finanças de Angola, em Conferência de Imprensa, a 14 de Abril de 2004:

No domínio agrícola o crédito serviu para a aquisição de tractores, alfaias agrícolas e reabilitação de estradas terciárias, no valor de 22,3 milhões de dólares e a modernização dos sistemas de irrigação nas zonas da Huíla, Moxico, Kwanza Sul e Bengo. Efectivamente, Angola é um país predominantemente rural que padece de desenvolvimento agrícola. De resto, o Ministro da Agricultura refere que Angola possui uma rica bio-diversidade e abundantes recursos agrícolas, incluindo extensas áreas de savanas que poderão ser incorporadas no processo produtivo agro-pecuário, com grande potencial gerador de emprego, rendimento e divisas[224]. O apoio da China, através do crédito, possibilitou uma maior dinâmica do sector numa altura em que os deslocados tendem a retornar ao seu modo de vida. As boas condições de cultivo, aliado aos solos de boa-qualidade proporcionam os pontos fortes do Sector. A experiência chinesa, mormente a nível de processos de irrigação será uma mais-valia para o desenvolvimento e estabilidade do sector.

Por outro lado, urge maiores incentivos monetários para o processo de desminagem[225] que, como podemos observar pelo quadro abaixo, necessita de maior rapidez para a segurança das populações:

---

[224] Gilberto Lutucuta, *A base do desenvolvimento*, In *Os grandes desafios do futuro – Angola 30 Anos*, Lisboa, 2006, p. 136.

[225] Segundo dados divulgados pelo Governo, entre 2003 e 2005, dos cerca de 4550 campos de minas identificados, 38% já foram limpos e resta desminar cerca de 62% de área.

QUADRO 18: **Programa Nacional de Desminagem**

Organismo responsável Indicadores	U.M.	Resultados 2005-2006		
		2005		2006
		Previstos	Alcançados	Previsão
Ministério da Assistência e Reinserção Social Constituição de brigadas de sapadores	Unid	44	27	44
Área Limpa	Km²		14	20.000
Estradas limpas	Kms		668	407
Minas anti pessoal destruídas	N.º		4.740	6.240
Minas anti tanque destruídas	N.º		358	595
Engenhos não detonados destruídos	N.º		3.942	19.233
Campos de minas identificados (4.550 campos)	N.º	4.589	-	-
Campo de minas limpos	N.º	1.820		80

Fonte: Ministério da Assistência e Reinserção Social de Angola

Isto para aquilo que defendemos que deve ser uma das medidas prioritárias governamentais que tem a ver com a posse da terra. Assim como aconteceu na China, o Governo Angolano poderia ponderar a atribuição de uma porção de terra aos camponeses que se aventuram a regressar ao país e às zonas rurais, como forma de estimular a produção e aumentar a poupança interna através de uma espécie de sistema de *responsabilidade de produção*[226], cujos resultados se espera, obtenha os lucros da implementação do sistema de responsabilidade da produção agrícola familiar e sirvam de incentivo produtivo, porque acreditamos que o desenvolvimento deve começar pelo sector primário. O sucessso que um modelo deste tipo teve na China poder-se-ia adaptar facilmente a Angola, talvez até com mais facilidade pelas relações de afectos e cooperação que fazem parte da cultura angolana. No entanto, aventamos que esse processo possa assumir diversas formas e caso o Estado queira assegurar o controlo das terras, poderia instituir o sistema de aluguer, dando alguma flexibilidade a nível de pagamento, uma vez que os agricultores não conseguiriam efectuar o pagamento imediato. Por isso, a possibilidade de mais tarde poder comprar

---

[226] Este tipo de reforma da economia chinesa ocorreu em 1979.

essa porção de terra estimularia a produção rural e permitiria desenvolver uma espécie de pequenas empresas agrícolas familiares. Mas isto só é possível com o fim do processo de desminagem descrito acima que deverá ainda durar alguns anos.

Urge o desenvolvimento deste sector como forma de dotar o país de autosufiência alimentar, o que de acordo com o Programa do Governo 2005/2006 implica a tomada de medidas que visem fomentar a produção interna. Nessa perspectiva, o programa de investimento governamental assenta nas seguintes prioridades:

1.ª Uso e gestão de recursos hídricos para irrigação, água para pecuária, água para consumo humano;
2.ª melhoramento de infra-estruturas rurais, mormente estradas de terra e respectivas infra-estruturas, instalação de armazenagem, conservação e processamento, desminagem;
3.ª Investigação agrícola para o desenvolvimento de recursos humanos, multiplicação de sementes e controlo de qualidade, transformação local de agro-minerais de qualidade;
4ª Apoio aos produtores com a criação de serviços de finanças rurais, apoio às organizações, programas-pilotos para a formação;
5.ª Conservação e gestão dos recursos naturais através do controlo da desflorestação e erosão, uso racional de recursos florestais e pesca.

No domínio das obras públicas a reabilitação de estradas e pontes assumem prioridades. Através do crédito chinês, a aposta recai na estrada que liga Luanda a Negage, no Uíge (371 Km), a construção do Porto de Cabinda e a recuperação dos caminhos-de-ferro de Luanda, Benguela e Moçâmedes[227]. De salientar que os caminhos-de-ferro desempenham um papel fulcral porquanto possibilitam o transporte de grandes cargas por distâncias longas, num curto espaço de tempo mas estão condicionados – herança do colonialismo – pela necessidade de escoamento das matérias-primas para as metrópoles, como os caminhos-de-ferro de Malanje, Benguela e Moçâmedes. Por isso, e tendo em conta que os objectivos são a multiplicação de uma rede que permita o acesso entre os territórios angolanos, as acções devem recair na criação de rotas complementares

---

[227] Segundo o Governo, a taxa de crescimento deste sector em 2005 foi de 17% e só no primeiro trimestre de 2006 atingiu os 12,3%.

às existentes que permitam o entrosamento entre o litoral e o vasto território interior

Este sector é um importante veículo de geração de emprego, dado que não exige grandes qualificações humanas, o que corresponde à maior parte da mão-de-obra disponível em Angola. As empresas chinesas, responsáveis pelas inúmeras construções um pouco por todo o país podem oferecer postos de trabalho valiosos e contribuir para a diminuição do desemprego angolano.

Medidas do género possibilitarão o desenvolvimento das acessibilidades que permitarão alargar os mercados angolanos tão apetecíveis aos chineses, ao mesmo tempo que funcionariam como garante de ligação entre as actividades económicas do interior e litoral do país e abastecimento populacional com vista à descentralização urbana.

No domínio da educação, a construção e apetrechamento de 31 institutos médios; 15 escolas secundárias do II e III níveis, em várias províncias do país são as principais inovações. Desta forma, em 2005, a população escolar atingiu os 4,9 milhões de alunos e regista-se a franca expansão da Formação Profissional. Inscritos na cooperação China-Angola, os intercâmbios de professores e estudantes, têm ocupado um lugar de destaque que de certo aumentam o conhecimento das diferentes culturas, o que trará benefícios em relações futuras.

Na área da saúde a reabilitação de quatro hospitais provinciais, seis municipais e 10 centros de saúde, fundamentais para melhorar a prestação às populações.

No domínio de energia e águas, salientamos o reforço e melhoramento da rede de energia de Luanda, avaliada em 44,5 milhões de dólares que possibilitam o relançamento do sector produtivo e a melhoria dos serviços sociais. O acesso a estes bens de primeira necessidade abrange todo o país, pois nem a capital escapa aos constantes cortes energéticos e predomínio de águas insalubres que fazem disparar as epidemias.

Assim, potenciado pela linha de crédito chinesa a produção e distribuição de electricidade tem aumentado, registando valores acima do esperado (17,4% de aumento de produção em 2005).

Por outro lado, investiu-se na restituição dos camiões destruídos durante a guerra, no total de 1500, dos quais 170 foram distribuídos aos proprietários que os perderam, necessários para o abastecimento de bens fundamentais à sobrevivência das populações dos meios rurais.

Realmente, a abrangência do crédito chinês proporciona diversas oportunidades para desenvolver o país mas a troca de experiências é em nossa opinião a verdadeira riqueza de todo este processo. O modelo de desenvolvimento chinês permite alguma assimilação por parte dos angolanos, se estes se predisposerem a tal. Senão vejamos, Angola é um país onde a agricultura é o principal meio de subsistência laboral e de sobrevivência, pelos vastos territórios, cujas potencialidades são maiores que em qualquer outro país de África pelas facilidades já descritas e pelo acesso à água.

Entretanto, existem inúmeras críticas, internas e externas a todo este processo. Em primeiro lugar, as críticas internas surgem por parte da principal oposição política em Angola, a UNITA, que se mostra reticente em relação às vantagens comparativas para a economia do país, a longo prazo. Por altura da discussão do Orçamento de Estado 2006, na Assembleia Nacional, alguns deputados solicitaram esclarecimentos sobre as vantagens do empréstimo concedido pelo ExIm Bank, mais especificamente no que diz respeito às questões de emprego, uma vez que o aumento das obras públicas não tem significado a criação de postos de trabalho e se tem verificado a inexistência de um plano rigoroso para aplicação destes fundos. Fala-se mesmo de *"condicionalidades indirectas"*[228], mormente no que diz respeito à percentagem que caberá às firmas chinesas em *joint-ventures*[229].

A nível externo, Angola enfrenta algumas críticas por parte das instituições de Bretton Woods sobre o empréstimo chinês. Na realidade é a primeira vez que há outra instituição capaz de cooperar com Angola, o que constitui uma novidade para as potências ocidentais. Desde o empréstimo chinês, as relações entre Angola e o FMI têm sido turbulentas, pelos condicionalismos que tendem a impor, daí que Aguinaldo Jaime, Ministro-adjunto do 1.º Ministro, se refira às imposições do FMI: *"A inflação irá descer a um dígito – têm de reduzir a despesa pública, têm de privatizar tudo"*[230]. Deve-se ressalvar que antes da proposta chinesa, segundo o mesmo Ministro, o FMI afirmava: *"Iremos recompensar-vos quando as*

---

[228] John Kuada, *Learning from Asia: Chinese Investment Inflows to Africa and their Possible Impact on African Management Practices*, African Renaissance, Julho--Agosto 2005, pp. 36-41.

[229] Angola: Oil Backed Loan Will Finance Recovery Projects": http://www.irinnews.org/report.asp?ReportID=45688

[230] Aguinaldo Jaime, citado por James Trumb no artigo *China´s African Adventure*, New York Times, 19 de Novembro de 2006.

coisas estiverem bem", pelo que da parte angolana a resposta angolana foi: *"Quando as coisas estiverem bem já não precisaremos de vocês"*. O que defende José Pedro de Morais, Ministro das Finanças é que os obstáculos de um acordo com o FMI têm a ver com os ritmos da reforma impostas: *"Não estamos em condições, ao contrário do que se pretende fazer crer, de implantar em seis meses estruturas de mercado extremamente competitivas quando em todo o tecido económico foi desarticulado e as grandes infra-estruturas (centrais electricas, pontes, etc) destruídas pela guerra. Essa diferença de visão é actualmente a principal divergência com o FMI"*.[231]

Sem dúvida, os especialistas de Bretton Woods não terão outra hipótese senão rever as contrapartidas dos empréstimos, e actualmente tivemos oportunidade de assistir à pré-disposição de ser Angola a rever a execução das políticas à velocidade que lhe convém por parte do FMI.

2.1.1. *A corrupção: o problema do alcance do crédito?*

Uma das principais críticas prende-se com o alcance do crédito para que se destina. A gestão do crédito depende da eficiência do governo, que tem de lutar contra a tendência existente de confusão entre o domínio público e o privado, através de meios de fiscalização, em que o Tribunal de Contas poderá desempenhar o papel principal. Tendo isso em conta, o Governo criou um Comissão Intersectorial para monitorar os compromissos assumidos com a China, coordenada pelo Ministro das Finanças, José Pedro de Morais, com a função de apresentar relatórios de balanço trimestrais à Comissão Permanente do Conselho de Ministros, integrada pelo Ministro das Obras Públicas, o Governador do Banco Nacional de Angola, o Secretário do Conselho de Ministros e o Presidente do Conselho de

---

[231] Entrevista fornecida ao jornal Expresso em Buenos Aires, a 21 de Maio de 2004.

[232] O Gabinete é integrado por Maria Ramalho, Consultora do Ministro das Finanças; Maria Bernardo, Chefe do Departamento de Dívida Pública da Direcção Naconal do Tesouro, Rosária Filipe, Técnica Superior do Ministério das Finanças, Elvira Van-Dúnem, Directora Nacional de Investimentos do Ministério do Planeamento; Matilde António, Técnica Superior; Alberto Silva, Administrador do Banco Nacional de Angola; Domingos Quissenguela e Lucinda Vieira, Chefes do Departamento do Banco Nacional de Angola; Manuel Víctor, Director dos Serviços Gerais do Secretariado do Conselho de Ministros; e Florêncio de Almeida, da Cooperação Bilateral do Ministério das Relações Exteriores.

Administração da Sonangol. Criou-se igualmente um um Gabinete de Apoio Técnico à gestão da linha de crédito com o ExIm Bank[232], que tem como principal responsável o Vice-Ministro deste pelouro, Eduardo Severim de Morais.

Apesar desses esforços, as medidas não foram eficazes para suster a tendência corruptiva de alguns dirigentes. Exemplo disso foi um episódio que envolveu um funcionário de um cargo público que, no entender de Susan Rose-Ackerman, constitui *"abuso do poder público para ganhos próprios"*[233], dado que *"a relação organização governamental/pessoa mais importante no sector público, faz aparecer oportunidades para a corrupção"*[234]. Com a agravante de que o autor da corrupção integrava a Comissão Intersectorial supracitada mas teria um plano para usufruir do dinheiro concedido pelos chineses. O facto de ter sido descoberto graças à acutilência dos serviços secretos chineses que logo informaram o governo angolano dos seus intentos[235], significou mais uma evidência da flexibilidade do princípio da não ingerência nos assuntos internos de cada país, que a China tanto defende.

No fundo, esse funcionário iria usufruir do investimento nos caminhos-de-ferro de Benguela a cargo da companhia chinesa SMEC, Shangai Machinery & Equipment Import Export Corporation, através da inflação excessiva de algumas despesas que o estado angolano deveria pagar.

Para evitar ocorrências do tipo, o Conselho de Ministros, reunido a 16 de Novembro de 2005, aprovou um conjunto de normas específicas referentes à fiscalização dos contratos de fornecimento e prestação de serviços. Com esta medida, pretende-se assegurar a correcta execução dos contratos incluídos na linha de crédito, por uma entidade autónoma, mas não informa o nome nem quem a integra, pelo que defendemos uma maior abertura governamental, apesar de se ter a plena noção de que em determinados aspectos a confidencialidade está aliada à eficácia, porque evita especulações, tanto a nível interno como externo.

Não obstante, tem de se reconhecer os esforços do governo angolano na luta contra a corrupção, traduzidos na assinatura do *Mecanismo Africano de Revisão pelos Pares* da União Africana e a *Convenção das Nações Unidas contra a Corrupção* que entrou em vigor a Dezembro de

---

[233] Susan Rose-Ackernan, *Corrupção e Governo*, Lisboa, 2001, p. 131.
[234] Ibidem.
[235] http://www.angonotícias.com

2005, ainda que a par de outros estados ocidentais, necessite de ratificar a adesão a esta Convenção.

De qualquer forma, é importante notar que o fenómeno da corrupção atinge todas as sociedades e não é apenas uma característica dos estados africanos. Efectivamente, a maior diferença prende-se com a visibilidade: nos estados ocidentais por exemplo, prima a corrupção corporativa que envolve milhões e uma rede extensa de corrupção. Já em África, a visibilidade corruptiva é maior por envolver poucos agentes ligados normalmente ao círculo governativo.

2.2. A importância da cooperação militar

O domínio militar não foi descurado da Coooperação China-Angola. De facto, este é mais um aspecto estratégico que vimos assistindo a um crescendo da cooperação e que permitem à China assegurar o seu *"comprehensive national power"*. Apesar de ser uma potência económica, ainda falta conquistar a posição de potência militar capaz de suplantar os EUA. Não no sentido efectivo, pois o objectivo da China não é de conflito armado mas, de acordo com Sun Tzu, o mais importante teórico estratégico chinês, a aposta recai no enfraquecimento psicológico do adversário. Com vista à prossecução destes objectivos, as áreas abrangidas incidem na formação de oficiais e melhoria dos equipamentos das forças armadas.

Como já se referiu, Angola possui uma das maiores forças armadas do continente em conjunto com a África do Sul, e uma experiência de guerrilha bastante significativa, resultante da guerra civil que assolou o país.

Agora, reunificadas as Forças Armadas Angolanas, Angola pode usufruir da experiência chinesa a nível de estratégia para aumentar a sua influência no continente.

Como consequência dessa cooperação, o fornecimento de armas e tecnologias relacionadas com o fortalecimento militar da China aos países africanos tem sido contestado pelo ocidente. A China emergiu como principal exportador de armas a seguir aos Estados Unidos da América (EUA), o que coincidiu com as trocas de alta tecnologia entre os EUA e Pequim. Enquanto os EUA vendiam armamento sofisticado à China esta tornou-se o principal fornecedor desse armamento a preços negociáveis com os países africanos. Pequim depende da venda de armas para suportar a sua própria indústria de armamento, desenvolver novas tecnologias e ganhar influência nessas regiões.[236]

No relatório dos EUA sobre o poder militar da China, a preocupção sobre a projecção refere: *"Pequim tem desenvolvimento relações mais fortes com Angola, Ásia Central, Indonésia, estados do Médio Oriente (incluindo o Irão), a Rússia, o Sudão, a Venezuela e o Zimbabué para assegurar acordos de longo-prazo para o fornecimento de recursos. Alguns destes países são recipientes da tecnologia militar, levantando questões sobre se a venda de armas tem sido usada para facilitar os acessos"*[237]. Por sua vez, a China refuta aquilo que apelida de "atitude patronizadora" dos EUA representado pela ligação entre a venda de armas e os direitos humanos.

2.3. *A contribuição para a reconstrução das obras públicas do país*

Passados os anos da guerra-civil, Angola necessita de uma reconstrução geral a nível de infraestruturas. Acresce que a realização de eleições, agendadas para 2008 (legislativas) e 2009 (presidenciais) pressupõe a existência de condições prévias que permitam o justo sufrágio universal. Ora, sem estradas ou com difíceis acessos como é possível possibilitar à população o exercício do direito de voto?

Tendo esse objectivo em mente, a reconstrução do país começou a desenhar-se a partir de 2004, altura em que as empresas portuguesas como a Teixeira Duarte, Mota Engil ou Soares da Costa, se destacaram. Actualmente, as empresas portuguesas têm perdido terreno para as chinesas, facto que advém desde finais de 2004. Assim, devemos analisar a visita do Primeiro-Ministro português, Eng.º José Sócrates, a Angola, em 2006, onde se fez acompanhar de uma comitiva de grande escala a nível de empresários como uma tentativa de refrescar e aliciar o relacionamento empresarial face às perspectivas de declínio.

---

[236] Robert Pear, *U.S. Ranked No. 1 in Weapons Sales*, New York Times, 10 Agosto de 1991, p. 1.

[237] Annual Report to Congress.*Military Power of the People´s Republic of China 2006*, Office of the Secretary of Defense, USA, p. 1.

O que notamos actualmente é uma presença considerável das empresas chinesas em Angola que preconizamos continue a crescer à luz da criação, em Março de 2006, da Câmara de Comércio para as Empresas Chinesas em Angola[238].

Dos esforços de reconstrução estabelecidos entre a China-Angola destacamos a Refinaria do Lobito entre a Sonangol e a Sinopec como reflexo da acutilância angolana nas negociações com a China. Este negócio foi interrompido pela constatação de que não seria vantajoso para o povo angolano, como referiu Manuel Vicente[239], Presidente do Conselho de Administração da Sonangol, e foi também a primeira vez em que os negócios entre os dois países não vingaram. Uma mensagem clara de que os angolanos são capazes de medir, sem ajudas externas, os prós e contras das parcerias com a China.

Para além disso, têm surgido críticas às construções a cargo das firmas e mão-de-obra chinesa pelas "obras de papelão" que, segundo a Deputada Anália Pereira, por altura da discussão do Orçamento Geral do Estado para 2006, proliferam no país.

2.4. A transferência de tecnologia ou a entrada de Angola no séc. XXI

Do relacionamento China-Angola, a transferência de tecnologia tem sido fundamental para a modernização de Angola, sendo que destacaremos as áreas das telecomunicações e da comunicação social.

Em matéria de telecomunicações o investimento das empresas chinesas permitiu dotar o país de uma rede nacional. A ZTE[240] anunciou, em 2005, um investimento de 400 milhões de dólares neste sector, sendo que 300 milhões destinam-se à Angola Telecom e os restantes 100 milhões à rede militar, construção de uma fábrica para a produção de aparelhos mó-

---

[238] A função da Câmara, cuja sede se situa em Luanda, é a de facilitar a troca de ideias entre os chineses e as companhias locais e conta, até ao momento, com 26 membros, dos quais destacamos: Corporção Nacional Chinesa de Importação/Exportação de Maquinaria e Equipamento; Jiangsu Internacional; Corporação Internacional Chinesa de Água e Electricidade; Corporação ZTE, SINOPEC; e COVEC.

[239] "Não podemos fazer uma refinaria só para fazer produtos para a China" – Semanário Angolense.

[240] Companhia de Equipamentos de Telecomunicações da China.

veis, criação de um instituto de telecomunicações para a formação de quadros angolanos e criação de um laboratório para as actividades de pesquisa.

Por outro lado, a ZTE estabeleceu um acordo com a empresa angolana Mundo Startel para instalar uma linha fixa de internet em oito províncias de Angola. O acesso à internet é considerado um luxo a que poucos têm acesso, dificultado pelas constantes falhas de eletricidade, pelo que urge medidas nessa área.

O crédito chinês possibilitou à Televisão Pública de Angola (TPA) a aquisição de um moderno Cento de Produção, a Sul de Luanda e um Centro Emissor em Viana. Os fundos permitiram igualmente a compra de equipamento técnico que permitiram a modernização da estação estatal.

Mais recentemente, aquando da visita do Vice-Primeiro Ministro Zeng Peiyang a Angola, foi assinado um acordo para o Sector das Telecomunicações, com a China a investir 400 milhões de dólares na Angola Telecom e 100 milhões de dólares para melhorar as comunicações militares e assim contribuir para a modernização das forças armadas angolanas.

O que se deve reter é que transações deste tipo envolvem contratos adicionais de manutenção, treino e substitutição de peças, assim como proporcionam relações mais íntimas com os militares estrangeiros, serviços de segurança e oficiais políticos para além de aumentar a oportunidade para o recrutamento de inteligência e agentes de influência.

2.5. *A cooperação médica*

A primeira referência a fazer corresponde às similaridades medicinais praticadas nos dois países. Referimo-nos à prática da medicina tradicional[241] que mantém um elevado número de praticantes tanto em Angola como na China, assim como na maior parte dos países em desenvolvimento. O seu extenso uso prende-se com dois factores: *acessibilidade e exequibilidade*.

---

[241] Termo amplo utilizado para referir-se tanto aos sistemas de medicina tradicional como por exemplo a medicina da China, hindú ou árabe e as mais diversas formas de medicina indígena. De acordo com a Organização Mundial de Saúde, a medicina tradicional consiste nas práticas, conhecimentos e crenças sanitárias diversas que englobam medicinas baseadas em plantas, animais e/ou minerais, terapias espirituais, técnicas manuais e exercícios aplicados de forma individual ou em combinação para manter o bem-estar, tratar, diagnosticar e prevenir as enfermidades.

O facto de a República Popular da China ser um país com um sistema integrador da medicina tradicional que é oficialmente reconhecida e incorporada em todas as áreas do sistema de saúde nacional[242], poderá servir de exemplo para uma implantação do género em Angola.

Em Angola grande parte da população é analfabeta, vive de crenças e costumes tradicionais e não possui acesso a técnicas modernas de medicina e medicamentos, que são mais dispendiosos que os habituais modos de tratamento, pelo que mais facilmente coopera a China, um país habituado a lidar com as doenças de forma similar. Exemplo disso é a luta contra a febre e o paludismo através da planta medicinal *qinghaosu* que se vem demonstrando eficaz no combate a este tipo de enfermidade e que o poderá ser em Angola. Assim sendo, a Medicina Tradicional constitui uma das prioridades para a Organização Mundial de Saúde tanto mais que instituiu uma Comissão Regional de Peritos sobre este tipo de medicina[243].

O segundo facto a reter tem a ver com a cooperação/ajuda por parte dos países do ocidente que não disponibilizam os medicamentos necessários para África, por falta, sobretudo de vontade política. Resta a África encontrar parcerias com a China para encontrar soluções que prometam resolver o problema.

Concretamente, a cooperação em Angola a este nível encontra-se sob o comando de Anastácio Sicato, cujo Ministério da Saúde que chefia usufruiu do crédito chinês no valor de 100 milhões de dólares para a construção de hospitais, centros e postos de saúde e material. Para além disso, a China enviou especialistas em diferentes ramos de saúde para auxiliar e formar técnicos nacionais em diversas especialidades.

Em matéria de construção civil, prevê-se a construção, no âmbito da linha de crédito chinês, de seis hospitais nas províncias do Huambo, Benguela, Kwanza-Sul, Kuanza-Norte e Huíla, e três centros de saúde em Malanje e sete centros de saúde no Huambo, Benguela, Huíla e Kwanza-Norte, assim como a reabilitação dos hospitais regionais de Benguela, Huíla, Malanje e Huambo e a aquisição de oitenta e seis ambulâncias. Espera-se que a reabilitação de hospitais regionais permita melhorar o acesso que até hoje é bastante deficitário nos meios rurais.

---

[242] Estratégia da OMS sobre a Medicina Tradicional, 2002-2005.

[243] Cfr. Comunicado de Imprensa da OMS sobre a Cooperação entre a China e África para o Desenvolvimento da Medicina Tradicional, de 31 de Outubro de 2002: http://www.afro.who.int/portuguese/2002/pr20021031.html

E aquando do surto de febre hemorrágica, que se iniciou em Outubro de 2004 em Angola, a China forneceu medicamentos para o combate à doença no Uíge, assim como quatro toneladas de materiais de uso médico[244], que se mostraram essenciais para o combate às doenças, em virtude de Angola não possuir um plano de emergência ou stock para responder à crescente expansão da doença.

3. A China: um importante aliado na ONU

A África há muito que reinvidica o seu lugar no Conselho de Segurança da ONU[245], onde a China possui um lugar cativo. Com a conquista das independências cada vez mais países advogam, com justiça, um papel mais activo nas organizações internacionais.

Nesse sentido, a reforma da ONU, um assunto debatido desde o fim da guerra-fria, propicia a concretização desses propósitos. No entanto a efectivação tarda em vingar e enquanto isso importa delinear estratégias eficazes.

Por isso, na Declaração de Harare[246], em 1997, o continente defendeu a existência de pelo menos dois lugares no Conselho de Segurança e mais recentemente o assunto foi atribuído ao Grupo dos Quinze[247] que reafirmou dois lugares permanentes e cinco não permanentes, conforme o Consenso de Elzuwini[248].

---

[244] Os seguintes dados foram fornecidos pela Embaixada da China em Angola: 7.500 Batas descartáveis; 10 mil sistemas de infusão; 300 mil borboletas; 201.600 agulhas; 20 mil luvas médicas; 20 mil máscaras descartáveis; 30 mil capas para sapatos; 15 mil tocas descartáveis; 800 óculos de protecção; 200 sacos mortuários.

[245] *"A Organização da Unidade Africana (OUA) pede com insistência que a África, enquanto região geográfica, seja representada de maneira equitativa nos principais órgãos das Nações Unidas, especialmente no Conselho de Segurança, no Conselho Económico e Social e nos Institutos Especializados"* – Conferência dos Chefes de Estado e de Governo, de 22 a 25 de Maio de 1963.

[246] Declaração de Harare sobre a Reforma do Conselho de Segurança – 33ª Sessão da Conferência de Chefes de Estado e de Governo, Hara (Zimbabwe), 2 a 4 de Junho de 1997.

[247] Constituído pelo Gana, Níger, Nigéria, Senegal, Camarões, Congo, Gabão, Uganda, Ruanda, Tanzânia, Angola, Botwana, Zimbabwe, Argélia e Líbia.

[248] Posição Comum Africana sobre a Reforma das Nações Unidas, 7ª Sesão Extraordinária do Conselho Executivo, Addis-Abeba, 7-8 de Março de 2005, p. 10.

Para promover o Consenso de Elzuwini e concretizar os seus intentos, a União Africana necessita de uma campanha eficaz, no caso a cargo do *"Grupo dos Treze"*[249], e do apoio da China, pois a eleição depende de uma emenda na constituição na ONU que requer uma maioria de dois terços dos membros da Assembleia-Geral.

De entre os países africanos candidatos a um lugar no Conse-lho de Segurança da ONU destacam-se Angola, África do Sul, Nigéria, Egipto, Senegal, Argélia, Quénia e Líbia. Na nossa perspectiva, a concretizar-se a reforma da ONU e a conquistar-se os dois assentos permanentes, os candidatos mais prováveis são ainda África do Sul e a Nigéria. O primeiro por pertencer à Commonwealth e ser o único país de África de transacções equilibradas, para além da influência que este país desempenha no continente, como grande potência económica, militar, demográfica e estável[250]. O segundo pela importância económica e militar da região que tem como desvantagens o recente acordo com o Grupo dos Quatro[251], que desagradou a União Africana e, relembramos, quem conquistar o lugar deve ser o porta-voz de África. O acordo tinha como principal objectivo conquistar o direito de veto que o então Presidente da UA, Olegossum Obassajo, afirmou que África poderia dispensar. E as diversas tentativas de golpes de Estado minam a estabilidade do país.

E acima referimos que a probabilidade pende para a África do Sul e Nigéria no sentido de conquistarem um lugar no Conselho de Segurança porque não descuramos a possibilidade de Angola conseguir o assento, que a efectuar-se terá de ser com o apoio inequívoco da China. As hipóteses de Angola aumentam a cada dia, em virtude da estabilidade e crescimento económico do país. Acresce que a boa-performance de Angola aquando da Presidência do Conselho de Segurança da ONU em 2003, deixou uma boa imagem da capacidade do país. Igualmente, o prestígio consequente às posições históricas determinou o respeito de grande parte dos países africanos: o já supracitado apoio aos países da região austral de África; a contribuição na luta para as independências e o *pressing* para a

---

[249] Benin, Senegal, Congo Brazzaville, Tchad, Djibouti, Etiópia, Botwana, África do Sul, Argélia, Líbia e o Presidente do Conselho Executivo da União e da Comissão Africana e do Consenso de Elzuwini.

[250] Cfr. Africa: Africa Awaits SA´s Impact in UN Security Council: http://allafrica.com/stories/200701090020.html

[251] Brasil, Alemanha, Índia e Japão. •

libertação de Nelson Mandela e finalização do sistema do *apartheid* na África do Sul contribuíram para a consolidação enquanto país influente.

Tudo isto funcionou como indicador que, efectivamente, estava a posicionar-se uma potência que só precisava de tempo para emergir, apesar alguns condicionalismos. Além disso, três décadas de guerra tiveram as suas consequências, mas as intervenções de domínio militar, a nível nacional e internacional, particularmente a vitória sobre o exército sul-africano, aquando da sua invasão de Angola, em Outubro de 1975 e a contribuição para a estabilização da República Democrática do Congo, na era do então Presidente do Zaire, Mobutu Seko, ajudaram a consolidar o poder internacional de Angola.

Decerto as Nações Unidas terão de reconhecer que o país segue os ideais da Carta da ONU[252] o que por si só já constitui meio caminho para a aceitação. A recente eleição de Angola para integrar a presidência do Conselho para a Paz e Segurança[253] da União Africana irá contribuir para o aumento do prestígio do país.

Desta forma, um assento no Conselho de Segurança ajudará à influência geopolítica na região e consolidará o papel de principal concorrente à África do Sul, assim como representará um acréscimo substancial das ajudas económicas. A este propósito, relembramos que os países pobres que servem o Conselho recebem mais ajuda e é mais fácil obter empréstimos e doações de instituições financeiras e outros poderes económicos[254] e neste sentido, Ilyama Kuziemko e Eric Werker advertem para o lobbying dos EUA e para o facto de: *"Em média, o típico país em desenvolvimento a servir o Conselho pode antecipar um montante de 16 milhões de dólares dos EUA e um milhão de dólares das Nações Unidas"*[255].

---

[252] Art. 23 (1): "...contribuição dos membros para a manutenção da paz internacional e outros objectivos da ONU."

[253] Os restantes membros eleitos por um período de três anos foram o Gabão, da zona central, a Etiópia, da zona este, Argélia, da zona norte e Nigéria da zona ocidental.

[254] Quando Angola assumiu a presidência em Novembro, a ajuda económica dos EUA duplicou de 81.6 milhões de dólares em 2001 para 160.5 milhões de dólares em 2004. Esta prática é comum aos EUA que exercem assim a sua pressão para conquistar apoios de outros países.
Ilyana Kuziemko e Eric Werker, *How much is a Seat on the Security Council Worth? Foreign Aid and Bribery at the United Nations*, Journal of Political Economy, Vol. 114, No 5, 2006.

[255] Ilyana Kuziemko e Eric Werker, Ob. Cit, p. 924.

Preconizamos que, caso conclua os seus intentos, Angola possa assim pressionar a Comunidade Internacional no sentido da realização de uma Conferência de Investidores que defende o Ministro-adjunto do Primeiro-Ministro, Dr. Aguinaldo Jaime é preferível à Conferência dos Doadores que pressupõe um acordo formal com o FMI pois: *"(...) casa-se perfeitamente com a estratégia do Governo de não ficar dependente de acordo formal para iniciar o esforço de reconstrução nacional. Isso seria politicamente um suícidio"*[256]. Será uma questão de os nossos governantes saberem jogar com os seus interesses, em especial junto dos EUA.

Relativamente aos candidatos referidos acima, o país asiático só terá vantagens em apoiar Angola, pelas sete razões que se seguem:

1. A África do Sul, apesar de ainda ser o maior parceiro comercial da China pertence à Commonwealth que conta com o apoio dos EUA, principal rival económico do país asiático;
2. A Nigéria tende a formar aliança com o Japão e Índia, cuja vizinhança é atribulada com a China;
3. Angola é actualmente o maior exportador de petróleo para a China e o alcance das relações de cooperação favorece os laços de aliança entre ambos;
4. A China tem todo o interesse em apoiar a entrada dos países africanos no Conselho de Segurança por se encontrar cada vez mais isolada devido a algumas tomadas de posição que não agradam às potências ocidentais, e estamos a falar em especial das questões relacionadas com os Direitos Humanos;
5. Desde a criação do Fórum para a Cooperação China-África a China assegura as alianças com o continente, o que permite assegurar posições políticas ou, quando muito, restringi-las;
6. A reforma da ONU depende da posição dos EUA que apenas a encaram como abertura da porta do Conselho de Segurança ao Japão, seu aliado e concorrente da RPC. A concretizar-se, os países africanos, mormente Angola funcionaria como contrapeso à influência dos EUA;
7. Se o Japão chegar até ao Conselho de Segurança consolida o papel de líder na zona asiática.

---

[256] Entrevista ao Jornal Expresso, em Dezembro.

CAPÍTULO V: **Perspectivas da Relação de Cooperação China-Angola**

Este último capítulo corresponde à fase mais introspectiva e exploratória da nossa dissertação, em que procedemos à análise das relações entre os dois intervenientes, evidenciando os aspectos negativos e positivos, a curto, médio e longo prazo.

Quanto a Angola, a reflexão incide na projecção do poder geopolítico chinês no país, as tendências da cooperação sem descurar os aspectos sócio-culturais do relacionamento.

Quanto à China, a reflexão corresponde ao crescente expansionismo comercial e factores que eventualmente constituam um contrapeso aos EUA.

1. Angola: Consequências a curto, médio e longo prazo

1.1. *Reflexões sobre a projecção do poder geopolítico da China em Angola*

A primeira reflexão a fazer prende-se com o facto de que, pela primeira vez na História, há um país asiático com capacidade para se implementar geopoliticamente no continente africano. Esta modalidade faz parte da estratégia da China de se projectar internacionalmente através de África, em que o expansionismo comercial chinês trará consequências na configuração geopolítica do mundo.

Tendo em conta a incursão chinesa em África, habitual área de influência dos EUA, Angola poderá vir a ser palco de um jogo de forças para o qual o país se deverá precaver. Defendemos portanto que Angola não é mais do que um meio para atingir um fim maior e passamos a explicar:

É nossa percepção de que o objectivo estratégico da China vai muito para além das fronteiras geográficas do país. O Fórum de Cooperação China-África comprova tal facto pois o continente africano é visto com interesse pelos chineses, pelos recursos energéticos que apresenta. Angola, pela sua posição estratégica abre caminhos à China para as riquezas minerais da República Democrática do Congo, rica em colombite-tantalite usado em componentes eletrónicos, centrais atómicas espaciais, fabrico de mísseis balísticos e fibras ópticas necessárias ao crescimento económico chinês e uma série de outras áreas de interesse. E temos de ter plena consciência de que a África é o continente mais centralizado do mundo e o segundo mais extenso[257], permitindo aceder a todas as regiões e poderá funcionar como uma importante base militar em caso de conflito armado. Por isso, a nosso ver, o objectivo da China, encoberto pela conveniente ênfase na necessidade de aquisição de recursos naturais, é de fazer do continente uma base que funcione como plataforma para o mundo.

Qual será a decisão de Angola face às pressões económicas da China e dos EUA? A este ritmo relacional, a balança tende a favorecer a China mas dependerá do jogo de forças dos norte-americanos que ainda são a maior força económica mundial.

Em nosso entender, as actuais Relações Internacionais são ditadas pelo pragmatismo económico e é nesta perspectiva que Angola deve encarar a China, como um parceiro ou um aliado de circunstância, pois os argumentos que os chineses tendem a utilizar, como o apelo à amizade e identificação já não são válidos para esta época. E decerto que se houver uma oportunidade negocial mais vantajosa a China não hesitará em "abandonar" Angola: *"A China está em Angola para durar – ou pelo menos enquanto o petróleo continuar a fluir – mas o mesmo pode ser dito sobre os outros países."*[258] E com isto não queremos proceder a uma crítica negativa, pelo contrário, é neste sentido que se deve olhar o relacionamento face à mundialização.

---

[257] Anexo XIV: O Continente africano.
[258] Paul Hare, *China in Angola: An Emerging Energy Partnership*, China Brief, The Jamestown Foundation, Vol. 6, Issue 22, Nov. 08, 2006.

Resta dizer que o objectivo deste tipo de relacionamento, por mais que possa estar encoberto com o Fórum China-África, não é multilateral embora admitamos que para se tirar maior vantagem de todos os parceiros e conseguir uma maior segurança, a multiplicidade de opções facultada pelo multilateralismo é a melhor estratégia. Também Angola deve apostar numa cooperação deste tipo para assegurar uma menor reflexão geopolítica da China no país.

1.2. Tendências da cooperação económica

Por ser recente o aprofundamento do relacionamento China-Angola assistimos aos poucos aos seus efeitos negativos e positivos. Para já, a primeira observação a fazer corresponde à intensidade da cooperação económica e comercial entre ambos espelhada na dinâmica a nível de construção civil. Assistimos à assinatura de diversos contratos comerciais, responsáveis pelas inúmeras obras que têm lugar em Angola. O resultado dessas obras tem sido lentamente conhecido, de tal forma que algumas se têm tornado polémicas. Exemplo disso foi a construção do Hospital Provincial de Luanda, inaugurado em 2006 pelo Presidente da República e que traduz a má qualidade das obras realizadas pelos chineses, uma vez que o mesmo foi inaugurado para logo de seguida ser encerrado para melhoramentos.

De qualquer forma, assistir-se-á à continuação do investimento: *"Vamos encorajar não só as empresas públicas mas também as privadas a investir em Angola, especialmente no domínio das infraestruturas."*[259]

Para além disso, as queixas passam pelo incumprimento de contratos por parte dos chineses, mormente no que diz respeito à associação a empresas angolanas. Em matéria de obras públicas assistimos ao envolvimento de empreiteiros chineses em detrimento dos angolanos. A somar a tudo isso, os materiais têm sido transportados por armadores chineses para Angola contrariando o compromisso de entregar tudo à Secil Marítima nacional.

Com efeito, problemas iguais aos supracitados resultam de uma insuficiente fiscalização por parte do governo de Angola. E é precisa-

---

[259] Declarações de Lu Xunhua, Vice-Ministro das Relações Exteriores ao Jornal de Angola, por ocasião da visita a Luanda, em 2006.

mente nesse âmbito que as medidas devem ser implacáveis, caso contrário corre o risco de futuramente prevalecerem obras polémicas. É necessário mostrar à China que o interesse nacional sobrepõe-se à necessidade de créditos, pois apesar dos esforços, os chineses tendem a ignorar a fiscalização. Recordemos que, aquando da concessão do empréstimo de dois biliões de dólares, em 2004, o Gabinete de Fiscalização do Ministério das Obras Públicas reuniu-se com as maiores empresas nacionais de consultoria[260], projectos e fiscalização sobre os futuros projectos de fiscalização das obras inscritas no acordo com a China, ideia suportada pela Resolução 83/05, de 19 de Dezembro[261]. No entanto, registou-se a anulação desses intentos por razões não esclarecidas. Em consequência correu o boato de que tais medidas teriam sido criadas para sossegar as empresas nacionais.

Acontece que Angola está a desenvolver uma dependência tecnológica que, se por um lado, poderá ser benévola, uma vez que a China é um país desenvolvido nessa área e continuará a desenvolver novas tecnologias que permitirão a Angola estar ao corrente das inovações, contribuindo para o desenvolvimento do país, por outro poderá constituir uma lacuna no relacionamento, na medida em que pode constranger as negociações pelas cláusulas de fidelidade.

Apesar do relacionamento de Angola com a China ser salutar e se deseje a diversificação relacional, temos de alertar para o risco de exclusividade. O país não deve restringir-se à cooperação com a China e caso apareçam propensos parceiros, deve estabelecer uma ligação para precaver situações de dependência. Para Angola ser um país livre e desenvolvido, capaz de interagir na cena mundial, a estratégia passa pela correcta gestão de parcerias que lhe permitam margem de manobra. Aí reside o verdadeiro poder no mundo globalizado que consiste naquilo que apelidámos de *criação de oportunidades* que não é mais do que o poder para escolher, de entre o maior número de parceiros, e mediante as circunstâncias, o que melhor assiste os nossos objectivos.

A médio prazo verificaremos a manutenção do relacionamento, com a China a continuar a ceder créditos a Angola como garantia estra-

---

[260] As empresas envolvidas foram a Progest, Africonsult, Citic, Soapro, Fiesa, Enep e Arquita.

[261] Anexo XV: Resolução 83/05, de 19 de Dezembro, sobre a Fiscalização ao Crédito Chinês.

tégica. Os contratos firmados asseguram também a manutenção por parte da China.

Por outro lado, assistiremos a um incremento de actores internacionais em Angola, atraídos pela crescente estabilidade do país, pelo crescimento económico e pelo receio de perder terreno para a China, o que trará benefícios para o país.

Também neste espaço de tempo, Angola poderá usufruir dos produtos que a China oferece, como bens têxteis e tecnologia a preços mais atractivos que os oferecidos pelos parceiros ocidentais. De entre os benefícios trazidos pela relação China-Angola devemos destacar o papel que as bicicletas chinesas poderão desempenhar na mobilidade das populações angolanas, como alternativa aos veículos automóveis que não são acessíveis em termos monetários, à população que sobrevive a cada dia. Esta opção será mais barata e benéfica em termos ambientalistas, para além de que a médio prazo as estradas angolanas estarão em recuperação e muitos acessos continuarão interditos aos veículos automóveis.

A longo prazo o governo angolano estará atento aos moldes da cooperação, porque o resultado das obras realizadas continuará envolto em polémicas, assim como verificaremos uma crescente contestação dos contratos firmados.

E urge a existência de mecanismos de avaliação e prevenção dos efeitos preservos desta cooperação. De qualquer forma, a publicação dos Nove Princípios para Encorajar e Estandartizar os Investimentos das Empresas no Exterior, significam que a China está interessada em corresponder às leis locais, contratos de licitação com base em transparência e igualdade, proteger os direitos laborais dos trabalhadores locais, proteger o ambiente, implementar responsabilidade corporativas e outras[262].

Por outro lado, é dada a altura da economia angolana obter dividendos da internacionalização empresarial, à semelhança do fenómeno *going-out* chinês, através da implementação de políticas de incentivo e o investimento nos mercados estrangeiros. Tendo isso em vista, as grandes empresas nacionais como a Endiama e a Sonangol têm a capacidade e estabilidade necessária para o investimento além-fronteiras, o que lhes permite adquirir reconhecimento internacional.

---

[262] Cfr. Scott Zhou, *China as Africa's angel in White*, Asia Times, 3 November 2006: http://www.atimes.com/atimes/China_Business/HK03Cb04.html

1.3. *O impacto sócio-cultural*

Um dos maiores desafios ao relacionamento China-Angola prende-se com o choque de culturas. De facto, o antagonismo é real o bastante para dificultar as experiências comerciais. Queremos com isto dizer que, por exemplo, a língua é uma barreira para as empresas e o relacionamento entre angolanos e chineses, uma vez que poucos chineses falam português e os angolanos desconhecem as línguas chinesas. O inglês seria uma forma de ultrapassar esta barreira mas acresce que a maior parte dos angolanos não domina as línguas universais. E, reconheça-se, o português não é uma língua de fácil apreensão, por isso registamos que a opção encontrada passa pelas empresas chinesas a contratar tendencialmente chineses. No caso dos angolanos subcontratados, uma das principais queixas tem haver com a não atribuição de um tradutor[263], quando trabalham para os chineses, o que dificulta a comunicação entre as partes.

Outra diferença cultural é que é prática angolana exigir-se o pagamento adiantado pelos trabalhos que se propõem fazer, uma forma de fazer negócios que está muito enraízada e que é difícil ultrapassar. A cultura negocial em Angola exige dinheiro vivo, pelo que apenas quem possui quantias consideráveis consegue os seus intentos. Outra contrapartida é que por pagar em adiantado, normalmente os resultados não são os melhores, quando os há.

Apenas nos últimos dois/três anos se tem feito um esforço para, implementar o sistema de crédito, acessível a uma minoria da população, dos quais destacamos os trabalhadores de bancos.

Grande parte da população angolana é analfabeta, o que constitui um problema em termos de especialização, no entanto, e pelo que nos foi dado observar no terreno, assistimos à proliferação da avidez pelo conhecimento, pelo que se verifica um elevado número de estudantes universitários em regime estatal ou privado, sendo que alguns beneficiam do intercâmbio estudantil com a China.

As opiniões sobre a entrada dos chineses em Angola são díspares mas, de acordo com um pequeno inquérito realizado em Setembro de 2006, a um universo de 200 pessoas, os angolanos sentem-se ameaçados pela competição chinesa[264]. Interpretam que os preços praticados a nível

---

[263] Jornal Angolano Capital, 3-6 de Junho de 2006.
[264] Anexo XVI: Inquérito a cidadãos angolanos.

do comércio local e os baixos salários exigidos pelos chineses representam uma ameaça aos hábitos angolanos.

Para além deste tipo de concorrência, a mão-de-obra chinesa representa alguns desafios à mão-de-obra angolana por ser mais disciplinada, e menos exigente, o que acreditamos, ainda que a longo prazo, poderá aumentar o sentido de responsabilidade e desejo de formação dos angolanos para combater a concorrência.

Exposto isto, enumeramos algumas das preocupações expostas por angolanos:

- *"Agora vêem os chineses. Atrás dos seus dinheiros ou da mestiçagem de Angola"*
- *"São povo humilde, simpático e trabalhador"*
- *"É mão-de-obra barata chinesa, constituída por presos em cumprimento de pena por crimes de média duração cometidos na China."*
- *"A China arranjou uma maneira de subsidiar o emprego dos seus cidadãos em Angola."*
- *"Tanta crítica, mais honestos do que os chineses não há. Prometem fazer, fazem mesmo."*

Actualmente, o entrosamento sócio-cultural não está plenamente desenvolvido pois como é do conhecimento geral, os chineses são um povo tendencialmente fechado, de cultura rígida. Por sua vez, os angolanos são um povo culturalmente aberto e facilmente propício a fenómenos de assimilação. (Veja-se a influência dos brasileiros na sociedade, onde as telenovelas ditam a moda e os festejos populares são idênticos)[265].

Perspectivamos que, a longo prazo, os angolanos assimilem alguns aspectos da cultura chinesa, quiçá em matéria de disciplina, o que em muito beneficiaria o país e contribuiria para o seu desenvolvimento. No entanto, sobre este relacionamento concordamos com Alex Vines que advoga: *"poderão resultar em maiores tensões sociais a curto prazo em países como Angola"*[266], caso não se criem fóruns de discussão e se criem laços de compreensão mútua.

---

[265] Deve-se no entanto salientar que esta análise centra-se nos centros urbanos e não se aplica às sociedades tradicionais.

[266] Alex Vines, *The Scramble for Resources: African Case Studies*. South African Journal of International Affairs, Vol. 13, Issue 1, Summer/Autumn 2006, pp. 63-75.

A integração da população na cooperação com a China assume tendencialmente uma prioridade e decerto contribuirá para gerir as eventuais *tensões sociais* previstas por Alex Vines. Nessa senda José Pedro de Morais alerta: *"As pessoas do sul de África cansaram-se das realizações da política, de cima para baixo, que têm impacto directo sobre as suas vidas [...] Querem ser participantes plenos e activos no desenvolvimento e na realização dos programas de população e qualidade de vida que farão uma grande diferença na sua vida."*[267]

2. A China: Consequências a curto, médio e longo prazo

2.1. *China-EUA: Angola e a hipótese de contrapeso?*

A China e os EUA são as duas maiores potências económicas do momento, pelo que obviamente em constante competição, consequência dos interesses mútuos e necessidades idênticas inerentes ao crescimento económico.

Assistimos a um período de relacionamento comercial pacífico, sem grandes tensões que se repercutam a nível mundial. Mas até quando? Nesse sentido, partilhamos da opinião de Jean François Susbielle[268] quando defende que a próxima guerra caberá aos protagonistas supracitados mas será uma Guerra Económica pelo evidente crescimento da China que tende a ameaçar os interesses americanos. Essa nova modalidade conferirá um novo estatuto às guerras que se vêm registando na história da humanidade, respectivamente às Guerras Bélicas (1ª e 2ª Guerra Mundial) e Guerra-Fria (entre URSS e EUA). Ressalvamos que a Guerra Económica inclui-se na categoria de Guerra-Fria, que implica um jogo de forças com base em esferas de influência, um processo que se espera bem mais moroso que a sua predecessora e cujo móbil advirá da escassez dos recursos naturais a longo prazo e da qual os principais atingidos serão o Médio Oriente e África.

---

[267] José Pedro Morais, *Os Desafios da Globalização*, Revista Elo, Cooperação e Desenvolvimento, Lisboa, Agosto de 1998, In http://www.euforic.org/elo/98mor.htm, em 03/02/04.

[268] Jean-François Susbielle, Ob. Cit.

Não haverão pressões nucleares mas pressões económicas[269] que se agudizarão com a inevitável escassez de recursos e com a posição política dos governantes de cada país: irão manter o actual *statu quo* ou enveredar por uma guerra económica declarada?

Nesse sentido, a estratégia americana de luta contra o terrorismo é muitas vezes instrumentalizada para ganhar vantagens nesta nova guerra económica. A guerra no Iraque, admitamos, sob o pretexto de guerra preemptiva[270], serviu para o posicionamento estratégico, nomeadamente a nível militar[271], dos EUA no Médio Oriente e para assegurar o acesso ao petróleo, cuja durabilidade das reservas é das maiores a nível mundial.

Angola e os restantes países africanos não são mais que a aplicação estratégica da China para contrabalançar o poder geopolítico dos EUA no mundo por isso refere Jean François-Susbielle: *"Para contrariar a estratégia chinesa, os Estados-Unidos e a Grã-Bretanha convenceram os membros do G8 a anular a dívida dos países mais pobres do mundo dos quais a maior parte são países africanos"*[272], o que nos permite aferir sobre os benefícios que esta guerra poderá trazer para os países africanos. É interessante verificar que o mesmo autor aponta 2008 para o eclodir da guerra declarada entre os dois países, pela conjugação dos seguintes factores[273]:

- Eleições presidenciais americanas;
- Jogos Olímpicos de Pequim;
- Exibição de inovações e tecnologias chinesas;
- Disposição de uma força de disuasão;

Exposto isto, apontamos mais para o ano de 2010 como a data provável para a alteração na relação entre EUA e China, no sentido do reco-

---

[229] Idem, Ibidem.

[270] Este conceito foi formalizado em 2002 e diz respeito à legitimidade para agir antecipadamente, em prevenção dos actos terroristas. A Carta da ONU autoriza este tipo de guerra mediante provas irrefutáveis.... Vide art. 51.

[271] A estratégia militar norte-americana concentra-se no estabelecimento de bases militares permanents nos países aliados: NATO; Afeganistão; Iraque; Japão; Ásia Central; Coreia do Sul; Ásia Central (entre outros).

[272] Jean-François Susbielle, Ob. Cit., p. 232.

[273] Idem, p. 281.

nhecimento por parte dos EUA, da China como uma ameaça à sua hegemonia económica. 2008 parece-nos uma data precária, uma vez que a alteração comportamental depende do implícito jogo de forças a nível militar a que a China não estará pronta para se equipar em 2008. Logo, destacamos os seguintes eventos para que os EUA encarem a China como principal rival económico:

1. Realização da Expo 2010
2. 50% da economia dependente de petróleo maior importador mundial
3. 16.º Jogos Asiáticos

1. A Expo 2010[274] terá lugar em Shanghai o que aumentará o prestígio do país, uma vez que é a primeira exposição desta magnitude a ter lugar num país em desenvolvimento o que traduz a confiança da Comunidade Internacional na abertura chinesa e representa uma oportunidade para o conhecimento do país.
Um evento deste género implica um grande investimento mas também um acréscimo substancial do Produto Interno Bruto.
2. As crescentes exigências petrolíferas na China serão determinantes para os EUA em matéria de pressão mundial dos preços de petróleo[275]. Preconizamos que à luz da pressão internacional em questões ambientais, os EUA, e até para desviar as atenções do fracasso no Iraque, irá ratificar o Protocolo de Kyoto. Acreditamos que a China suplantará os EUA como maior importador deste recurso energético.
3. A realização dos Jogos[276] constituem uma oportunidade para a China se afirmar como potência regional.

Efectivamente, a constatação de que não há qualquer hipótese de entendimento entre a China e os EUA, por razões históricas, e aqui referimo-nos essencialmente à questão de Taiwan, e por razões ideoló-

---

[274] O evento terá lugar de 1 de Maio a 31 de Outubro de 2010 e o tema central é "Melhor Cidade – Melhor Vida".

[275] Cfr. China´s Growing Demand for Oil and Its Impact on US Petroleum Markets, Congress of The United States – Congressional Budget Office, CBO Paper, April 2006, Pub. No. 2561.

[276] De 12 a 27 de Novembro de 2010, em Guangzhou.

gicas[277], representa tanto uma mais valia como um eventual obstáculo para Angola que deve saber manipular estes dois gigantes económicos em seu benefício.

Para além disso, a decisão americana de instaurar um comando militar africano (USAFRICOM)[278], constitui um prelúdio de que os EUA estão a adquirir consciência da competição pela influência geopolítica e geoestratégica no continente. Na realidade, trata-se da estratégia americana de se precaver em caso de necessidade implementação do *hard power* que lhes caracteriza[279]. Resta saber qual será a resposta chinesa aos intentos americanos a nível militar, porque como afirma o Professor Marques Bessa: *"Os Estados estão certamente a procurar reforçar o seu poder quando se encarregam da defesa de outros povos, instalam bases militares no estrangeiro, enviam corpos de exército para áreas de crise, arrendam bases navais, oferecem armamento aos países amigos, deslocam quadros militares para treino local e adestramento do pessoal militar de nações associadas..."*[280].

Até ao final da guerra-fria a política externa norte-americana para a África era definida num contexto estratégico. A prioridade era dada às nações que exibiam e serviam interesses estratégicos e a África não se enquadrava no esquema de estratégia de desenvolvimento económico.

Contudo, os EUA sempre tiveram plena consciência das matérias-primas e recursos materiais que África apresenta. Conscientes disso, lançaram em 2000 o Acto de Oportunidade e Crescimento dos EUA para África (AGOA)[281], como forma de cativar os africanos face ao Acordo

---

[277] Eric Teo Chu Cheow, *US-China Ideological Rivalry Heats Up*, Japan Times, 5 de Janeiro de 2006.

[278] Este comando foi estabelecido em 2006 e os objectivos são diplomáticos, económicos e humanitário, de acordo com o governo norte-americano, e a iniciativa da sua criação provém de 2003/2004, altura em que se registou tensões petrolíferas na região do Níger Delta (grande fornecedor de petróleo aos EUA). No entanto, entendemos que os motivos passam pela afirmação militar no continente.

[279] Anexo XVII – USAFRICOM.

[280] António Marques Bessa, Ob. Cit, Lisboa, 2001, p. 98.

[281] Cfr. http://www.agoa.gov/ Este Acto consiste em atribuir preferências comerciais aos Estados que liberalizem e privatizem e não ameacem a política externa dos EUA. Cerca de 37 Estados africanos (alfuns considerados autoritários) foram considerados elegíveis. Apela-se não só aos benefícioss directos mas ao entrosamento político com os EUA que resultará de ajuda, incluindo treino militar (Cfr. Ann Tyson, *US Pushes*

Cotonou da União Europeia, ao qual Angola apenas correspondeu aos requesitos americanos para se tornar país elegível a partir de 2004[282], no mesmo ano em que a China anunciou o primeiro crédito de dois biliões de dólares, a que já se aludiu. Coincidência? De todo, nas Relações Internacionais raramente há coincidências, todas as acções têm um motivo e este caso não foi diferente.

É interessante verificar que ambas as medidas tomadas pelos principais intervenientes em África, respectivamente os EUA, União Europeia e China apelam aos esforços desempenhados pela NEPAD enquanto pomotor da democracia, transparência e mercados livres[283].

A questão central entre a China e os EUA prende-se com a oposição já referida entre Consenso vs Consenso Beijing que, concordamos com Mark Leonard[284], este último prevalecerá a longo-prazo. Dadas as perspectivas, aventamos uma reforma do Consenso de Washington como estratégia de conquista de novos aliados, e como defende Ernest Wilson III[285], melhorar o acesso dos produtos agrícolas africanos ao mercado americano, encorajar o investimento americano em África em indústrias não extractivas, ajudar a criar uma geração de líderes, intelectuais e profissionais especializados, apoiar iniciativas como a NEPAD e aumentar o apoio à redução de conflitos. Para além disso, Ernest defende que os Estados Unidos apenas querem que a China jogue com as mesmas regras formais do jogo, como as da Organização Mundial do Comércio, posição com a qual discordamos veementemente pois as regras da OMC não têm trazido benefícios para os países em desenvolvimento. O facto de existir uma potência capaz de implementar novas modalidades traz novas esperanças para o continente africano.

Anti-terrorism in Africa, Washington Post, 26 de Julho de 2005, A01. e Association of Concerned African Scholars, US Military Programs in Sb-Saharan Africa, 2001-2003: http://acas.prairienet.org/military.html)

[282] Ver Anexo XVIII: AGOA – Lista de Países Elegíveis.

[283] "Presidente Bush discusses US-Africa Partnership from South Africa": http://www.whitehouse.gov/news/releases/2003/07/20030709-35.html; Michael Lake: "NEPAD, AU and EU: The Challenges of a Relationship": http://www.eusa.org.za;

[284] Mark Leonard, *The Geopolitics of 2026*, The Economist, 16 Nov. de 2005: http://www.cer.org.uk/articles/leonard_economist_16nov05.html.

[285] Declarações às audições da Comissão de Revisão Económica e de Segurança dos Estados Unidos – China, em Agosto de 2006.

2.2. A importância do expansionismo comercial chinês

O objectivo deste ponto é analisar o fenómeno do *"going-out"* ou *"go-global"* que caracteriza a diplomacia económica chinesa, assente no papel das grandes multinacionais do país.

A China é dos países mais populosos do mundo e o seu ritmo de crescimento populacional é proporcional ao consumo de recursos naturais[286]. Como tal, a China tem-se tornado cada vez mais dependente de importações, cuja tendência mais notável é a crescente procura por recursos energéticos, onde o petróleo, como já havíamos referido em pontos anteriores, assume a liderança.

Se observarmos a performance chinesa respeitante a este recurso energético, a primeira constatação tem a ver com a rapidez com que o país de tornou de exportador para importador. Daí a campanha que teve início em 2002 para encorajar as empresas chinesas a investir no estrangeiro como forma de garantir o aprovisionamento futuro. Como consequência, as empresas chinesas, primordialmente as estatais têm procurado investir em bens estrangeiros obedecendo ao incentivo político para o século XXI[287].

Em segundo lugar, há que constatar a multiplicidade de direcções--alvo do fenómeno *going-out* ao mesmo tempo. A estratégia aborda três zonas geográficas: a vizinhança da China incluindo as porções marítimas que possibilitam os recursos naturais e energéticos; o Médio Oriente e o Golfo Pérsico (recursos energéticos); África e Américas (recursos naturais e energéticos).

Como consequência deste fenómeno destacam-se três factores: vulnerabilidade, destacabilidade e preponderância.

Quanto ao primeiro, e referindo-nos apenas a nível económico, a crescente dependência de importações torna o país vulnerável às oscilações de preços e quebras de fornecimento. Cabe à China exercer uma gestão que permita assegurar um *stock* suficiente para casos de crise dos produtos que mais procura: petróleo, ferro, alumínio.

---

[286] Cfr. Lester Brown, *China Replacing the United States as World's Leading Consumer*, World Policy Institute, February 16, 2005.
[287] Cfr. Matthew Forney, *China's Going-Out Party: Beijing is Pushing Chinese Firms to Establish a Global Presence – Despite the Many Risks that Involves*, Time International (Asia Edition) 165, no 3, January 24, 2005.

Por outro lado, e no caso do relacionamento China-Angola, as condições de concepção dos créditos existentes funcionam como garante de recursos e em caso de factores ou pressões externas o país poderá exigir lealdades político-económicas. Em caso de uma crise económica a tendência modernizante seria ameaçada e preconizamos a possibilidade de se criar uma instabilidade doméstica.

A grande dúvida consiste na já referida incompatibilidade entre o regime vigente da RPC e a tendência cada vez mais liberal, pelo que esse facto poderia servir de desculpa para por em causa o partido único.

A vulnerabilidade, em caso de agudização de relações entre os EUA e a China, que a nosso ver e a longo prazo acabarão por acontecer, incidirá no acesso aos recursos. As trocas comerciais com os países ocorrem primordialmente por via marítima, cuja liderança pertence aos EUA, daí que se invista numa coexistência pacífica.

No que concerne à destacabilidade, a China tem beneficiado da sua fama no estabelecimento de relações externas. As empresas chinesas têm assinado, acordos de desenvolvimento e exploração de recursos nos países africanos, com uma atitude cada vez mais activa e uma presença cada vez mais visível, que possibilitam a aquisição de ouro, petróleo, platina e outros minerais. A sua performance e vivacidade tem atraído as atenções um pouco por toda a parte e funcionam como íman para os países em desenvolvimento, que beneficiam do investimento chinês. A política dos Cinco Princípios de Coexistência Pacífica favorece o relacionamento a nível global, o que desagrada a alguns mas que aparece como uma benção aos países de África.

Algumas posições da RPC têm no entanto contrariado as posições de organizações internacionais, através do apoio mais ou menos explícito a governos como Sudão, à Coreia do Norte e ao Irão, o que poderá conduzir à agudização das relações com os EUA.

O investimento e a importação de recursos por parte da China têm dotado os empresários chineses de instrumentos que permitem desenvolver a sua preponderância, mormente sobre os países menos desenvolvidos como em África, América Latina ou Ásia. E, como defende Joseph Nye, a capacidade de exercer influência é poder, e no caso da RPC a experiência dita a habilidade para usar o poder do mercado para obter vantagens políticas através dos compromissos dos contratos de longo--prazo que estabelece com os países. O comércio de recursos favorece o aprofundamento dos laços entre compradores e vendedores. A estratégia chinesa assenta no investimento nos meios de extracção e processamento, assim como em óleodutos, estradas, portos e caminhos marítmos que possibilitarão o acesso à China. Os benefícios são para ambos, a China assegura a sua presença económica e o potencial para exercer influência política e os países parceiros usufruem do investimento e créditos.

De acordo com Chris Alden e Martyn Davies[288], a par das características mencionadas acima, a China desenvolve uma estratégia para as suas multinacionais em África que consiste em:

Vantagem política competitiva: Uma vontade explícita da parte da China em trabalhar com qualquer Estado, independentemente da sua posição internacional, baseada na percepção da política extrena chinesa de não interferência nos assuntos domésticos de outros Estados. Na prática isto significa que a China é capaz de investir em regimes párias com quem as firmas ocidentais não fazem negócios.

Vantagem económica comparativa: Utilização de uma estratégia de licitação de baixo-custo, centrada em mão-de-obra pouco qualificada e baixos custos de gestão. O uso de mão-de-obra chinesa pouco qualificada em projectos é uma das distinções-chave do ocidente tradicional – e das multinacionais sul-africanas em África.

Diplomacia simbólica e económica: A atenção diplomática, acoplada no apoio aos projectos de prestígio e assistência ao desenvolvimento a potenciais países recipientes pelo governo chinês é um aspecto proeminente do processo de licitação das multinacionais.

Neste sentido, as empresas chinesas vêm desempenhando uma função salutar para os sectores de construção, um papel que outrora coube às empresas europeias e companhias sul-africanas.

Os contratos realizados entre empresas chinesas a países africanos assumem as seguintes formas:

1. *Projectos fundados em empréstimos do Governo chinês ou ajuda financira aos países em desenvolvimento;*

---

[288] Chris Alden e Martyn Davies, *A Profile of the Operations of Chinese Multinationals in Africa*, South African Journal of International Affairs, Vol. 13, Issue 1, Summer/Autumn, 2006, pp. 83-96.

2. Projectos obtidos através de acordos governamentais bilaterais;
3. Projectos fundados em empréstimos do Banco Mundial, Banco Africano de Desenvolvimento, Banco Islâmico de Desenvolvimento e outras instituições do género;
4. Projectos ganhos através de um leilão internacional;
5. Projectos obtidos através de clientes locais;
6. Projectos obtidos através de sucursais das empresas chinesas.

A tese do *going-out* possibilita à China aceder a tecnologias avançadas, matérias-primas, trocas e conquistar mercados para exportação. Todos estes factores são essenciais para o momentum económico chinês.

Segundo o Centro de Estudos Chineses[289], existem um número de motivações para as empresas que apelam ao *going-out*, mormente:

✓ Recursos energéticos: dado que o consumo doméstico de petróleo continuará a crescer ao ritmo da economia;
✓ Tecnologia: aquisição ao ocidente para desenvolvimento de indústrias;
✓ Mercados: a produção em massa necessita de escoamento devido à saturação do mercado e ao facto de que, desde a sua abertura as companhias chinesas não manterem o monopólio;
✓ Diversificação: necessidade de diversificar o papel das empresas na economia;
✓ Bens Estratégicos: acesso a produtos energéticos através de joint--ventures.

Dado este enquadramento, o Professor Aaron Friedberg[290], propõe três cenários possíveis, de acordo com o esquema descrito, cuja concretização depende de alguns factores internos (evolução do sistema político) e externos (estabilidade e crescimento da economia global e disponibilidade e preços dos recursos):

---

[289] *China´s Interest and Activity in Africa´s Construction and Infrastructure Sectors*. A Research undertaking evaluating China´s involvement in Africa´s construction and infrastructure sector prepared for DFID China, Centre for Chinese Studies, Stellenbosch University, p. 12.

[290] Aaron Friedberg, *The Future of US-China relations: is conflict inevitable?*, International Security, Vol. 30, n.º 2, Fall 2005, pp. 7-45.

➢ Círculo Vicioso → Cooperação com os EUA para segurança de recursos
→ Enquadramento favorável para uma transição política interna
→ Postura mais competitiva
→ Liberalização e parceria com os EUA

➢ Procura Global de recursos
→ Ideais de Império
→ Acordos bilaterais de longo-prazo
→ Comportamento externo agressivo
→ Manutenção do actual sistema político
→ Corrida ao armamento para exercer o *hard power*

➢ Competição Controlada
→ Manutenção da ordem política doméstica
→ Acesso aos recursos continua a determinar o comportamento externo
→ Consolidação de laços com a Ásia Central

Destes cenários acrescentaríamos mais uma possibilidade à qual apelidaríamos de Estratégia Preventiva, com características das últimas propostas de Aaron Friedberg:

→ Acordos bilaterias de longo-prazo
→ Corrida ao armamento (capacidade nuclear) e posicionamento estratégico militar
→ Jogo de forças pelo controlo de recursos
→ Hegemonia em África
→ Consolidação como potência regional

Outro aspecto a focar no contexto da *ofensiva chinesa* corresponde à posição da China como *"responsible stakeholder"*[291], por forma a asse-

---

[291] Expressão utilizada pela primeira vez por Karan Bhatia, Representante do Comércio dos EUA, para referir a necessidade de a China se tornar um responsável a nível de comércio, dada a percepção de que na China, o conceito da responsabilidade de uma

gurar a sustentabilidade económica. De facto, assistimos a um grande envolvimento da China enquanto actor internacional e a percepção da sua responsabilidade tem estado na ordem do dia. Assim, a recém criada *China Stakeholder Iniciative*[292] é o reflexo do empenho em corresponder às exigências internacionais. Resta saber como a China fará o entrosamento entre a responsabilidade enquanto país doador e os Cinco Princípios de Coexistência Pacífica que guiam a não ingerência em assuntos internos.

---

companhia para a sociedade, em matéria de promoção de bem-estar social e prevenção da poluição é inexistente.

[292] De acordo com Zhouying Jin, esta iniciatica começou em Outubro de 2006, é direccionada para o Fórum Internacional Futuro 500, devido à propaganda dos Jogos Olímpicos de 2008. Abrange um grande número de companhias e o objectivo corresponde ao desenvolvimento de relações mutuamente benéficas, positivas e produtivas, entre as companhias globais e as áreas abrangidas com ênfase em três prioridades: protecção climática e segurança energética; protecção da segurança de água; proteger as populações.

CONSIDERAÇÕES FINAIS

De acordo com os objectivos desta dissertação, inerentes à complexidade da temática abordada, importa efectuar considerações finais sob a forma de carácter geral e de carácter específico que permitam situar os aspectos matriz da investigação e relacionar os resultados com as hipóteses descritas no início do trabalho.

O ponto de partida deste estudo consiste na utilização das potencialidades económicas da China para fortalecer as relações com África que assumem primazia em termos dos objectivos geopolíticos, geoestratégicos chineses e aquisição de poder nacional.

No que concerne às considerações de carácter geral, e em consonância com objectivos do país oriental, a proposta da instituição do Fórum para a Cooperação China-África, implica uma reflexão com base em dez pontos, respectivamente:

i. Pela primeira vez, o continente africano tem outro parceiro que não ocidental, que não impõe contrapartidas políticas à cooperação e não apresenta um modelo de desenvolvimento pré-definido. Pelo contrário, é dada a possibilidade de cada país assimilar alguns aspectos do *Consenso de Beijing* e aprender com a experiência chinesa;

ii. Este relacionamento, apesar de recente, confere um novo vigor à cooperação sul-sul e é uma oportunidade para os países em desenvolvimento da África encontrarem o caminho para o desenvolvimento sustentável devido ao apoio chinês e a uma parceria estratégica, em que China se assume como doadora e principal agente da cooperação, o que condiciona os benefícios do multilateralismo pois os desenvolvimentos dependem da vontade de um só actor internacional;

iii. Na plena consciência que todo o trabalho científico é um projecto inacabado, e tendo em conta a impossibilidade de se proceder a um balanço efectivo das consequências desta cooperação, aventa-se que uma hipótese para o continente se precaver dos efeitos preservos ou da possibilidade de desenvolver uma cooperação concorrencial, que até ao momento não se verifica mas que poderá ser uma consequência futura, seja implementar aquilo que apelidámos de *criação de oportunidades* e que consiste no estabelecimento de uma rede relacional o mais diversificada possível com vários actores internacionais, por forma a reduzir a dependência da China. Isto permitiria aceder a vantagens comparativas na medida em que a concorrência funcionaria a favor de África;

iv. Outra medida a adoptar é a implementação de uma só política africana para lidar com a China de molde a assegurar a *balança de poder* entre os dois intervenientes, a cargo da UA e da NEPAD, sendo que esta última funcionaria como reguladora da cooperação económica. De facto, a concertação política africana é tarefa árdua mas fundamental na nossa percepção, pois assim como há uma política da China para a África deverá haver uma política da África para a China que tenha em conta os interesses nacionais de cada país e os interesses do continente, em complementaridade. A resposta africana deve ser conjunta como forma de fazer valer os seus intentos;

v. Uma evidência deste relacionamento é a ausência de mecanismos de auscultação entre políticos e sociedade civil, pelo que as ONG poderão desempenhar uma função de vigilância em matérias sensíveis como direitos humanos, boa-governação e sustentabilidade ambiental;

vi. É dada importância aos Países de Língua Portuguesa, aos quais a China se associa usando Macau como plataforma de conexão, o que demonstra a vontade de expandir a cooperação económica a outros países que não só os africanos, permitindo aceder aos mais importantes mercados mundiais. Também esta cooperação específica abrange as duas modalidades, bilateralismo e multilateralismo, (consagrado através da CPLP);

vii. A cooperação até ao momento resume-se da parte da China à concessão de empréstimos e ajuda técnica, para além de ser um importante aliado de pressão junto da Comunidade Internacional, em troca de garantias de acesso ao petróleo e outros recursos naturais, acesso a mercados para escoamento dos seus produtos, acesso às suas empresas e uma posição geoestratégica central;

De facto, a África necessita de uma parceria genuína para obter relevo na vida internacional.

Por outro lado, a China assume-se como representante dos países em desenvolvimento no Conselho de Segurança da ONU, onde a África almeja conquistar um lugar. Aqui, a União Africana, porque acima de tudo a inclusão de um país africano significará a afirmação de um porta--voz de África, dever-se-á pronunciar em uníssono;

viii. Os aspectos descritos no ponto anterior evidenciam no entanto uma semelhança relativamente ao tradicional relacionamento entre a África e o Ocidente, na medida em que a China procura obter do continente os mesmos benefícios;

Aliás, ao efectuarmos uma análise comparativa entre a cooperação com o ocidente e com a China, verificamos que há mais semelhanças do que discordâncias. A grande diferença consiste na supracitada possibilidade de serem os africanos a escolher o seu modelo de desenvolvimento e porque não existe um histórico cooperacional, pelo que não é possível sequer aventar se este relacionamento é de facto *win-win* ou se estará condenado ao fracasso. O mesmo não se pode afirmar relativamente ao ocidente pois há todo um histórico que permite avaliar a performance e extrapolar sobre o futuro;

No entanto, advertimos para a responsabilidade africana na cooperação e nesse sentido, discorda-se com a tendência paternalista alarmante respeitante a este relacionamento;

ix. A China assume que a cooperação com África baseia-se nos Cinco Princípos de Coexistência Pacífica, no entanto o princípio da não ingerência nos assuntos internos não é rígido, como constatámos com o exemplo da ingerência indirecta através do apoio a um determinado grupo político, normalmente à classe governante que vê uma oportunidade para se manter no poder. Efectivamente, em muitas circunstâncias é desejável uma ingerência, tendo a devida atenção com a imposição de limites;

x. Os líderes africanos devem ter presente que o crescimento económico, apesar de desejável, não é a única fórmula para se atingir o pleno desenvolvimento. O exemplo chinês permite concluir esse facto, porque apesar do país apresentar boas possibilidades para se tornar a maior economia mundial, subsistem factores característicos de um país subdesenvolvido.

Quanto às considerações de carácter específico, estas assentam em catorze pontos sobre o estudo de caso – relações de cooperação China-Angola – e consistem nas seguintes:

i. Angola e a China são dois países em franco desenvolvimento económico a quem interessa uma parceria frutífera com vista à obtenção do desenvolvimento sustentável;

ii. São ambos dois países que desempenham um importante papel na zona em que se inserem devido ao posicionamento geográfico, pela capacidade de influência sobre os restantes e que procuram reconhecimento internacional;

iii. São ambos países que adquirem benefícios imediatos da cooperação: Angola usufrui de alternativa aos empréstimos e créditos ocidentais e investimento estrangeiro; acesso aos mercados chineses; um aliado para fazer valer os seus intentos de aceder ao Conselho de Segurança de ONU; a contribuição para a reconstrução do país e a troca de experiências.
Por sua vez, a China usufrui dos benefícios da cooperação com os países africanos no geral e de dois aspectos fundamentais: a utilização de Angola como influência perante os seus vizinhos e o acesso a três das maiores integrações regionais de África: a SADC, a COMESA e a CEEAC, nas quais Angola está inserida. Realçamos esse facto porque no continente, à excepção da República Democrática do Congo, apenas Angola permite a acessibilidade aos benefícios do acesso triplo às integrações regionias.

iv. Angola será o maior parceiro comercial da China em África, o que permitirá ao país tirar vantagens comerciais, mormente a nível de tarifas preferenciais;

v. Em matéria de financiamento, Angola tem a possibilidade de contar com o apoio de um país asiático. De facto, pela primeira vez um país africano recusou o estabelecimento de um acordo com o FMI, criando um precedente no modo como a instituição é vista e que a fará rever os parâmetros contratuais com os restantes países africanos;

vi. A região Ásia-Pacífico possui um elevado número populacional e constitui um vasto mercado que possibilita o escoamento das exportações angolanas;

vii. Angola padece de um *déficit* de especialização que, à luz da cooperação instaurada permitirá elevar o número de formação. Decerto irá usufruir do intercâmbio cultural e proceder à formação de tradutores em língua chinesa que facilitem a comunicação entre as partes. Acreditamos que haverá uma tendência para a emigração de mão-de-obra chinesa pouco qualificada, disposta a tentar a vida no país em crescimento. Por outro lado, Angola poderá ter dificuldades em manter um certo nível de emigrantes em virtude da tendência para a migração informal que se têm tornado *competidores directos* aos pequenos empresários africanos;

viii. A multiplicação dos actores internacionais que, por se sentirem ameaçados ou reconhecerem que Angola se encontra no caminho para o desenvolvimento oferecendo oportunidades únicas de negócios, têm mostrado disponibilidade para apoiar o país. O potencial e o crescimento exponencial de Angola têm atraído, e continuarão a fazê-lo, inúmeros actores estrangeiros, mormente a nível da banca e comércio. No entanto – advertimos – é necessário desenvolver medidas proteccionistas, à luz da recém criada Lei do Investimento Privado, que permitam assegurar a segurança nacional. Apesar dos esforços em matéria de legislação comercial há ainda um longo caminho a percorrer para estimular o desenvolvimento sustentável deste sector em franca expansão;

ix. Face ao secretismo envolto nas transacções entre os dois países, muitos duvidam da correcta aplicação dos investimentos e créditos chineses, no entanto ainda é cedo para se efectuar um balanço exacto sobre as aplicações e espera-se que o debate sobre a política económica com a China seja alvo de discussões e reflexões e que o processo seja cada vez mais transparente;

x. A contrapartida de fornecimento petrolífero não é, na nossa opinião, desejável devido às constantes oscilações do preço do petróleo. A adesão de Angola à Organização dos Países Exportadores de Petróleo, a partir de 1 de Janeiro de 2007, significou que deve obedecer às regras impostas. Caso haja uma baixa dos preços, como colmatar esse gap? E, pelo contrário, caso as subidas do preço do petróleo ocorram, como, se já há um valor pré-estabelecido, evitar que a economia saia prejudicada. A tendência, dadas as actuais conjunturas e a incursão na guerra contra o terrorismo levada a cabo pelos EUA afectará os países ricos no acesso a este recurso natural o que, a seu tempo fará subir o preço do mesmo. Face à desvalorização do dólar concordamos com a necessidade de implementar uma outra moeda para efectuar as transações.

Noutra perspectiva, a sede pelo ouro negro e a sua escassez possibilita que se jogue com o incremento do preço. Angola poderá estar a perder a oportunidade de tirar vantagens estratégicas da cooperação com a China, dado que o país será o mais afectado. Se actualmente compreendemos a necessidade de um acordo do género, dadas as faltas de opções, urge encontrar outro meio de garantir créditos. Há que ter a plena noção de que o petróleo é uma fonte limitada, por isso corre-se o risco de, segundo os analistas, em menos de 20 anos, se acabarem as reservas. Logo, como pagaremos a factura do crédito?

A estratégia do governo deve centrar-se nesta realidade e, face a isto, assentar numa descentralização económica do sector e apostar noutros sectores que não corram esse risco. Neste âmbito, aventamos a possibilidade do desenvolvimento da indústria hoteleira pelas qualidades turísticas que o país apresenta e suas riquezas naturais. Referimo-nos ao aproveitamento de áreas-chave para a implementação de zonas Turísticas Especiais (ZTUE'S) ao mesmo tempo que seria uma forma de preservar o património nacional em locais como a Serra da Leba, Barra do Kuanza, Deserto do Namíbe, a Floresta do Mayombe, as pedras negras de Pungo Andongo e de uma outra série de regiões que possuem o potencial necessário para este tipo de actividade. O sector turístico é o mais promissor a nível de futuro, pelo que Angola poderá usar os investimentos de que dispõe para esse efeitos. E, esse facto poderia contribuir para a necessária descentralização da população, que tende a agrupar-se junto dos grandes centros económicos;

xi. A nível agrícola o modelo de desenvolvimento chinês é bastante apelativo e, apesar de adaptado com algumas nuances e após o sucesso do programa de desminagem que decorre em Angola, dever-se-á facilmente adequar à realidade angolana, como de resto já tivemos oportunidade de referir;

xii. Efectivamente, O crédito chinês permite aceder a áreas negligenciadas pelas agências ocidentais e investidores privados. Nessa perspectiva, assiste-se a um aumento do investimento de empresas privadas chinesas no país, como consequência o efeito *"going-out"* ou *"go-global"*.

Mas é necessário estar atento à performance dessas empresas para evitar que se registe em Angola o contrabando de bens e prevalência de produtos de má qualidade para além da criação de um mecanismo que possibilite a redução do efeito concorrência com as empresas nacionais;

xiii. Angola irá decerto implementar uma maior legislação protectora, por forma a evitar tornar-se um país atractivo em matéria de branqueamento de capitais e outras medidas que possam hipotecar o futuro do país. A este propósito, a partir da observação, no terreno, observámos as oscilações dos preços dos imóveis urbanísticos, comprados a preços irrisórios, e que sofrem uma inflação desregulada.

xiv. Por último, devemos interpretar o desenvolvimento angolano como um processo, encarando-o numa perspectiva de longo-prazo, em consonância com os provérbios chineses: "A quem *sabe* esperar, o tempo abre portas" mas sobretudo tendo em mente que: "se quiser derrrubar uma árvore na metade do tempo, passe o dobro do tempo a amolar o machado". Tal como os chineses têm uma perspectiva de longo prazo, como tentámos demonstrar neste trabalho iniciando a sua vida activa internacional a partir de Bandung e culminando com a instituição dos Fóruns de Cooperação também os angolanos e a Comunidade Internacional devem encarar os progressos do país com paciência e paulativamente. Para além disso, voltamos a frisar, para efeitos de contabilização do desenvolvimento, o seu início data de 2002, com o final da guerra-civil.

BIBLIOGRAFIA

AAVV, *Annual Report to Congress. Military Power of the People's Republic of China 2006*, Office of the Secretary of Defense, USA, 2006.

AAVV, *Os grandes desafios do futuro – Angola 30 Anos*, Lisboa, Embaixada da República de Angola, 2006.

AGNEW, J, CORBRIDGE, S, *Mastering Space: hegemony, territory and international political economy*, London, Routledge, 1995.

ALDEN, Chris, *China in Africa*, in Survival, Londres ISS, Automn, 2005.

ALDEN, Chris, DAVIES, Martyn, *A Profile of the Operations of Chinese Multinationals in Africa*, South African Journal of International Affairs, Vol. 13, Issue 1, Summer/Autumn, 2006.

ALVES, Ana Cristina, *The Growing relevance of Africa in Chinese Foreign Policy: the case of portuguese speaking countries*, In Daxiyangguo, n.º 7, 1.º semestre de 2007.

ANDREASSON, Stefan, *Orientalism and African Development Studies: The Reductive Repetition Motif in Theories of African Underdevelopment*, Third World Quartely, 26:6, 2005.

ANGELOPOULOS, Ângelo, *O 3.º Mundo frente aos países ricos*, colecção Vida e Cultura, Livros do Brasil, 1975.

ANTUNES, José Freire (ed.), *A Guerra de África 1961-1974*, Vol. I, Lisboa, Círculo de Leitores, 1995.

ARON, Raymond, Etapas do Pensamento Sociológico, Lisboa, Publicações D. Quixote, 1994.

ARON, Raymond, *Guerre et Paix entre les Nations*, Paris, Calmann Lévy, 1964.

ARON, Raymond, *Peace and War: A Theory of International*, Garden City, New York, Doubleday & Company, 1966.

BAYNE, Nicholas, WOOLCOCK, Stephen, *The New Economic Diplomacy. Decision-making and negotiation in international economic relations, G8 and Global Governance*, Hampshire, Ashgate, 2003.

BERNARD, *Pesquisa Social*, Rio de Janeiro, Agir, s/p, 1974.

BESSA, António Marques, *Continentalidade e Maritimidade. A Política Externa dos Impérios e a Política Externa da China*, Estudos sobre a China VII, Vol. II, Lisboa, ISCSP-UTL, 2005.

BESSA, António Marques, *O Olhar de Leviathan. Introdução à Política Externa dos Estados Modernos*, Lisboa, ISCSP-UTL, 2001.

BESSA, António Marques, *Quem Governa. Uma Análise Histórico-Política do Tema da Elite*, Lisboa, ISCSP, 1993.

BROWN, Lester, China *Replacing the United States as World´s Leading Consumer*, World Policy Institute, February 16, 2005.

BRZEZINSKI, Zbiegniew, *Africa in the Comunist World*, London, Standford University Press, 1963.

BURT, Richard, ROBISON, Olin e FULTON, Barry, *Reinventing Diplomacy in the Information Age*, Washington D.C, Centre of Strategic and international Studies, 1998.

CARRIÈRE, Guy Carron, *La Diplomatie Économique. Le diplomate et le marché*, Paris, Economica, 1998.

Challenge to the South. The Report of the South Commission, London, Oxford University Press, 1990.

CHEOW, Eric Teo Chu, *US-China Ideological Rivalry Heats Up*, Japan Times, 5 de Janeiro de 2006.

DÉFRAGES, Philippe Moreau, *Introdução à Geopolítica*, Lisboa, Gradiva, 2003.

DEMBEE, Demba Moussa, *As Máscaras de Tony Blair*, Le Monde Diplomatique, Janeiro de 2006.

DOUGHERTY, James E., JR, Robert L. Pfaltzgraff, *Relações Internacionais. Teorias em Confronto*, Lisboa, Gradiva, 2003.

FETJO, François, O *Conflito China-URSS.a China perante 2 inimigos*, Vol. II, Publicações Europa-América, Lisboa, 1976.

FORNEY, Matthew, *China´s Going-Out Party: Beijing is Pushing Chinese Firms to Establish a Global Presence – Despite the Many Risks that Involves*, Time International (Asia Edition) 165, n.° 3, January 24, 2005.

FRIEDBERG, Aaron, *"Going out": China´s Pursuit of Natural Resources and Implications for the PRC´s Grand Strategy*, NBR Analysis – The National Bureau of Asian Research, Vol. 17, Number 3, September 2006.

FRIEDBERG, Aaron, *The Future of US-China relations: is conflict inevitable?*, International Security, Vol. 30, n.° 2, Fall 2005.

GAYE, Adama, *Chine-Afrique: Le dragon et l´autruche*, Paris, l´Harmattan, 2006.

GELB, Stephen, *South-South Investment: The case of Africa*, Africa in the World Economy-The National, Regional and International Challenges, Fondad, December 2005.

GILPIN, Robert, *U.S. Power and the Multinational Corporation*, New York, 1975.

GLEJDURA, Stefan, *O Conflito Sino-Soviético*, Revista de Política Internacional, n.° 73, Madrid, 1964.

HABERMAS, Jurgen, *Communication,* Evolution, Society, 1979.
HALFORD, J. Mackinder, *Le pivot géographique de l'histoire,* Stratégique, n.º 55, Paris, Fundation pour les études de défense nationale, 1992.
HANSENCLEVER, Andreas, MAYER, Peter, RITTERGER, Volker, *Theories of International Regimes,* UK, Cambridge University Press, 1997.
HARE, Paul, *China in Angola: An Emerging Energy Partnership,* China Brief, The Jamestown Foundation, Vol. 6, Issue 22, Nov. 08, 2006.
HE WENPING, *Engaging with NEPAD: A view from China,* Comunicação à Conferência China in Africa in the 21st Century: Charting the Future, Joanesburg, 16-17 Outubro de 2006.
JOHNSTON, Alaistair Lain, *Cultural realism and strategy in Maoist China,* The culture of national security, New York, Columbia University Press, 1996.
JOHNSTON, Alaistair Lain, *Cultural Realism: Strategic Culture and Grand Strategy in Chinese history,* Princeton, Princeton University Press, 1995.
JONES, Walter S., *The Logic of International Relations,* Boston, 1988.
KEOHANE, Robert, *After Hegemony,* Princeton, Princeton University Press, 2005.
KUADA, John, *Learning from Asia: Chinese Investment Inflows to Africa and their Possible Impact on African Management Practices,* African Renaissance, Julho-Agosto 2005.
KUHN, Thomas S., A estrutura das revoluções científicas, Brasil, E. Perspectiva, 1994.
KURLANTZIVK, Joshua, *Beijing´s Safari: China´s Move into Africa and Its Implications for Aid, Development and Governance,* Policy Outlook, Carnegie Endowment for International Peace, November 2006.
KUZIEMKO, Ilyana, WERKER, Eric, *How much is a Seat on the Security Council Worth? Foreign Aid and Bribery at the United Nations,* Journal of Political Economy, Vol. 114, N.º 5, 2006.
LARA, A. Sousa, *Da História das Ideias Políticas à Teoria das Ideologias,* Pedro Ferreira Editora, Lisboa, ISCSP, 2002.
LARA, António S., *Imperialismo, Descolonização, Subversão e Independência,* Lisboa, ISCSP-UTL, 2002.
LARA, António Sousa, *Ciências Políticas.Metodologia, Doutrina e Ideologia,* Lisboa, ISCSP-UTL, 1998.
LECHINI, G, BORON, A.A., *Is South South Cooperation Still Possibe?. Politics and Social Movements in Hegemonic World-Lessons from Africa, Asia and Latin America,* Buenos Aires, CLASCO, 2005.
LUYE, Li, *UN Role in Establishing a New World Order,* Beijing Review, September 30 to 6 October 1991.
MAGALHÃES, José Calvet, *Diplomacia Pura,* Lisboa, Bertrand, 1996.
MAGALHÃES, José Calvet, *Manual Diplomático,* 5.ª Ed, Lisboa, Editorial Bizâncio, 2005.

MALOHA, Eddy, KOX, Elizabeth (ed.), *Africa in the New Millenium. Chalenges and Prospects*, African Century Publications, n.º 3, Pretória, 2001.
MANJI, Firozi, MARKS, Stephen, (eds.), *African perspectives on China in Africa*, South Africa, Fahamu, 2007.
MICHEL, Louis, *Plano para a África*, Afriques, Edição Internacional, n.º 7, Fevereiro de 2006.
MORAIS, Beatriz, *A Cooperação e a Integração Regional da África Austral. A SADC: o papel de Angola*, 1.ª Ed., S. Paulo, Centro de Estudos Africanos da Universidade de S. Paulo, 1996.
MOREIRA, Adriano, *Ciência Política*, 3.ª Ed., Coimbra, Almedina, 2006.
MOREIRA, Adriano, *Direito Internacional Público*, In Separata da Revista Estudos Políticos e Sociais do ISCSP, Vol. X, Lisboa, ISCSP, 1982.
MOREIRA, Adriano, *Relações entre as Grandes Potências*, (apontamentos policopiados), Maria Regina Marchueta org., Lisboa, ISCSP-IRI, 1989.
MOREIRA, Adriano, *Teoria as Relações Internacionais*, 4.ª Ed., Lisboa, Almedina, 2002.
MORGENTHAU, Hans J., *Politics Among Nations: The Struggle for Power and Peace*, Fifth Edition, Revised, New York: Alfred A. Knopf, 1978.
MOSS, Tod, ROSE, SARA, *China ExIm Bank and Africa: New Lending, New Challenges*, Center for Global Development, November, 2006.
NETO, João Pereira, *As Províncias Portuguesas do Oriente perante as Hipóteses Geopolíticas*, Separata de Províncias Portuguesas do Oriente – Curso de Extensão Universitária, Lisboa, ISCSPU, 1966.
NEUFLAND, Mark, *The Restructuring of International Relations Theory*, UK, Cambridge University Press, 1996.
NKRUMAH, Kwame, *Neo-colonialism – The last stage of imperialism*, London, Panaf Book Ltd, 1965.
NYE, Joseph, *Soft Power Matters in Asia*, The Japan Times, Dec. 5, 2005.
NYE, Joseph, *Soft Power: The Means to Success in World Politics*, Public Affairs, 2004.
PARIS, R., *Peacebuilding and Limits of Liberal Internationalism*, International Security, Vol. 22, N.º 2, Autumn, 1997.
PEAR, Robert, *U.S. Ranked N.º 1 in Weapons Sales*, New York Times, Agosto 10, 1991.
POPPER, Karl, *O Realismo e o Objectivo da Ciência*, Lisboa, Publicações Dom Quixote, 1987.
PULIDO, João Garcia, FONSECA, Pedro, *O Petróleo e Portugal – o mundo do petróleo e o seu impacto no nosso país*, Edição Tribuna da História 2004.
RAMO, Joshua Cooper, *The Beijing Consensus*, London, The Foreign Policy Centre, May-2004.

RICHELIEU, Armand Jean du Plessis, Cardinal et Duc de, *The Political Testament of Cardinal Richelieu*, Madison, University of Wisconsin Press, 1964.
RIEFF, David, *In Defense of Afro-Pessimism*, World Policy Journal, 15:4, 1998.
ROBERTS, John M., *History of the World*, USA, 2ND Edition, USA, Oxford University Press, 1993.
RODRICK, D, *Goodbye Washington Consensus, Hello Washington Confusion*, Journal of Economic Literature, 2006.
RODRIGUES, José Caleia, *Petróleo. Qual Crise?*, Booknomics, 2006.
ROMANA, Heitor, *Jogos Chineses*, Ed. Especial do Diário Económico, N.° 4066, Fevereiro de 2007.
ROMANA, Heitor, *República Popular da China. A Sede do Poder Estratégico. Mecanismos do Processo de Decisão*, Coimbra, Almedina, 2005.
ROSE-ACKERMAN, Susan, *Corrupção e Governo*, Lisboa, Ed. Prefáco, 2001.
SANTOS, Loureiro, *O Império debaixo de Fogo. Ofensiva contra a Ordem Internacional Unipolar-Reflexões sobre Estratégia*, Sintra, Publicações Europa-América, 2006.
SECK, Tom Amadou, *Leurres du Nouveau Partenariat pou l'Afrique*, Le Monde Diplomatique, 2004, Novembre.
SEGAL, Gerald, *China and Africa*, The Annals of the American Academy, 519, Jan-1992.
SELTIZ/JAHODA/DEUTSCH/COOK. *Métodos de Pesquisa nas Relações Sociais*. São Paulo: Ed. Herder, 1965.
SHAMBAUGH, David, *China Engages Ásia. Reshaping the Regional Order*, International Security, Vol. 29, N.° 3, Winter 2004/05.
SHAXON, N., *Oil and politics: leaving countries hostages to fortune*, The Africa Report, n.° 1, Mayo de 2005.
SIDIROPOULOS, Elizabeth, *Options for the Lion in the Age of the Dragon*, South African Journal of International Affairs, Vol. 13, Issue 1, Summer/Autumn 2006.
SMITH, Steve, BOOTH, Ken, ZALEWSKI, Marysia, *International Theory: positivism and beyond UK*, Cambridge University Press, 1996.
SNOW, Edgar, *A Longa Revolução*, Lisboa, D. Quixote, 1973.
SUSBIELLE, Jean-François, *Chine-USA. La Guerre Programmée*, Paris, First Edition, 2006.
TATSUYUKI Ota, The *Role of Special Economic Zones in China's Economic Development*, Asia in Extenso, March, Tokyo University, 2003.
TAYLOR IAN, *China's Oil Diplomacy in Africa*, International Affairs, 82:5, 2006.
TELLO, José Luis Gomez, *Influencia de la China Comunista en Africa*, Coleccion Monográfica Africana, Madrid, Instituto de Estudos Africanos, 1967.
The United States – Congressional Budget Office, CBO Paper, April 2006, Pub. N.° 2561.

TORRES, Adelino, *Horizontes do Desenvolvimento Africano no Limiar do Séc. XXI*, Lisboa, Veja, 1998.
TRUMB, JAMES, *China´s African Adventure*, New York Times, 2006, Novembro 19.
TSHIYEMBÉ, Mwaila, *A difícil gestação da nova União*, Le Monde Diplomatique.
TYSSON Ann, *US Pushes Anti-terrorism in Africa*, Washington Post, 2005, Julho 26, A01.
VALENTE, Vasco Políbio, *Fundamentos de uma Política de Subversão Africana*, Revista de Estudos Políticos e Sociais, Lisboa, ISCSPU, 1966.
VINES, Alex, The Scramble for Resources: African Case Studies. South African Journal of International Affairs, Vol. 13, Issue 1, Summer/Autumn 2006.
WALTZ, Kenneth, Theory of International Politics, New York, McGraw-Hill, 1979.
WANG SHAOLI, Advancement of Drainage – Work in China, China Institute of Water Resources and Hydropower Research, 2006.
WEI DAN, *A China e a Organização Mundial do Comércio*, Coimbra, Almedina, 2001.
WILD, Leni, MEPHAM, David (Eds), *The New Sinosphere: China in Africa*, London, Institute of Public Policy Research – IPPR, 2007.
WRIGHT, Richard, *The Colour Curtain: A Report on the Bandung Conference*, USA, University Press of Mississipi, 1994.
YIPING ZHOU, *Forging a Global South*. United Nations Day for South-South Cooperation, UNDP, 19 Dezembro, 2004.
ZHAO, Suisheng, *Chinese Foreign Policy. Pragmatism and Stategic Behavior*, NYC: M.E. Sharpe Inc, 2004.

FONTES WEB

Africa: Africa Awaits SA´s Impact in UN Security Council
(http://allafrica.com/stories/200701090020.html)

AGOA
(http://www.agoa.gov/)

Angola: Oil Backed Loan Will Finance Recovery Projects
(http://www.irinnews.org/report.asp?ReportID=45688)

Angonotícias
http://www.angonotícias.com

Association of Concerned African Scholars, US Military Programs in Sub-Saharan Africa, 2001-2003
(http://acas.prairienet.org/military.html)

China´s Multilateral Diplomacy in the Ásia-Pacific
(http://www.uscc.gov/hearings/2004hearings/written_testemonies/04_02_12wrts/shirk.htm)

Fórum para a Cooperação China-África
(http://www.focac.org)

Les Contours Économiques de la CPLP, Lusotopie 1997.Lusotropicalisme, Centre d´Études d´Afrique Noire, Institut d´Études politiques de Bordeaux, pp. 19, (http://www.lusotopie.sciencesbordeaux.fr/ferreira%20Almas%2097.pdf)

MORAIS, José Pedro, Os Desafios da Globalização, Revista Elo, Cooperação e Desenvolvimento, Lisboa, Agosto de 1998
(http://www.euforic.org/elo/98mor.htm)

NEPAD, AU and EU: The Challenges of a Relationship
(http://www.eusa.org.za)

Scott Zhou, China as Africa's angel in White, Asia Times, 3 November 2006
(http://www.atimes.com/atimes/China_Business/HK03Cb04.html)

Site Oficial da Presidência dos Estados Unidos da América
President Bush discusses US-Africa Partnership from South Africa
(http://www.whitehouse.gov/news/releases/2003/07/20030709-35.html)

The Economist, 16 Nov. de 2005
(http://www.cer.org.uk/articles/leonard_economist_16nov05.html)

WHO
http://www.afro.who.int/portuguese/2002/pr20021031.html

World Economic Forum: Trade Wins: Chinese Investment in Africa
(http://weforum.org/site/kwoledgenavigator.nfs/Content/_S16446)

WU, Shiqing, CHENG, Enfu, The Washington Consensus and Bejing Consensus
(http://english.people.com.cn/200506/18/print20050618_190947.html)

ANEXOS

ANEXO I

Discurso de Ahmed Sukarno à Abertura da Conferência de Bandung

Modern History Sourcebook:
President Sukarno of Indonesia:
Speech at the Opening of the Bandung Conference, April 18 1955

This twentieth century has been a period of terrific dynamism. Perhaps the last fifty years have seen more developments and more material progress than the previous five hundred years. Man has learned to control many of the scourges which once threatened him. He has learned to consume distance. He has learned to project his voice and his picture across oceans and continents. lie has probed deep into the secrets of nature and learned how to make the desert bloom and the plants of the earth increase their bounty. He has learned how to release the immense forces locked in the smallest particles of matter.

But has man's political skill marched hand-in-hand with his technical and scientific skill? Man can chain lightning to his command-can be control the society in which be lives? The answer is No! The political skill of man has been far outstripped by technical skill, and what lie has made he cannot be sure of controlling.

The result of this is fear. And man gasps for safety and morality.

Perhaps now more than at any other moment in the history of the world, society, government and statesmanship need to be based upon the highest code of morality and ethics. And in political terms, what is the highest code of morality? It is the subordination of everything to the well-being of mankind. But today we are faced with a situation where the well-being of mankind is not always the primary consideration. Many who are in places of high power think, rather, of controlling the world.

Yes, we are living in a world of fear. The life of man today is corroded and made bitter by fear. Fear of the future, fear of the hydrogen bomb, fear of ideologies. Perhaps this fear is a greater danger than the danger itself, because it is fear which drives men to act foolishly, to act thoughtlessly, to act dangerously. ...

All of us, I am certain, are united by more important things than those which superficially divide us. We are united, for instance, by a common detestation of colonialism in whatever form it appears. We are united by a common detestation of racialism. And we are united by a common determination to preserve and stabilise peace in the world. ...

We are often told "Colonialism is dead." Let us not be deceived or even soothed by that. 1 say to you, colonialism is not yet dead. How can we say it is dead, so long as vast areas of Asia and Africa are unfree.

And, I beg of you do not think of colonialism only in the classic form which we of Indonesia, and our brothers in different parts of Asia and Africa, knew. Colonialism has also its modern dress, in the form of economic control, intellectual control, actual physical control by a small but alien community within a nation. It is a skilful and determined enemy, and it appears in many guises. It does not give up its loot easily. Wherever, whenever and however it appears, colonialism is an evil thing, and one which must be eradicated from the earth. ...

Not so very long ago we argued that peace was necessary for us because an outbreak of fighting in our part of the world would imperil our precious independence, so recently won at such great cost.

Today, the picture is more black. War would riot only mean a threat to our independence, it may mean the end of civilisation and even of human life. There is a force loose in the world whose potentiality for evil no man truly knows. Even in practice and rehearsal for war the effects may well be building up into something of unknown horror.

Not so long ago it was possible to take some little comfort from the idea that the clash, if it came, could perhaps be settled by what were called "conventional weapons "-bombs, tanks, cannon and men. Today that little grain of comfort is denied us for it has been made clear that the weapons of ultimate horror will certainly be used, and the military planning of nations is on that basis. The unconventional has become the conventional, and who knows what other examples of misguided and diabolical scientific skill have been discovered as a plague on humanity.

And do not think that the oceans and the seas will protect us. The food that we cat, the water that we drink, yes, even the very air that we breathe can be contaminated by poisons originating from thousands of miles away. And it could be that, even if we ourselves escaped lightly, the unborn generations of our children would bear on their distorted bodies the marks of our failure to control the forces which have been released on the world.

No task is more urgent than that of preserving peace. Without peace our independence means little. The rehabilitation and upbuilding of our countries will have little meaning. Our revolutions will not be allowed to run their course. ...

What can we do? We can do much! We can inject the voice of reason into world affairs. We can mobilise all the spiritual, all the moral, all the political strength of Asia and Africa on the side of peace. Yes, we! We, the peoples of Asia and Africa, 1,400,000,000 strong, far more than half the human population of the world, we can mobilise what I have called the Moral Violence of Nations in favour of peace. We can demonstrate to the minority of the world which lives on the other continents that we, the majority are for peace, not for war, and that whatever strength we have will always be thrown on to the side of peace.

In this struggle, some success has already been scored. I think it is generally recognised that the activity of the Prime Ministers of the Sponsoring Countries which invited you here had a not unimportant role to play in ending the fighting in Indo-China.

Look, the peoples of Asia raised their voices, and the world listened. It was no small victory and no negligible precedent! The five Prime Ministers did not make threats. They issued no ultimatum, they mobilised no troops. Instead they consulted together, discussed the issues, pooled their ideas, added together their individual political skills and came forward with sound and reasoned suggestions which formed the basis for a settlement of the long struggle in Indo-China.

I have often since then asked myself why these five were successful when others, with long records of diplomacy, were unsuccessful, and, in fact, had allowed a bad situation to get worse, so that there was a danger of the conflict spreading. ... I think that the answer really lies in the fact that those five Prime Ministers brought a fresh approach to bear on the problem. They were not seeking advantage for their own countries. They had no axe of power-politics to grind. They had but one interest-how to end the fighting in such a way that the chances of continuing peace and stability were enhanced. ...

So, let this Asian-African Conference be a great success! Make the "Live and let live" principle and the "Unity in Diversity" motto the unifying force which brings us all together-to seek in friendly, uninhibited discussion, ways and means by which each of us can live his own life, and let others live their own lives, in their own way, in harmony, and in peace.

If we succeed in doing so, the effect of it for the freedom, independence and the welfare of man will be great on the world at large. The Light of Understanding has again been lit, the Pillar of Cooperation again erected. The likelihood of success of this Conference is proved already by the very presence of you all here today. It is for us to give it strength, to give it the power of inspiration-to spread its message all over the World.

Fonte: from Africa-Asia Speaks from Bandong,
(DjakartaL Indonesian Ministry of Foreign Affairs, 1955), 19-29

ANEXO II

Jawaharlal Nehru, Discurso à Conferência de Bandung, 1955

Mr. Chairman, the turn this discussion has taken is a much wider one than that we had already expected. In fact, it has covered the whole major heading. We have just had the advantage of listening to the distinguished leader of the Turkish Delegation who told us what lie, as a responsible leader of the nation must do and must not do. He gave us an able statement of what I might call one side representing the views of one of the major blocs existing at the present time in the world. I have no doubt that an equally able disposition could be made on the part of the other bloc. I belong to neither and I propose to belong to neither whatever happens in the world. If we have to stand alone, we will stand by ourselves, whatever happens (and India has stood alone without any aid against a mighty Empire, the British Empire) and we propose to face all consequences. ...

We do not agree with the communist teachings, we do not agree with the anti-communist teachings, because they are both based on wrong principles. I never challenged the right of my country to defend itself; it has to. We will defend ourselves with whatever arms and strength we have, and if we have no arms we will defend ourselves without arms. I am dead certain that no country can conquer India. Even the two great power blocs together cannot conquer India; not even the atom or the hydrogen bomb. I know what my people are. But I know also that if we rely on others, whatever great powers they might be if we look to them for sustenance, then we are weak indeed. ...

My country has made mistakes. Every country makes mistakes. I have no doubt we will make mistakes; we will Stumble and fall and get up. The mistakes of my country and perhaps the mistakes of other countries here do not make a difference; but the mistakes the Great Powers make do make a difference to the world and may well bring about a terrible catastrophe. I speak with the greatest respect of these Great Powers because they are not only great in military might but in development, in culture, in civilization. But I do submit that greatness sometimes brings quite false values, false standards. When they begin to think in terms of military strength - whether it be the United Kingdom, the Soviet Union or the U.S.A. - then they are going away from the right track and the result of that will be that the overwhelming might of one country will conquer the world. Thus far the world has succeeded in preventing that; I cannot speak for the future. ...

... So far as I am concerned, it does not matter what war takes place; we will not take part in it unless we have to defend ourselves. If I join any of these big groups I lose my identity. ... If all the world were to be divided up between these two big blocs what would be the result? The inevitable result would be war. Therefore every step that takes place in reducing that area in the world which may be called the *unaligned area is* a dangerous step and leads to war. It reduces that objective, that balance, that outlook which other countries without military might can perhaps exercise.

Honorable Members laid great stress on moral force. It is with military force that we are dealing now, but I submit that moral force counts and the moral force of Asia and Africa must, in spite of the atomic and hydrogen bombs of Russia, the U.S.A. or another country, count. ...

... Many members present here do not obviously accept the communist ideology, while some of them do. For my part I do not. I am a positive person, not an 'anti' person. I want positive good for my country and the world. Therefore, are we, the countries of Asia and Africa, devoid of any positive position except being pro-communist or anti-communist? Has it come to this, that the leaders of thought who have given religions and all kinds of things to the world have to tag on to this kind of group or that and be hangers-on of this party or the other carrying out their wishes and occasionally giving an idea? It is most degrading and humiliating to any self-respecting people or nation. It is an intolerable thought to me that the great countries of Asia and Africa should come out of bondage into freedom only to degrade themselves or humiliate themselves in this way. ...

I submit to you, every pact has brought insecurity and not security to the countries which have entered into them. They have brought the danger of atomic bombs and the rest of it nearer to them than would have been the case otherwise. They have not added to the strength of any country, I submit, which it had singly. It may have produced some idea of security, but it is a false security. It is a bad thing for any country thus to be lulled into security....

....Today in the world, I do submit, not only because of the presence of these two colossuses but also because of the coming of the atomic and hydrogen-bomb age, the whole concept of war, of peace, of politics, has changed. We are thinking and acting in terms of a past age. No matter what generals and soldiers learned in the past, it is useless in this atomic age. They do not understand its implications or its use. As an eminent military critic said: 'The whole conception of War is changed. There is no precedent.' It may be so. Now it does not matter if one country is more powerful than the other in the use of the atomic bomb and the hydrogen bomb. One is more powerful in its ruin than the other. That is what is meant by saying that the point of saturation has been reached. However powerful one country is, the other is also powerful. To hit the nail on the head, the world suffers; there can be no victory. It may be said perhaps rightly that owing to this very terrible danger, people refrain from going to war. I hope so.. The difficulty is that while Governments want to refrain from war, something suddenly happens and there is war and utter ruin. There is another thing: because of the present position in the world there can be aggression. If there is aggression anywhere in the world, it is bound to result in world war. It does not matter where the aggression is. If one commits the aggression there is world war.

I want the countries here to realise it and not to think in terms of any limitation. Today, a war however limited it may be is bound to lead to a big war. Even if tactical atomic weapons, as they are called, are used, the next step would be the use of the big atomic bomb. You cannot stop these things. In a country's life and death struggle, it is not going to stop short of this. It is not going to decide on our or anybody else's resolutions but it would engage in war, ruin and annihilation of others before it annihilates itself completely. Annihilation will result not only in the countries engaged in war, but owing to the radioactive waves which go thousands and thousands of miles it will destroy everything. That is the position. It is not an academic position; it is not a position of discussing ideologies; nor is it a position of discussing past history. It is looking at the world as it is today.

Fonte: Reprinted in G. M. Kahin, *The Asian-African Conference* (Cornell University Press, 1956), pp. 64-72

ANEXO III

Discurso Complementar de Zhou EnLai à Conferência de Bandung

Dear President and Representatives:

Among you the written version of my main speech has been distributed. After having listened the speeches of numerous bosses of delegations, I´ve wanted to add something.

The Chinese delegation has gone to this conference in search of the unit, not with the desire of promoting disputes. The communists never give up to manifest our conviction that the communism and the socialism are appropriate systems. But the end of this conference is not to diffuse the personal ideologies neither the political systems of the different nations, although it is evident that among us differences exist.

The Chinese delegation has not come here to put of relief those differences, but to look for points in common. Is there a base for the search of points communes among us? Of course that´s yes. That base forms it the sufferings and the bitterness that you/they have suffered in the modern age and they continue suffering most of the Asia's countries and subjected Africans to the colonialism. This is something recognized all over the world. If instead of fomenting among us the mistrust, the fear, the rejection or the antagonism base ourselves on the common land that offers us the desire to liberate to the nations of the sufferings and penalties inflicted by the colonialism, we will be able to know ourselves better, to respect us more, to be more solidary some with other and to offer mutually bigger support. This is this way because, instead of formulating new proposals, we agree with the four objectives of the conference Asia-Africa fixed during the meeting that the first minister of five countries took place in Bogor.

As for the tense situation in the strait of Taiwan caused by the USA, we had been able to elaborate a similar proposal to that of the Soviet Union in the one that the convocation of an international conference was requested and to ask that this proposal was discussed in the present conference. The desire of the Popular Army of Liberation to liberate Taiwan and the coastal islands that are part of the Chinese territory is fully justified. In this tied internal matter with the exercise of the national sovereignty have the support of many countries. We had also been able to present a proposal on the recognition and the recovery of the legitimate one since it corresponds to the Popular Republic China in the UN. The meeting of the celebrated first five ministers the last year in Bogor, and other countries of Asia and Africa they declared that they were in favour of that their bench was returned in the UN to the Popular Republic China. We had also been able to criticize the unjust treatment that our country receives in this organization. But we have not made anything of all this, since otherwise the conference would have been plagued of discussions and any resolution would not have been adopted.

In this conference, we must look for a common land, to leave our differences to a side and the desires and demands that we share to confirm. This is our main task. We don't demand to the other ones that you/they abandon their opinions, since they reflect the differences. But that doesn't have to become an obstacle for the achievement of a consent in the main topics. We have to know us and to respect the different opinions leaving of the common land.

I don't go to speak to them of the different ideologies neither of the different social systems. We must recognize that in the Asian and African countries ideologies and different social systems are continued, that which, however, it should not block our search of points communes neither our unit. Finished the Second World War, in Asia and Africa many independent countries, some communists and other nationalists arose. The communists are less numerous. But there is who don't come with good eyes that China, with a population of 600 million inhabitants, have chosen the socialist system defended by the Communist Party of China and it has been liberated of the imperialistic yoke.

Other Asian and African many country, among them the India, Burma, Indonesia and other countries of Asia and Africa, they are governed by the nationalists. So much the countries directed for communist as the managed ones for nationalist settled down after being liberated of the colonialism and they continue fighting for that their independence is total. Why cannot we know each other better, to respect us more and to offer each other solidarity and support?

Next, I wanted to refer shortly to the freedom of religion, right that has become a common principle admitted by the countries in the contemporary time. The communists are atheistic, but we respect those who profess religious beliefs. To change, we wait that who have these beliefs they respect to who don't have them. In China the freedom is recognized of professing the religious ideas and of practicing the cult that is wanted. Apart from seven millions of communist, in our country there are dozens of millions of Muslims and Buddhist, as well as millions of Catholic Christian and Protestants. Among the members of our delegation there is an imam. This diversity doesn't affect at all to the internal unit of our country. Why in the great family formed by the countries of Asia and Africa it could not be arrived to the unit between the believers and the non believers? The provocation of religious conflicts has been relegated to the past and who raised them in own benefit they are no longer among us.

The third question that I want to approach is that of the calls subversive activities. The Chinese town has fought against the colonialism along more than one century. In an arduous process that was prolonged some three decades, the national and democratic revolutionary fight liberated by the Communist Party of China culminated finally with the victory. After the countless sufferings suffered under the imperialism, the feudalism and the government of Jiang Jieshi, the Chinese town chose the national system and the current government. The victory of the Chinese revolution was not laid the foundation in the intervention of forces foreigners, but in the power of the masses. This is a fact that you cannot not even deny who you are shown displeased by the victory of the Chinese revolution. An old Chinese proverb says: Don't make to the other ones what you would not like them to make to you." Since we oppose ourselves to the foreign inherencies, how will we interfere in the internal matters of other countries? It has been said that those more than ten millions of Chinese with double nationality residents abroad carry out subversive activities. But the certain thing is that the double nationality of the Chinese of the overseas is a problem bequeathed by the old China. And it is not necessary to forget that it is Jiang Jieshi who continues being been worth overseas of an insignificant number of Chinese of the to carry out subversive activities in some countries.

The popular government from the new China is willing to collaborate with the affected countries to solve the problem of the double nationality of the Chinese of overseas. It has also been said that the region autonomous Chinese inhabited by the Thai ethnos supposes a threat. The dozens of established ethnoses in the Chinese territory represent a population of more than 40 millions inhabitants. In our country they live ten million Thai and other so many zhuang approximately, what we find enough reason to grant them autonomy. The autonomous regions of the Chinese ethnoses are similar to the one that the ethnos gives he/she has in Burma. How is it possible that the existence of autonomous regions for the ethnoses inside the Chinese territory is considered a threat for the neighbouring countries? On the base of the Five Principles of Peaceful Coexistence, we are willing to normalize our relationships with the countries of Asia, of Africa and of the rest of the world, but mainly with our neighbours. In fact, the problem doesn't reside in that China wants to subvert other governments, but in that there is who establish advance parties in the surroundings of China to subvert our government. For example, in the but-Burmese frontier it continues there being military of Jiang Jieshi that carry out sabotage activities in one and another country. Keeping in mind the traditional friendship that unites to China and Burma, and the mutual respect for our sovereignty, is sure that the Burmese government will solve this problem.

The Chinese town chose its own government system and it supports him; China recognizes the freedom of religion; and China doesn't have intention some of subverting the neighbouring governments. Before on the contrary, our country is being the target of the subversive activities instigated openly by the government of the USA If they don't believe me, they can go personally or to send somebody to our country to check it. But we understand that who ignore these facts they harbour suspicions in this respect. As this Chinese affirms, to see something oneself a single time is much more developing that to listen hundreds of descriptions. We welcome to all the participants in this conference that you/they want to visit our country in any moment. We have not lifted any bamboo curtain, but there is who try of spreading a toxic fog among us.

1600 millions of Asian and of Africans they hope this conference is a success. All the countries and towns of the world lovers of the peace hope the celebration of this conference contributes to the amplification of the sphere of the peace and the establishment of the collective peace. I call to the Asian and African countries to unite and to make an effort for the success of the Conference Afro Asiatic!

ANEXO IV

Declaração Conjunta sobre a Nova Associação Estratégica da Ásia-África

DECLARATION
ON
THE NEW ASIAN-AFRICAN
STRATEGIC PARTNERSHIP

We, the Leaders of Asian and African countries, have gathered in Jakarta, Indonesia on 22-23 April 2005 for the Asian-African Summit to reinvigorate the Spirit of Bandung as enshrined in the Final Communiqué of the 1955 Asian-African Conference and to chart the future cooperation between our two continents towards a New Asian-African Strategic Partnership (NAASP).

We reiterate our conviction that the Spirit of Bandung, the core principles of which are solidarity, friendship and cooperation, continues to be a solid, relevant and effective foundation for fostering better relations among Asian and African countries and resolving global issues of common concern. The 1955 Bandung Conference remains as a beacon in guiding the future progress of Asia and Africa.

We note with satisfaction that since the 1955 Conference, Asian and African countries have attained significant political advances. We have successfully combated the scourge of colonialism and consistently fought racism. In particular, the abolishment of apartheid represents a milestone in Asian-African cooperation and we reaffirm our continued determination to eradicate racism and all forms of discrimination. As a result of our efforts over the last fifty years, we are all independent, sovereign and equal nations striving for the promotion of human rights, democracy, and the rule of law. However, having made these political gains, we are concerned that we have not yet attained commensurate progress in the social and economic spheres. We recognize the need to continuously strengthen the process of nation and state-building, as well as social integration.

We remain committed to the principle of self-determination as set forth in the Final Communiqué of the 1955 Bandung Conference and in accordance with the Charter of the United Nations. In particular, we express our abhorrence that, fifty years since the 1955 Bandung Conference, the Palestinian people remain deprived of their right to independence. We remain steadfast in our support for the Palestinian people and the creation of a viable and sovereign Palestinian state, in accordance with relevant United Nations resolutions. We emphasize the importance of multilateral approaches to international relations and the need for countries to strictly abide by the principles of international law, in particular the Charter of the United Nations. As Asia and Africa represent the majority in the community of nations, we reaffirm the need to support and strengthen multilateralism in order to address global issues, including reforming multilateral institutions.

We recognize that the current global situation and the prevailing conditions in Asia and Africa necessitate the need to actively pursue a common view and collective action to ensure the equitable sharing of the benefits of globalization. We are determined to meet the internationally agreed targets and goals aimed at poverty eradication, development and growth, and underline the necessity for all parties to honour their commitments in this regard. We emphasize the importance of enhancing cooperation with all regions.

We underline the importance of dialogue among civilizations to promote a culture of peace, tolerance and respect for religious, cultural, language and racial diversities as well as gender equality.

We acknowledge the positive development of intra-regional/sub-regional integration in both continents. Nevertheless, continent-wide inter-regional cooperation among the two continents needs to be developed. We are convinced that cooperation between sub-regional organizations, through sharing experiences and best practices, can propel growth and sustainable development.

We underline the importance of bringing the regions closer together by utilizing the advantages derived from the commonalities and diversity of, as well as the new and encouraging developments in, both regions. We emphasize both the collective responsibilities and the important role of all stakeholders in exploring innovative and concrete ways and means to strengthen cooperation between Asia and Africa.

In this regard, we acknowledge the importance of complementing and building upon existing initiatives that link the two continents, *inter alia* Tokyo International Conference on African Development (TICAD), China-Africa Cooperation Forum (CACF), India-Africa Cooperation, Indonesia-Brunei Darussalam sponsored Non-Aligned Movement Centre for South-South Technical Cooperation, Vietnam-Africa Forum, and the Smart Partnership Initiative and the Langkawi International Dialogue. We stress the importance of streamlining and aligning existing initiatives for coherence and maximum benefit and to avoid duplication.

We acknowledge the New Partnership for Africa's Development (NEPAD) as the African Union's programme for poverty eradication, socio-economic development and growth and accept it as the framework for engagement with Africa. We express our support for the implementation of NEPAD.

We underscore the urgency of promoting economic development in the Asian and African regions, as stipulated in the 1955 Bandung Conference. We stress that poverty and under-development, gender mainstreaming, communicable diseases, environmental degradation, natural disasters, drought and desertification, digital divide, inequitable market access, and foreign debt, remain as issues of common concern which call for our closer cooperation and collective action.

We envision an Asian-African region at peace with itself and with the world at large working together as a concert of nations in harmony, non-exclusive, bonded in dynamic partnership and conscious of our historical ties and cultural heritage. We visualize an affluent Asian-African region characterized by equitable growth, sustainable development as well as a common determination to enhance the quality of life and well-being of our people. We further envisage a caring Asian-African society where the people live in stability, prosperity, dignity and free from the fear of violence, oppression and injustice.

To this end, we hereby declare, as an expression of our new political will, the establishment of a New Asian-African Strategic Partnership (NAASP) as a framework to build a bridge between Asia and Africa covering three broad areas of partnership, namely political solidarity, economic cooperation, and socio-cultural relations. The strategic partnership provides a momentum in achieving peace, prosperity and progress, and will be based on the following principles and ideals:

1. The Ten Principles of Bandung of the 1955 Asian – African Conference;
2. Recognition of diversity between and within the regions, including different social and economic systems and levels of development;
   Commitment to open dialogue, based on mutual respect and benefit;
4. Promotion of non-exclusive cooperation by involving all stakeholders;
5. Attainment of practical and sustainable cooperation based on comparative advantage, equal partnership, common ownership and vision, as well as a firm and shared conviction to address common challenges;
6. Promotion of sustainable partnership by complementing and building upon existing regional/sub-regional initiatives in Asia and Africa;
7. Promotion of a just, democratic, transparent, accountable and harmonious society;
8. Promotion and protection of human rights and fundamental freedoms, including the right to development;
9. Promotion of collective and unified efforts in multilateral fora.

The NAASP shall emphasize the need to promote practical cooperation between the two continents in areas such as trade, industry, investment, finance, tourism, information and communication technology, energy, health, transportation, agriculture, water resources and fisheries.

The NAASP shall also address issues of common concern such as, armed conflict, weapons of mass destruction, transnational organized crimes and terrorism, which are fundamental to ensuring peace, stability, and security.

We are determined to prevent conflict and resolve disputes by peaceful means and endeavor to explore innovative mechanisms for confidence building and dispute resolution as well as for post- conflict peace building.

The NAASP shall promote human resource development, enhanced capacity building and technical cooperation in order to create an enabling environment for the betterment of the regions.

We resolve that the sustainability of the NAASP shall be conducted through three tiers of interaction: an intergovernmental forum; sub-regional organizations; and people-to-people interaction, particularly business, academia, and civil society.

We are determined to develop an institutionalized process of the NAASP through convening: a Summit of Heads of State/Government every four years; a Ministerial Meeting of Foreign Ministers every two years; and Sectoral Ministerial and other Technical Meetings when deemed necessary. A Business Summit in conjunction with the Summit of Heads of State/Government will be held every four years.

We pledge to our peoples our joint determination and commitment to bringing the NAASP into reality by implementing concrete actions for the benefit and prosperity of our peoples.

Done in Bandung, Indonesia, on the Twenty-fourth of April in the year Two Thousand and Five, in conjunction with the Commemoration of the Golden Jubilee of the Asian-African Conference of 1955.

JOINT MINISTERIAL STATEMENT ON THE NEW ASIAN-AFRICAN STRATEGIC PARTNERSHIP PLAN OF ACTION

We, the Ministers of the Asian-African countries, assembled in Jakarta on 20 April 2005 for the Asian-African Ministerial Meeting:

Reaffirming our commitment to the Spirit and Principles of Bandung as enshrined in the Final Communique of the 1955 Asian-African Conference and the Charter of the United Nations;

Acknowledging the need to build a bridge between Asia and Africa based on shared vision and conviction, solidarity, equal partnership, common ownership, mutual respect, interest and strength;

Emphasizing the importance of complementing and building upon existing initiatives as well as internationally agreed development targets and goals emanating from various Conferences and Summits inter alia Millennium Development Goals, Monterrey Consensus, Johannesburg Plan of Implementation, and Doha Development Agenda;

Recognizing the need to enhance technical cooperation and capacity building as well as human resource development to address challenges of common concern;

Emphasizing the prominent and leading role of all Asian and African regional and sub-regional organizations in the NAASP, and the supportive role of regional development banks and United Nations regional economic commissions in promoting Asian-African partnership;

Desiring to realize mutually beneficial areas of cooperation that are pragmatic, structured, and sustainable;

To these ends, we shall strive to implement the following concrete measures in three broad areas of partnership, to which we assign special significance:

A. POLITICAL SOLIDARITY

1. Promoting conditions essential for greater political cooperation and confidence Striving to prevent conflict and resolve disputes by peaceful means including through enhanced dialogue, preventive diplomacy, conflict resolution and post-conflict reconstruction;

3. Encouraging regional, sub-regional and national mechanisms for preventing conflict and promoting political stability and supporting efforts in peace keeping and post-conflict peace- building;

4. Supporting the peaceful settlement of the question of Palestine and a lasting peace in the Middle East and calling upon the Quartet and the international community to ensure the implementation of the Roadmap;

5. Strengthening democratic institutions and popular participation by, among others, sharing of best practices and experiences;

6. Promoting and protecting human rights and fundamental freedoms through dialogue and capacity building;

7. Strengthening international and inter-regional cooperation to fight terrorism in all its forms and manifestations in full conformity with international law as well as to a address its underlying causes;

8. Combating transnational crimes in all its dimensions inter-alia money laundering, illicit trafficking of drugs, small arms and light weapons as well as trafficking in persons particularly women and children, through capacity building among law enforcement agencies in the two regions;

9. Preventing and combating corruption through promoting good governance and a culture of integrity based on the rule of law;

10. Promoting the reform of the United Nations with the aims of strengthening multilateralism, reinforcing the role of the United Nations in maintaining and promoting international peace, security and sustainable development, as well as ensuring greater participation for and share among Asian and African countries in its decision-making processes.

B. ECONOMIC COOPERATION

1. Supporting efforts to create an enabling international economic environ-

ment, which is critical for Asian and African countries to acquire the requisite capacities to successfully compete and fully benefit from globalization;

2. Resolving the issue of poverty in a collective and comprehensive fashion through mobilizing resources for sustained economic growth, resolving debt building, conducive to the attainment of peace and stability in both regions;

issues, developing internationally agreed innovative financial mechanisms, capital market cooperation, ensuring flows of international development assistance, improving market access and addressing unfair and trade-distorting subsidies, addressing weak and unstable commodity prices, and enhancing flows of investment;

3. Promoting and facilitating direct trade and investment between Asia and Africa;

4. Maximizing the benefits of trade liberalization through improved market access for products of export interest to Asian and African countries, including by striving to provide voluntary non-reciprocal market access for Asian-African Least Developed Countries (LDCs);

5. Building effective and targeted technical assistance and capacity building programs to allow Asian and African countries to integrate into the world economy and enhance competitiveness;

6. Striving for sustainable development, food security, and rural development through enhanced cooperation in the areas of agriculture, water resources, fishery, and forestry;

7. Maximizing the benefits arising from the protection of intellectual property rights by inter alia advancing the protection of genetic resources, traditional knowledge and folklore, as well as from flexibilities provided by trade related intellectual property rights agreements;

8. Strengthening cooperation among Small and Medium Enterprises (SMEs) in Asian and African Countries by means of education and skill enhancement as well as sharing best practices and experiences;

9. Strengthening cooperation in narrowing the digital divide, creating digital opportunities, and supporting initiatives such as the World Summit on the Information Society (WSIS) aimed at harnessing the potential of information and communication technologies for development;

10. Fostering research and development and the sharing of relevant technologies, including nanotechnology, biotechnology, and vaccine research;

11. Promoting the development of sustainable energy resources and technologies including geothermal, biogas, solar, hydro-power, and nuclear energy for peaceful purposes;

12. Undertaking joint exploration of the Indian Ocean, including marine resources, marine scientific research, safety of navigation and communication at

sea, and search and rescue operations, to further bridge the divide between the two regions;

13. Encouraging the establishment of an Asia-Africa Business Forum to enable greater contact among private sectors in contributing to increased flows of trade and investment among Asian and African countries.

C. SOCIO-CULTURAL RELATIONS

1. Fostering greater people-to-people contacts so as to enrich civil society and good governance as well as ensure that cooperation development reaches the different levels of society in countries in Asia and Africa;

2. Enhancing dialogue among civilizations, including interfaith dialogues, with a view to promoting peace and development through mutual understanding and tolerance among societies;

3. Promoting mutual understanding of diverse cultures and societies through inter alia cultural exchanges, preserving and restoring the cultural heritage of our peoples and the establishment of a Cultural Dialogue Forum;

4. Advancing youth, gender equality, education, science and technology, with a view to enhancing the capacity of human resources, overcoming illiteracy and improving the quality of life;

5. Fighting against HIV/AIDS, tuberculosis, malaria and various other epidemics and communicable diseases through prevention, treatment and care which are based on the advancement of public community health, a coordinated and sustained global response, as well as greater availability of medicines at an affordable price;

6. Enhancing the role of the media in promoting the sharing of information and greater knowledge of the ways of life in Asian and African countries;

7. Developing a network among universities, libraries, research institutions and centers of excellence in Asia and Africa, including linkages with existing regional, inter-regional and international agencies, with a view to sharing and expanding the pool of resources, skills and knowledge as well as developing mechanisms for scholarships and exchanges;

8. Building cooperation to improve environment protection, through interalia, responsible use of non-renewable natural resources, transfer of environmentally sound technology; . Striving for improved management and conservation of biodiversity while respecting and protecting the rights and socio-cultural practices of local communities;

10. Advancing efforts to create an emergency preparedness mechanism and early warning system concomitant with on-going efforts to better deal with and mitigate natural disasters.

We appreciate the efforts of several countries and organizations that conducted studies, as mandated by the Asian-African Sub-Regional Organizations

(AASROC) Ministerial Working Group Meeting and AASROC II. We express our satisfaction with the deliberations of the Sub-Regional Organizations in also providing concrete recommendations to further our cooperation.

We welcome the efforts of the business community to promote closer economic and trade cooperation through the convening of the First Asian-African Business Summit. We look forward to continued progress and interaction between our business communities.

We acknowledge with appreciation the outcomes emanating from the Workshop on the Role of Women and Youth in Furthering Asia-Africa Cooperation as well as the Asian-African Symposium on Renewable Energy.

We welcome the generosity of the Provincial Government of West Java in providing a venue in Bandung, Indonesia, for the establishment of an Asian African Village in celebration of the mutual bond of friendship between Africa and Asia.

We note with appreciation the Co-chairmanship of Indonesia and South Africa, and the warm hospitality and excellent arrangements made for the Meeting by the Government and people of the Republic of Indonesia.

Fonte: http://www.iss.org.za/AF/RegOrg/unity_to_union/pdfs/asiaafrica/badungdecapr05.pdf

ANEXO V

Países ACP[293]

Africa

- Angola
- Benin
- Botswana
- Burkina Faso
- Burundi
- Camarões
- Cabo-Verde
- República Centro Africana
- Chad
- Comoros
- Congo-Brazzaville
- Congo-Kinshasa
- Costa do Marfime
- Djibouti
- EGuiné Equatorial
- Eritreia
- Etiópia
- Gabão
- Gâmbia
- Gana
- Guiné
- Guiné-Bissau
- Kenya
- Lesoto
- Libéria
- Madagáscar
- Malawi
- Mali
- Mauritânia
- Mauricios
- Moçambique
- Namíbia
- Niger
- Nigéria
- Ruanda
- São Tomé e Príncipe
- Senegal
- Seychelles
- Serra Leoa
- Somália
- Africa do Sul
- Sudão
- Suazilândia
- Tanzânia
- Togo
- Uganda
- Zâmbia
- Zimbabué

CARAÍBAS

- Antigua e Barbuda
- Bahamas
- Barbados
- Belize
- Cuba
- Dominica
- República Dominicana
- Granada
- Guiana
- Haiti
- Jamaica
- Saint Kitts and Nevis
- Santa Luzia
- São Vicente e Grenadines
- Suriname
- Trinidade e Tobago

PACÍFICO

- Ilhas Cook
- Timor-Leste
- Fiji
- Kiribati
- Ilhas Marshall
- Micronésia
- Nauru
- Niue
- Palau
- Papua Nova Guiné
- Samoa
- Ilhas Salomão
- Tonga
- Tuvalu
- Vanuatu

---

[293] Fonte: http://en.wikipedia.org/wiki/ACP_countries;
http://ec.europa.eu/development/Geographical/CotonouIntro_en.cfm

ANEXO VI

Plano de Acção de Addis-Ababa
Forum on China-Africa Cooperation-Addis Ababa Action Plan
(2004-2006)

PREAMBLE

1.1 We, the ministers in charge of foreign affairs and international economic cooperation from China and 44 African countries, met in Addis Ababa, capital of Ethiopia from 15-16 December 2003 for the Second Ministerial Conference of the Forum on China-Africa Cooperation.

1.2 In conformity with the principles and objectives of intensifying consultations and expanding cooperation as upheld by the Forum on China-Africa Cooperation (hereinafter the "Forum"), we reviewed the progress of joint implementation by China and African countries (hereinafter the "Two Sides") of the follow-up actions of the Forum on China-Africa Cooperation-Ministerial Conference Beijing 2000, held consultations on cooperation between the Two Sides in the fields listed below for the period from 2004 to 2006 and adopted unanimously this Action Plan.

1.3 We are convinced that the Action Plan will facilitate the implementation of the principles and objectives set out in the Beijing Declaration of the Forum on China-Africa Cooperation and the Programme for China-Africa Cooperation in Economic and Social Development. We are determined to make the new China-Africa partnership a highly dynamic and effective one by working together to implement the Action Plan with concrete measures.

2. POLITCAL AFFAIRS, PEACE AND SECURITY

2.1 High-level Exchanges and Political Dialogue

2.1.1 We note that since the Forum on China-Africa Cooperation-Ministerial Conference Beijing 2000, the Two Sides have maintained frequent exchange of high-level visits, which has led to a high-level political dialogue and cooperation. The Forum mechanism has improved and the consultation mechanism and dialogue channels between the Two Sides are diversified with the establishment of political consultation mechanisms and joint committees on economic cooperation and trade and on science and technology between China and some African countries, laying a sound political foundation for the implementation of the follow-up actions of the Forum and development of friendly and cooperative relations between the Two Sides in different fields.

2.1.2 We recognize the importance of high-level visits and the dialogue to enhancing consultation and cooperation between the Two Sides under the new situation and agree to promote the exchange of high-level visits and meetings between our leaders, enrich the contents of such visits and political dialogues, and with regards to peace and development and other important issues, expand common ground, coordinate positions, deepen cooperation, share experiences and pursue common development.

2.1.3 We reaffirm that the principles enshrined in the Charter of the United Nations and the Constitutive Act of the African Union, the Five Principles of Peaceful Co-existence as well as other universally recognized norms governing international relations must be respected.

2.1.4 We agree to give full support to the various existing dialogue mechanisms under the overall framework of the Forum and make political dialogue more oriented towards comprehensive cooperation.

2.2 Peace and Security

2.2.1 We note with satisfaction the deepening of cooperation between the Two Sides in resolving regional conflicts and other problems in Africa. We appreciate China's participation in peacekeeping operations in Africa and express the hope that in order to make this operation fulfill the mandate early, China should consider intensifying participation. In this context also and in order to strengthen the capacity of African States to undertake Peace Keeping operations, China should give consideration to support Africa in the areas of logistics.

2.2.2 We are resolved to step up cooperation and work together to support an even greater role of the United Nations, the African Union and other sub-regional African organizations in preventing, mediating and resolving conflicts in Africa. We will continue to pay attention to the issue of African refugees and displaced persons. China will continue its active participation in the peacekeeping operations and de-mining process in Africa and provide, within the limits of its capabilities, financial and material assistance as well as relevant training to the Peace and Security Council of the African Union. In order to strengthen the capacity of African States to undertake peacekeeping operations, we look forward to the strengthening of China's cooperation with African States and Sub -regional organizations in the areas of logistics.

2.3 Non-Traditional Security Issues

2.3.1 We realize that non-traditional security issues such as terrorism, small arms trafficking, drug trafficking, illegal migration, transnational economic crimes, infectious diseases and natural disasters have become new variables affecting international and regional security, posing new challenges to international and regional peace and stability.

2.3.2 We further agree that non-traditional security issues, given their complexity and profound background, must be addressed with an integrated approach of political, economic, legal, scientific and technological means and through extensive and effective international cooperation.

2.3.3 We are determined to intensify dialogue on the way forward for our coordination and joint action in respect of new non-traditional security issues.

2.4 Terrorism

2.4.1 We agree that terrorism is a threat to peace and security of all countries and therefore must be fought through close and effective cooperation. China supports Africa's efforts to prevent and combat terrorism, including its adoption of a counter-terrorism convention and the establishment of a centre of studies and research on terrorism in Algiers.

2.4.2 We agree to further strengthen our cooperation in combating terrorism under the auspices of the United Nations and at other international fora.

3. MULTILATERAL COOPERATION

3.1 Cooperation on International Affairs

3.1.1 We note that consultations and cooperation between the Two Sides on international affairs are gaining momentum, which is evidenced by their common position, mutual support and joint efforts to safeguard their common interests on major issues of principle such as national sovereignty and territorial integrity, non-interference in internal affairs, peaceful settlement of disputes, peaceful co-existence, national dignity and right to development.

3.1.2 We recognize that the world is undergoing complex and profound changes with peace and development remaining the major themes of our era. Destabilizing factors against world peace and security are on the rise, while the unfair and inequitable international order has not seen fundamental changes. Economic globalization, on the other hand, has reinforced interdependence among countries and regions, while at the same time bringing more challenges than opportunities to developing countries. Under such new situations, both sides reaffirmed that it is necessary for them to step up their consultations and cooperation.

3.1.3 The Two Sides agree to strengthen their coordination and mutual support in multilateral fields. China reaffirms its position and commitment that as a permanent member of the UN Security Council, it will as always stand by the African countries at the United Nations and other international fora and support proposals and positions of the African Union.

3.1.4 We are resolved to intensify, within the framework of the Forum, consultations and substantial cooperation between the Two Sides in the UN system, the World Trade Organization and other international organizations. The Chinese side pledges to support those African countries that are not yet WTO members in their efforts to join the organization.

3.1.5 The Two Sides welcome the adoption by the UN General Assembly during its 57th session of Resolution 57/265 related to the effective and immediate establishment of the "World Solidarity Fund for the Struggle Against Poverty", and appeal to the regional and international organizations concerned to implement this resolution with a view to ensuring speedy and concrete operation of the Fund.

3.2 The Forum Mechanism and the AU/NEPAD

3.2.1 We note the unremitting efforts of African countries to promote their unity and revitalize their economy, particularly the general framework developed by the AU through the NEPAD process for democracy, unity, rejuvenation and development of Africa. The African side expresses its appreciation for the attention and support of China in this respect. We call upon the international community to pay greater attention to the special challenges and difficulties facing the African continent, and provide stronger support and assistance to African governments and peoples in accordance with the priorities outlined in NEPAD document.

3.2.2 The Chinese side, encouraged by the progress of the NEPAD implementation and African regional cooperation, will support and assist African countries in realizing their objectives for peace and development of the continent. China will, under the framework of the Forum on China-Africa Cooperation, take concrete measures to strengthen cooperation with African countries, African regional and sub-regional organizations in priority sectors identified under the NEPAD, such as infrastructure development, prevention and treatment of communicable and infectious diseases (HIV/AIDS, malaria and tuberculosis, etc.) human resources development and agriculture.

3.2.3 In order to promote and develop a mutually beneficial cooperation in all these sectors, both parties need to enhance consultation and coordination.

4. ECONOMIC DEVELOPMENT

4.1 Agriculture

4.1.1 We recognize that agricultural development is an effective approach to ensure food security, eradicate poverty and improve people's livelihood in Africa. To strengthen cooperation in agriculture, which will facilitate experience-sharing and promote Africa's economic development, is an important measure to consolidate follow-up actions to the Forum, to develop agriculture in order to strengthen the food security of Africa and to increase its exports to China and other markets.

4.1.2 We take note of the positive efforts and the experience thus accumulated by agricultural institutions of the Two Sides in developing exchanges, exploring new measures for agricultural cooperation and strengthening agro-technological cooperation and personnel training. We agree that a work plan on China-Africa agricultural cooperation for the period 2004-2006 is essential for enhanced agricultural cooperation in such areas as land and water resource management, agro-infrastructure development, farming, breeding, aquaculture, food security, exchange and transfer of applied agricultural technology, skills transfer, technical assistance, manufacturing of farm machinery and processing of farm produce.China will continue to support and encourage strong and viable Chinese enterprises, through financial and policy incentive schemes, to develop agricultural cooperation projects in Africa.

4.2 Infrastructure

4.2.1 We agree that underdeveloped infrastructure is still an obstacle to Africa's social and economic development. Infrastructure development and improvement have been identified by African countries as one of the priority areas under NEPAD. We note that the Chinese Government has for decades provided loans and grant assistance to African countries mainly to help them build roads, bridges, hospitals, schools and other infrastructure projects, thus making positive contribution to social and economic development of recipient countries.

4.2.2 We agree to continue to place infrastructure development on top of China-Africa cooperation agenda and actively explore diversified forms of mutually beneficial cooperation. To this effect, China will support particularly the infrastructural projects aiming at contributing to the reduction of the negative impact on land locked economies due to lack of access to the sea. China will encourage its enterprises to take an active part in Africa's infrastructure projects and expand cooperation in transportation, telecommunication, energy, water supply, electricity and other fields.

African countries welcome China's position and will identify priority projects under the principle of friendly consultation and acting in accordance with one's capability. Enterprises on both sides are encouraged to conduct mutually beneficial cooperation, particularly in areas like roads, construction, telecommunication and power supply.

4.3 Trade

4.3.1 We take note of the rapid development of China-Africa trade, the continued growth of trade volume, the increasing movement of business people and the continued improvement of trade laws and regulations.

4.3.2 We recognize the need to expand the balanced two-way trade between the Two Sides.

4.3.3 We also recognize the importance of greater market access, which should be complemented by enhancing the supply capabilities of African countries.

4.3.4 The Chinese side has decided to grant zero-tariff treatment to some commodities of African LDCs for access to Chinese market. The Chinese side will, starting from 2004, negotiate lists of tariff-free goods and the rules of origin with the countries concerned on a bilateral basis.

African countries express their appreciation of China's gesture. The countries concerned are ready to cooperate closely with China in identifying such tariff-free goods and determining the rules of origin and to make all necessary preparations for the bilateral negotiation for that purpose.

4.4 Investment

4.4.1 We take note of the continuous increase of mutual investment between the Two Sides, particularly the rapid growth in China's investment in Africa. Our Governments' measures to support and encourage enterprise investment have produced initial results.

4.4.2 We agree that the "China-Africa Business Conference", which was held in parallel with the Ministerial Conference, has contributed to better mutual understanding between entrepreneurs on the Two Sides and will boost investment and cooperation. We reaffirm our support and encouragement to enterprises of our respective countries to implement the investment and cooperation initiatives reached at the Business Conference.

4.4.3 We are resolved to take concrete measures to continuously promote investment in both directions. China will further encourage and support its strong and viable enterprises of all ownerships to invest in Africa, including through the creation of China-Africa joint ventures aimed at encouraging the transfer of technology and the creation of employment in African countries. Both sides agree to take investment facilitation measures by also focusing on simplification of approval procedures for Chinese companies, which are interested in investing in Africa. African countries are encouraged to conclude with China bilateral agreements on investment protection and on the avoidance of double taxation.

4.4.4 African countries and regional groupings are urged to designate a competent organization to hold consultations with the China Council for the Promotion of International Trade (CCPIT) with a view to establishing a China-Africa Chamber of Industry and Commerce at an early date.

4.5 Tourism Cooperation

4.5.1 We agree that tourism development by African countries is an effective measure to boost national economic development. We note that tourism cooperation between China and some African countries have made substantive progress.

4.5.2 With a view to further enhancing China-Africa tourism cooperation and cognizant of China's significant gesture of granting Approved Destination Status (ADS) to Mauritius, Zimbabwe, Tanzania, Kenya, Ethiopia, Seychelles, Tunisia, and Zambia, African countries call on China to grant ADS to other African countries.

4.6 Debt Relief

4.6.1 African countries note with satisfaction that China has signed protocols on debt relief and cancellation with 31 least developed and heavily indebted poor countries (HIPC) in Africa ahead of its committed schedule, reducing or canceling altogether 156 matured debts totaling RMB 10.5 billion Yuan. African countries express their appreciation to China, which has heavy foreign debts of its own, for what it has done to reduce the African debts owed to the country.
4.6.2 The African debt issue constitutes one of the major obstacles to Africa's development. The Two Sides are resolved to work closely and continuously to urge the international community to pay greater attention to the issue and seek an expeditious solution. China is ready to coordinate its position with African countries at international fora and appeal to the international community, particularly developed countries, to take concrete steps to implement expeditiously the HIPC Debt Initiative. This should include the new approach for those countries with low and intermediate income that are not eligible for HIPC Debt Initiative and alleviate the burden on Africa's economic development and rejuvenation.

4.7 Development Assistance

4.7.1 African countries take note of the positive efforts of China, which is itself an assistance recipient country, to provide assistance to African countries to the best of its capability.

4.7.2 To support the development cause of African countries, China agrees to continue to provide, in light of China's financial position and economic development, economic assistance to African countries without attaching any political conditions and increase grant assistance as may be appropriate for projects to be agreed by both sides.

African countries undertake that they will, in the spirit of South-South cooperation and under the principle of acting in accordance with one's capability, propose, discuss and reach agreement with China on priority projects and strive to ensure their implementation.

4.8 Natural Resources and Energy Development

4.8.1 We recognize that the Two Sides share the same position on sustainable exploration and utilization of natural resources to promote social and economic prosperity and development of mankind. The cooperation between the Two Sides on natural resources exploration, particularly energy development, has been very productive, but the scope of such cooperation has yet to be expanded.

4.8.2 In this regard, we agree to strengthen our consultations on such cooperation and work out modalities to promote the objectives. China is ready to take an active part in resources development projects in African countries and increase its investment in this area under the principle of mutual benefit, reciprocity and sustainable development. African countries will provide all necessary information to and accord facilities for Chinese enterprises and promote the effective cooperation between enterprises on the Two Sides in accordance with international commercial rules and practice.

The Two Sides undertake to see to it that all cooperation projects comply with the principle of environmental protection and that enterprises implementing cooperation projects formulate specific plans for environmental protection in general and forestry exploitation in particular.

5. SOCIAL DEVELOPMENT

5.1 Human Resources Development and Educational Cooperation

5.1.1 We note that as a follow-up to the Forum on China-Africa Cooperation — Ministerial Conference Beijing 2000, China has set up an African Human Resources Development Fund exclusively for African personnel training. Over the past three years, China has organized training courses or programmes of diverse forms for Africa under this special fund.

African countries, attaching great importance to stronger cooperation with China in human resources development, have initiated cooperation plans and provided logistic support for training programmes and cooperation projects.

5.1.2 We are fully aware of the vital importance of talent training and capacity building to sustainable development in Africa and of the great potential for cooperation between the Two Sides in human resources development.

5.1.3 We are resolved to take concrete measures to strengthen performance-based and result-specific cooperation between the Two Sides in human resources development. China will, in the next three years, further increase its financial contribution to the African Human Resources Development Fund for the training of up to 10,000 African personnel in different fields.

African countries undertake to contribute to such cooperation by providing necessary logistic support and facilitation and selecting the appropriate persons from their own countries for the training programmes.

5.1.4 We take note of the fact that bilateral human resources development co-operation will be coordinated by each individual country bilaterally. However, in order to make the cooperation on a multilateral basis more effective, we agree that Ethiopia, the host and co-chair of the current conference will, in cooperation with the African diplomatic corps in Beijing, serve as a coordinator responsible for communicating with China on African countries' requests, proposals and specific arrangements concerning human resources development in the next three years.

5.1.5 We agree to step-up educational cooperation. The Two Sides will exchange teachers and new scholarships and set-up channels of communication for exchange of ideas between their institutions of higher learning and Technical and Vocational Education and Training (TVET). China will continue to help African institutions of higher learning and Technical and Vocational Education and Training (TVET) to improve and expand their academic disciplines and fields of specialization.

5.1.6 The Two Sides will strengthen their exchange of experience and cooperation in science and technology under the framework of the China-Africa Cooperation Forum with a view to promoting economic development and social progress.

5.2 Cooperation in Medical Care and Public Health

5.2.1 We take note of the new progress in the bilateral cooperation in the health field. On the one hand, China has continued to dispatch medical teams to Africa. In the past three years, 53 protocols have been concluded or renewed for this purpose. On the other is the convocation in 2002 of the China-Africa Forum on Traditional Medicine and adoption of the Plan of Action for the Cooperation of Traditional Medicine between China and African Countries.

5.2.2 We are aware of the common threat to mankind posed by the worldwide spread of HIV/AIDS, malaria, tuberculosis, Ebola and SARS, and find it necessary for the Two Sides to enhance cooperation on public health contingency response mechanism and vigorously carry out activities in connection with the exchange of experience in the health and medical fields.

5.2.3 China will continue to send medical teams to Africa. In view of the current scope of its overseas medical mission and in light of its own capacity and African countries' needs, China will consider the requests of African countries for new, renewed or additional medical teams. China will endeavor to address African countries' request about the composition of the teams. China will continue to provide African countries with some free medicine, medical instruments or materials. It will step up the training of local medical workers. African countries for their part undertake to provide appropriate working and living conditions for Chinese medical teams.

5.2.4 The Two Sides, decide to extend to new areas and enhance their traditional medicine R&D cooperation, experience-sharing and technical exchanges, in particular, in the prevention and control of HIV/AIDS, malaria, tuberculosis, SARS and Ebola, take the training of specialized health care personnel as a priority of their cooperation on human resources development.

5.3 Cultural Exchange and Cooperation

5.3.1 We note with pleasure the increasingly frequent cultural exchanges of diverse forms between the Two Sides. We recognize the importance of cultural exchanges and cooperation to maintaining the diversity of human culture, enhancing mutual understanding and friendship between different nations and ethnic groups, defusing the confrontations and conflicts endangering world peace and stability, and achieving common prosperity and the progress of mankind.

5.3.2 We are resolved to enhance cultural exchanges between the Two Sides. In this connection, China has decided that the annual international art festival "Meet in Beijing" to be held in 2004 will feature Africa and its arts. Eight to ten African art troupes will be invited to perform and a number of African art exhibitions will be staged in China. In addition, under bilateral cultural exchange programs, China will invite government cultural delegations from Africa to attend the art festival.

China has further decided to organize a culture programme "Voyage of Chinese Culture to Africa" in 2004. China will send its performing, acrobatic and martial arts troupes to Africa and stage a Chinese Art Festival.

African countries undertake to respond positively to the Chinese initiative and provide all necessary support and facilities for these activities.

5.4 People-to-people Exchange

5.4.1 We note that all our governments attach great importance and provide proper guidance to expanded people-to-people exchanges so as to promote understanding, trust and cooperation between peoples of the Two Sides.

5.4.2 We are resolved to continue to encourage people-to-people contacts and exchanges and to deepen the traditional friendship between the Two Sides. To this end, China proposes a "China-Africa Youth Festival" to be celebrated in China in 2004, which will serve as a channel for collective dialogue and cooperation between Chinese and African youth organizations, help boost their cooperation and exchanges and lay the groundwork for China-Africa friendship from generation to generation. African countries respond positively to China's initiative and encourage their youth organizations, statesmen and entrepreneurs to participate in this event.

6. FOLLOW-UP MECHANISM

The Two Sides are satisfied with the smooth progress of the Forum's follow-up mechanism and agree to hold the Third Ministerial Conference in China in three years' time and the Senior Officials' Meeting (SOM) in two years' time pursuant to the Procedures of the Follow-up Mechanism of the Forum on China-Africa Cooperation.

Fonte: http://english.focacsummit.org/

ANEXO VII

Países Membros da CPLP

- Angola
- Brasil
- Cabo Verde
- Guiné-Bissau
- Moçambique
- Portugal
- São Tomé e Príncipe
- Timor-Leste

Fontes: http://www.cplp.org

ANEXO VIII

**Notícia do Empréstimo chinês à Guiné-Bissau
para a realização do Conselho de Ministros da CPLP**

CPLP

China contribui com 615 mil euros para financiar Cimeira da CPLP em Bissau

A China ofereceu hoje ao governo guineense 800 mil dólares (615 mil euros) para ajudar a organizar a VI Cimeira da Comunidade dos Países de Língua Portuguesa (CPLP), marcada para Julho, em Bissau.

O montante foi entregue pelo embaixador da China em Bissau ao secretário de Estado da Cooperação guineense, Tibna Samba Nawana, numa cerimónia que decorreu na sede do Ministério dos Negócios Estrangeiros em Bissau.

A cimeira dos "oito" – Angola, Brasil, Cabo Verde, Guiné- Bissau, Moçambique, Portugal, São Tomé e Príncipe e Timor-Leste – está marcada para 17 de Julho, mas os seis dias antes servirão para os encontros preparatórios e celebrar com várias iniciativas culturais o 10º aniversário da organização.

Paralelamente, a China ofereceu também 350 mil dólares (270 mil euros) para operações de cariz humanitário, nomeadamente os deslocados no norte da Guiné-Bissau, na sequência do conflito que opôs o Exército guineense a uma ala radical de um movimento independentista de Casamança, sul do Senegal.

Pequim manifestou ainda disponibilidade para apoiar a reconstrução do hospital regional de Canchungo, 80 quilómetros a norte de Bissau, cujo orçamento é de 2,5 milhões de dólares (1,9 milhões de euros).

Fonte: http://www.noticiaslusofonas.com/view.php?load=arcview&article=14352&catogory=CPLP

ANEXO IX

Comunicado final da 24ª conferência de Chefes de Estado de África e França

1 – A 24ª Conferência de Chefes de Estado de África e França realizou-se no Palácio dos Festivais e Congressos de Cannes, França, em 15 e 16 de Fevereiro de 2007, a convite do Exmo. Sr. Jacques Chirac, Presidente da República Francesa.

2 – Quarenta e nove delegações de países africanos participaram com a França na Conferência, bem como os representantes da Organização das Nações Unidas, da União Africana, da Comissão Europeia e da Organização Internacional da Francofonia.

Pela primeira vez, o Presidente em exercício da União Europeia, a Exma. Sra. Angela Merkel, Chanceler da Alemanha, foi convidada e participou na Cimeira.

Japão também foi, pela primeira vez, convidado e esteve representado na pessoa do Exmo. Sr. Yoshiro Mori, ex-Primeiro Ministro, Presidente da Comissão África da Dieta japonesa.

3 – A Conferência, que foi precedida por uma reunião ministerial preparatória em Cannes, em 13 de Fevereiro de 2007, teve por tema central "A África e o Equilíbrio do Mundo".

Por iniciativa do Presidente da República Francesa, um fórum "África Futuro" havia reunido, em 12 de Fevereiro, em Paris, no Parque de la Villette, cerca de sessenta convidados africanos que simbolizam vários sectores de sucesso (nos planos económico, cultural, político, etc.) e que vieram prestar o seu depoimento.

4 – A cerimónia de abertura oficial da 24ª Cimeira África-França foi marcada:

- pela leitura das conclusões do fórum "África Futuro", pelo **Sr. Erik Orsenna**, membro da Academia Francesa, e pela **Sra. Christine Kelly**, jornalista;

Alocuções foram pronunciadas:

- pelo Exmo. **Sr. Amadou Toumani Touré**, Presidente da República do Mali e Presidente em fim de mandato da Cimeira precedente;
- pelo Exmo. **Sr. Hosni Mubarak,** Presidente da República Árabe do Egipto e candidato à presidência da próxima Cimeira de 2009;

- pelo Exmo. **Senhor Yoshiro Mori**, ex-Primeiro Ministro do Japão;
- pela Exma. **Sra. Ângela Merkel**, Chanceler da Alemanha e Presidente em exercício da União Europeia;
- pelo Exmo. **Sr. John Kufuor**, Presidente da República do Gana e Presidente da União Africana;
- pelo Exmo. Sr. Presidente da República Francesa.

5 – A Conferência teve por tema "**A África e o Equilíbrio do Mundo**". Debates no âmbito das três comissões temáticas: as matérias-primas, o lugar e o papel da África no mundo, bem como as relações do continente com a sociedade da informação.

6 – Os trabalhos dessas comissões temáticas resultaram nas seguintes conclusões:

A – As matérias-primas em África.

Esta comissão temática foi presidida pelo Exmo. Sr. Blaise Compaoré, Presidente do Burkina Faso, com a assistência de duas grandes testemunhas, o Sr. Erik Orsenna e a Sra. Thandeka Gqubule. Síntese dos trabalhos desta comissão temática:

- O dinamismo actual da economia mundial fornece à África uma oportunidade excepcional de assumir plenamente o lugar que lhe é devido na globalização e de transformar os seus tesouros em riqueza e as suas riquezas em desenvolvimento. Parcerias industriais equilibradas, reforço das infra-estruturas e uma melhor representação da África nas negociações e instituições internacionais para tanto contribuem. A observância dos princípios de boa governança garante uma gestão durável dos recursos naturais.

No que respeita ao algodão, a reactivação e o aprofundamento da Parceria Europa- África, a implementação de mecanismos inovadores com vista a atenuar os efeitos da volatilidade dos preços mundiais e a aplicar antecipadamente os compromissos assumidos em Hong Kong para o algodão foram ressaltados. A criação de uma Universidade do algodão, apoiada pela França e pela União Europeia, também contribuirá para a necessária modernização dos diversos sectores.

B – Lugar e peso da África no mundo.

Esta comissão temática foi presidida pelo Sr. Sassou Nguesso, Presidente do Congo, com a assistência de duas grandes testemunhas, o Exmo. Sr. Jacques Diouf, Director Geral da FAO, e o Exmo. Sr. Jean-Pierre Landau, Vice-

-Governador do Banco de França. Síntese dos trabalhos desta comissão temática:

- A segurança e o crescimento do planeta são desde já estreitamente dependentes da estabilização e do desenvolvimento do continente africano. Por conseguinte, confirma-se a necessidade de reforçar ao mesmo tempo a representação da África nas instituições internacionais (Conselho de Segurança, agências das Nações Unidas, instituições financeiras internacionais, etc.) e de assegurar uma melhor coordenação das mesmas com as instâncias africanas.

Insistiram na necessidade de mecanismos que assegurem uma globalização controlada: na área comercial, levando mais em conta e durante mais tempo os interesses dos países actualmente beneficiários de preferências; em matéria de financiamento do desenvolvimento, com a implementação de mecanismos inovadores necessários para atingir os Objectivos do Milénio para o desenvolvimento; com a implementação de uma organização das Nações Unidas para o meio ambiente que possa garantir uma melhor governança mundial.

C – A África e a sociedade da informação.

Esta comissão temática foi presidida pelo Exmo. Sr. Paul Biya, Presidente da República dos Camarões, tendo a assistência de duas grandes testemunhas, os Exmos. Srs. Mohamed Ibrahim, presidente-fundador da fundação Mo Ibrahim, e Mamadou Diouf, historiador e professor universitário senegalês. Síntese dos trabalhos desta comissão temática:

- A difusão das NTIC é indispensável para ter um lugar na sociedade da informação e enriquecer a imagem da África. O lançamento de um verdadeiro "Plano Marshall" e de um decénio da ONU foram evocados para rectificar a "fractura digital".
- A necessidade de elevar o nível educacional das populações e a profissionalização dos jornalistas também foi ressaltada.
- Todos os participantes realçam a responsabilidade dos Africanos e dos seus dirigentes na imagem da África dada pelos meios de comunicação.

7 – Os trabalhos dessas três comissões temáticas foram apresentados pelo seu Presidente, aos seus pares, por ocasião da sessão plenária de sexta-feira 16 de Fevereiro.

8 – Um encontro, aberto pelo Presidente Jacques Chirac, que reuniu, sob a presidência do Exmo. Sr. John Agyekum Kufuor, Presidente do Gana e Presidente em exercício da União Africana, os Presidentes Hosni Mubarak, Omar Al Bachir, Idriss Déby Itno, François Bozizé, Omar Bongo e Denis Sassou N'Guesso, reali-

zou-se à margem da Cimeira, tendo resultado na declaração anexa ao presente comunicado.

9 – Os Chefes de Estado expressaram a sua preocupação sobre a situação na Guiné e adoptaram a declaração em anexo.

10 – Dezassete países africanos anunciaram a sua adesão à Facilidade Internacional de Compra de Medicamentos UNITAID, lançada em Nova Iorque em Setembro de 2006. Também adoptaram uma declaração política que visa a implementar financiamentos inovadores do desenvolvimento essencialmente sob a forma de contribuições de solidariedade sobre as passagens de avião, cujo produto será atribuído, total ou parcialmente, à UNITAID.

Os países africanos que aderem à UNITAID prosseguem assim o seu empenhamento na luta contra as três pandemias mais mortíferas – a sida, a tuberculose e a malária – que devastam o continente. Assim, decidem tornar-se não apenas beneficiários, mas também doadores e actores da UNITAID, salientando assim a dimensão da parceria que envolve esta iniciativa.

11 – Os participantes na 24ª Conferência de Chefes de Estado de África e França aceitaram a oferta do Egipto de organizar a próxima Cimeira no Cairo, em 2009.

ANEXO

DECLARAÇÃO SOBRE A GUINÉ

Os Chefes de Estado exprimiram a sua viva preocupação perante a grave crise institucional que está a abalar a Guiné, pondo em perigo a segurança das populações civis e ameaçando a estabilidade regional.

Condenaram as violências e deploraram o grande número de vítimas inocentes. Manifestaram a sua preocupação pela degradação da situação em matéria de segurança e conclamaram os responsáveis pela ordem pública a darem provas de moderação e de senso de responsabilidade.

Lançaram um apelo às Autoridades guineenses para que cumpram com os seus compromissos em conformidade com o acordo assinado em 27 de Janeiro com os sindicatos, a fim de que sejam garantidas a paz e a segurança de todos os Guineenses, na observância dos princípios democráticos.

Apoiaram os esforços da CEDEAO e da União Africana com vistas a encontrar uma solução para a crise.

DECLARAÇÃO SOBRE DARFUR

Os Chefes de Estado expressaram a sua preocupação sobre a situação humanitária em Darfur e nas regiões limítrofes e sobre as suas repercussões na estabilidade regional.

Regozijaram-se pela assinatura, sob a presidência do Presidente em exercício da União Africana, Exmo. Sr. Kufuor, pelos Presidentes centro-africano, sudanês e chadiano, de um acordo que visa, com o apoio da comunidade internacional, a favorecer a retomada do diálogo e o prosseguimento do processo de reconciliação na região.

Os Presidentes do Gabão, do Egipto, do Congo, o Ministro francês dos Negócios Estrangeiros e o Comissário Europeu, Exmo. Sr. Louis Michel, assistiram a esta reunião, que foi aberta pelo Presidente da República Francesa.

Fonte: http://www.elysee.fr/elysee/elysee.fr/francais/actualites/deplacements_en_france/2007/fevrier/fiches/conference_france_afrique/comunicado_final_da_24_conferencia_de_chefes_de_estado_de_africa_e_franca.72740.html

ANEXO X

**Comunicado Conjunto sobre o Estabelecimento
das Relações Diplomáticas entre a República Popular da China
e a República Popular de Angola**

The People's Republic of China and the People's Republic of Angola, desirous to promote the harmonious relations and multiform cooperation between them so as to contribute to the realization of the purposes of the United Nations and conscious of the historical role that all the peoples should play in the course of rapprochement and solidarity among the countries that love peace and freedom, have decided to establish diplomatic relations between their two Governments at ambassadorial level as from January 12, 1983.

The Government of the People´s Republic of China supports the Government of the People´s Republic of Angola in its just struggle to safeguard national independence, state sovereignty and territorial integrity and to develop the national economy, and condemns the systematic aggression of the South African racist troops against Angola, and demands the withdrawal of South African troops from the territory of Angola.

The Government of the People´s Republic of Angola recognizes that the Government of the People´s Republic of China is the sole legal government representing all the Chinese people, and that Taiwan is an inalienable part of the territory of the People´s Republic of China.

In this spirit, the People´s Republic of China and the People´s Republic of Angola wish to establish relations on the basis of the principles of mutual respect for state sovereignty and territorial integrity, mutual non-aggression, non-interference in each others internal affairs, equality and mutual benefit, and peaceful coexistence.

The People´s Republic of China and the People´s Republic of Angola also indicate that they wish to work, as always, for the establishment of relatively just and equitable world economic relations, and for the strengthening of their efforts in the maintenance of international peace and security.

The Governments of China and Angola have agreed to mutually provide each other with all the necessary assistance for the establishment, and performance of the functions, of diplomatic missions in their respective capitals in accordance with international practice.

For the Government of the	For the Government of the
People´s Republic of China	People´s Republic of Angola
(Signed) Wang Jin	(Signed) Luis Jose de Almeida
Charge d´Affaires ad Interim	Ambassador Extraordinary
of the Embassy of the	and Plenipotentiary of the
People´s Republic of China in	People´s Republic of Angola
the Republic of France	
to the Republic of France	
Paris, 12 January 1983	

Fonte: http://www.fmprc.gov.cn/eng/wjb/zzjg/fzs/gjlb/2914/2915/t16465.htm

ANEXO XI

Comunicado sobre a criação do Consulado-Geral de Angola na Região Administrativa de Macau

REGIÃO ADMINISTRATIVA ESPECIAL DE MACAU

1.1 Gabinete do Chefe do Executivo

BOLETIM OFICIAL – II SÉRIE	
Diploma: **Aviso do Chefe do Executivo n.º 1/2007** BO N.º: 9/2007 Publicado em: **2007.2.28** Página: **1430-1432**	• Manda publicar o Acordo por Troca de Notas entre a República de Angola e a República Popular da China relativo à instalação do consulado geral da República de Angola na Região Administrativa Especial de Macau da República Popular da China.
	Versão Chinesa

Categorias relacionadas: ASSUNTOS EXTERNOS – DIREITO INTERNACIONAL – OUTROS – GABINETE PARA OS ASSUNTOS DO DIREITO INTERNACIONAL –

1.2 Aviso do Chefe do Executivo n.º 1/2007

O Chefe do Executivo manda publicar, nos termos do n.º 1 do artigo 6.º da Lei n.º 3/1999 da Região Administrativa Especial de Macau, por ordem do Governo Popular Central, o Acordo entre a República de Angola e a República Popular da China relativo à instalação do consulado geral da República de Angola na Região Administrativa Especial de Macau da República Popular da China, concluído por Troca de Notas, datadas, respectivamente, de 27 de Junho de 2006 e de 26 de Julho de 2006 (Acordo), a primeira na sua versão autêntica em língua portuguesa, acompanhada da respectiva tradução para a língua chinesa e a segunda na sua versão autêntica em língua chinesa, acompanhada da respectiva tradução para a língua portuguesa.

Mais se torna público, que o Acordo entrou em vigor para a totalidade do território nacional em 26 de Julho de 2006.

Promulgado em 15 de Fevereiro de 2007.

O Chefe do Executivo, Ho Hau Wah.

1.2.1. — — —

1.2.2. *Nota da República de Angola, de 27 de Junho de 2006*

«(...)

A Embaixada da República de Angola na República Popular da China apresenta os seus melhores cumprimentos ao Ministério dos Negócios Estrangeiros da República Popular da China e, em nome do Governo da República de Angola, tem a honra de recordar que, com a vontade comum de aprofundar as relações amistosas existentes entre ambos os Países e reforçar a cooperação na área consular entre os dois Países, após negociações amistosas, os dois Governos (mais adiante designados por «as duas partes»), chegaram ao acordo seguinte em relação à instalação do Consulado Geral da República de Angola na Região Administrativa Especial de Macau da República Popular da China:

1. O Governo da República Popular da China concorda com a abertura do Consulado Geral da República de Angola na Região Administrativa Especial de Macau. A jurisdição do Consulado é a Região Administrativa Especial de Macau da República Popular da China.

2. O Governo da República de Angola reconhece a reserva do direito do Governo da República Popular da China na instalação, em Angola, de um Consulado Geral desta. A localidade e jurisdição do referido Consulado Geral, bem como outras questões relativas ao mesmo, serão discutidas por ambas as partes pela via diplomática.

3. Com base na Convenção de Viena sobre as Relações Consulares, de 24 de Abril de 1963, e na Legislação interna de cada País, assim como no princípio de reciprocidade, ambas as partes deverão prestar-se mutuamente toda a assistência e facilidades no estabelecimento dos referidos Consulados Gerais, bem como no decurso do cumprimento das suas atribuições consulares.

4. À luz da Lei Internacional, inclusive da Convenção de Viena sobre as Relações Consulares, de 24 de Abril de 1963, da prática internacional e na base do princípio de reciprocidade, as duas partes decidem resolver de forma amistosa

todas as questões de natureza consular que possam eventualmente surgir nas relações consulares entre os dois Países.

Caso o Ministério dos Negócios Estrangeiros da República Popular da China confirme, por escrito, em nome do Governo da República Popular da China, o teor da presente Nota Verbal, esta e a Nota Verbal de resposta do Ministério dos Negócios Estrangeiros da República Popular da China, constituirão um acordo entre os Governos da República de Angola e da República Popular da China, que deverá entrar em vigor na data da resposta do Ministério dos Negócios Estrangeiros da República Popular da China à presente Nota Verbal.

Alta consideração.

Embaixada da República de Angola, em Beijing, aos 27 de Junho de 2006.»

1.2.3. Nota da República Popular da China, de 26 de Julho de 2006

«(...)

O Ministério dos Negócios Estrangeiros da República Popular da China apresenta os seus melhores cumprimentos à Embaixada da República de Angola na China e referindo-se à Nota Verbal da Embaixada, de 27 de Junho de 2006, cujo teor é o seguinte:

«A Embaixada da República de Angola na República Popular da China apresenta os seus melhores cumprimentos ao Ministério dos Negócios Estrangeiros da República Popular da China e, em nome do Governo da República de Angola, tem a honra de recordar que, com a vontade comum de aprofundar as relações amistosas existentes entre ambos os Países e reforçar a cooperação na área consular entre os dois Países, após negociações amistosas, os dois Governos (mais adiante designados por «as duas partes»), chegaram ao acordo seguinte em relação à instalação do Consulado Geral da República de Angola na Região Administrativa Especial de Macau da República Popular da China:

1. O Governo da República Popular da China concorda com a abertura do Consulado Geral da República de Angola na Região Administrativa Especial de Macau. A jurisdição do Consulado é a Região Administrativa Especial de Macau da República Popular da China.

2. O Governo da República de Angola reconhece a reserva do direito do Governo da República Popular da China na instalação, em Angola, de um Consulado Geral desta. A localidade e jurisdição do referido Consulado Geral, bem como outras questões relativas ao mesmo, serão discutidas por ambas as partes pela via diplomática.

3. Com base na Convenção de Viena sobre as Relações Consulares, de 24 de Abril de 1963, e na Legislação interna de cada País, assim como no princípio de reciprocidade, ambas as partes deverão prestar-se mutuamente toda a assistência e facilidades no estabelecimento dos referidos Consulados Gerais, bem como no decurso do cumprimento das suas atribuições consulares.

4. À luz da Lei Internacional, inclusive da Convenção de Viena sobre as Relações Consulares, de 24 de Abril de 1963, da prática internacional e na base do princípio de reciprocidade, as duas partes decidem resolver de forma amistosa todas as questões de natureza consular que possam eventualmente surgir nas relações consulares entre os dois Países.

Caso o Ministério dos Negócios Estrangeiros da República Popular da China confirme, por escrito, em nome do Governo da República Popular da China, o teor da presente Nota Verbal, esta e a Nota Verbal de resposta do Ministério dos Negócios Estrangeiros da República Popular da China, constituirão um acordo entre os Governos da República de Angola e da República Popular da China, que deverá entrar em vigor na data da resposta do Ministério dos Negócios Estrangeiros da República Popular da China à presente Nota Verbal.

Alta consideração.»

O Ministério dos Negócios Estrangeiros da República Popular da China confirma, em nome do Governo da República Popular da China, que concorda com o teor da supracitada Nota Verbal.

Alta consideração.

Ministério dos Negócios Estrangeiros da República Popular da China, em Beijing, aos 26 de Julho de 2006.

Gabinete do Chefe do Executivo, aos 14 de Fevereiro de 2007. — A Chefe do Gabinete, substituta, Brenda Cunha e Pires.

Fonte: http://www.imprensa.macau.gov.mo/bo/ii/2007/09/aviso01.asp

ANEXO XII

Angola e as Integrações Regionais[294]

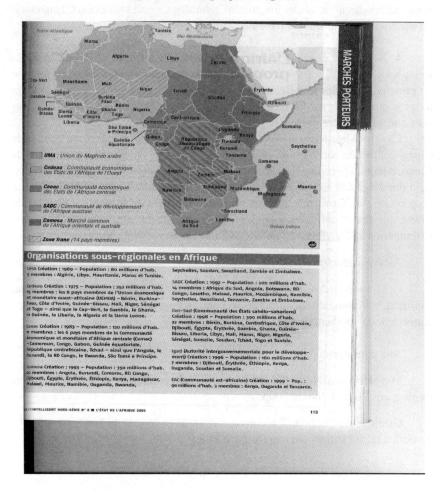

---

[294] Fonte: Jeune Afrique – L´intelligent: l´Etat de l´Afrique 2005, France, Hour Série n.º 8, p. 113.

ANEXO XIII

Lei de Bases do Investimento Privado n.º 11/03 de 25/07.2003 – DR 37/2003

Terça-feira, 13 de Maio de 2003   I Série — N.º 37

DIÁRIO DA REPÚBLICA

ÓRGÃO OFICIAL DA REPÚBLICA DE ANGOLA

Preço deste número — Kz: 182,00

Toda a correspondência, quer oficial, quer relativa a anúncio e assinaturas do «Diário da República», deve ser dirigida à Imprensa Nacional — U.E.E., em Luanda, Caixa Postal 1.306 — End. Teleg.: «Imprensa»	ASSINATURAS Ano As três séries .... Kz: 165 750,00 A 1.ª série .... Kz: 97 750,00 A 2.ª série .... Kz: 55 250,00 A 3.ª série .... Kz: 38 250,00	O preço de cada linha publicada nos Diários da República 1.ª e 2.ª séries é de Kz: 65,00 e para a 3.ª série Kz: 75,00, acrescido do respectivo imposto do selo, dependendo a publicação da 3.ª série de depósito prévio a efectuar na Tesouraria da Imprensa Nacional — U. E. E.

SUMÁRIO

Assembleia Nacional

Lei n.º 11/03:
De bases do investimento privado. — Revoga a Lei n.º 15/94, de 23 de Setembro, bem como a demais legislação que contrarie o disposto na presente lei.

Conselho de Ministros

Decreto n.º 26/03:
Autoriza a constituição da empresa Luó — Sociedade Mineira do Camatchia-Camagico, S.A.R.L., entre a Empresa Nacional de Diamantes de Angola, E.P. (Endiama, E.P.), a Hipergesta — Gestão de Empreendimentos & Comércio, S.A.R.L. a Angodiam — Sociedade de Exploração e Comercialização de Diamantes, S.A.R.L. e a Escom-Airosa, Limited.

ASSEMBLEIA NACIONAL

Lei n.º 11/03
de 13 de Maio

O investimento privado desempenha um papel crucial no desenvolvimento da economia nacional.

Importa, pois, estabelecer para ele um regime legal de incentivos que, sem descurar os interesses essenciais do Estado, seja suficientemente atractivo para os potenciais investidores, não só oferecendo-lhes garantias credíveis de segurança e estabilidade jurídicas para os seus investimentos, mas sobretudo estabelecendo regras e procedimentos claros, simples e céleres para os respectivos processos de aprovação.

A esta luz, torna-se necessário e urgente reformular toda a legislação em vigor sobre investimento privado, adoptando-se para o efeito um quadro legal que permita a realização de empreendimentos que envolvam investimentos privados, quer sejam nacionais ou estrangeiros.

Nestes termos, ao abrigo da alínea b) do artigo 88.º da Lei Constitucional, a Assembleia Nacional aprova a seguinte:

LEI DE BASES DO INVESTIMENTO PRIVADO

CAPÍTULO I
Disposições Gerais

ARTIGO 1.º
(Objecto)

A presente lei estabelece as bases gerais do investimento privado a realizar na República de Angola e define os princípios sobre o regime e os procedimentos de acesso aos incentivos e facilidades a conceder pelo Estado a tal investimento.

ARTIGO 2.º
(Definições)

1. Para efeitos da presente lei, considera-se:

a) *Investimento privado* — a utilização no território nacional de capitais, bens de equipamento e outros ou tecnologia, a utilização de fundos que se destinem à criação de novas empresas, agrupamento de empresas ou outra forma de representação social de empresas privadas, nacionais ou estrangeiras, bem como a aquisição da totalidade ou parte de empresas de direito angolano já existentes;

b) *Investidor privado* — qualquer pessoa, singular ou colectiva, residente ou não residente, independentemente da sua nacionalidade, que realize no território nacional, nos termos da alínea anterior, investimentos destinados aos fins referidos nessa alínea;

c) *Investidor nacional* — qualquer pessoa singular ou colectiva residente, independentemente da sua nacionalidade, que realize investimentos no País com capitais domiciliados em Angola, sem direito a transferir dividendos ou lucros para o exterior;

d) *Investimento externo* — a introdução e utilização no território nacional de capitais, bens de equipamento e outros ou tecnologia e *know how* ou a utilização de fundos com direito ou passíveis de serem transferidos para o exterior, ao abrigo da Lei Cambial vigente, que se destinem à criação de novas empresas, agrupamento de empresas, de sucursais ou outra forma de representação social de empresas estrangeiras, bem como a aquisição da totalidade ou parte de empresas angolanas já existentes;

e) *Investidor externo* — qualquer pessoa, singular ou colectiva, residente ou não residente, independentemente da sua nacionalidade, que introduza ou utilize no território nacional, nos termos da alínea anterior, capitais domiciliados no exterior de Angola, com direito a transferir lucros e dividendos para o exterior;

f) *Residente* — as pessoas singulares ou colectivas com residência ou sede em território nacional;

g) *Não residente* — as pessoas singulares ou colectivas com residência ou sede no exterior do País;

h) *Investimento indirecto* — todo o investimento, nacional ou externo, que compreenda, isolada ou cumulativamente, as formas de empréstimos, suprimentos, prestações suplementares de capital, tecnologia patenteada, processos técnicos, segredos e modelos industriais, *franchising*, marcas registadas, assistência técnica e outras formas de acesso à sua utilização, seja em regime de exclusividade ou de licenciamento restrito por zonas geográficas ou domínios de actividade industrial e/ou comercial;

i) *Investimento directo* — todo o investimento, nacional ou externo, realizado em todas as formas que não caibam na definição de investimento indirecto, referida na alínea anterior;

j) ANIP — a Agência Nacional de Investimento Privado ou outro órgão que, em sua substituição, venha a ser instituído para tratar do investimento privado;

k) *Órgão competente* — o órgão ou instituição pública com competência para aprovar, nos termos da presente lei, projectos de investimento privado;

l) *Zonas económicas especiais* — as zonas de investimento consideradas especiais, de acordo com os critérios definidos pelo Governo.

ARTIGO 3.º
(Regimes especiais de investimento)

1. O regime de investimento e de acesso a incentivos e facilidades a conceder aos investimentos privados nos domínios das actividades petrolíferas, dos diamantes e das instituições financeiras, regem-se por legislação própria e de outras situações a determinar e definir de modo especial pelo Estado.

2. As entidades com competência para aprovar os investimentos referidos no número anterior do presente artigo ficam obrigadas a remeter à Agência Nacional de Investimento Privado (ANIP), a informação contendo os dados sobre o respectivo valor global, o local do investimento, a forma, o regime, a quantidade de novos postos de trabalho criados e toda demais informação relevante para efeitos de registo, controlo estatístico centralizado do investimento privado, no prazo de 30 dias.

3. Aos investimentos previstos no n.º 1 do presente artigo aplica-se supletivamente o disposto na presente lei.

ARTIGO 4.º
(Princípios gerais da política de investimento)

A política de investimento privado e a atribuição de incentivos e facilidades obedece aos seguintes princípios gerais:

a) livre iniciativa, excepto para as áreas definidas por lei como sendo de reserva do Estado;
b) garantias de segurança e protecção do investimento;
c) igualdade de tratamento entre nacionais e estrangeiros e protecção dos direitos de cidadania económica de nacionais;
d) respeito e integral cumprimento de acordos e tratados internacionais.

ARTIGO 5.º
(Promoção do investimento privado)

1. Cabe ao Governo promover a política do investimento privado, especialmente do que contribua decisivamente para o desenvolvimento económico e social do País e do bem estar geral da população.

2. A Agência Nacional de Investimento Privado (ANIP) é o órgão encarregue de executar a política nacional em matéria de investimentos privados, bem como de promover, coordenar, orientar e supervisionar os investimentos privados.

ARTIGO 6.º
(Admissibilidade do investimento privado)

1. É admitida a realização de todo o tipo de investimentos privados, desde que os mesmos não contrariem a legislação e os procedimentos formais em vigor.

2. O investimento privado pode assumir a forma de investimento nacional ou externo.

ARTIGO 7.º
(Operações de investimento nacional)

Nos termos e para efeitos da presente lei, são operações de investimento nacional, entre outros como tal considerados, os seguintes actos e contratos:

a) utilização de moeda nacional ou moeda livremente conversível;
b) aquisição de tecnologia e *know how*;
c) aquisição de máquinas e equipamentos;
d) conversão de créditos decorrentes de qualquer tipo de contrato;
e) participações sociais sobre sociedades e empresas de direito angolano domiciliadas em território nacional;
f) aplicação de recursos financeiros resultantes de empréstimos;
g) criação de novas empresas exclusivamente pertencentes ao investidor privado;
h) ampliação de empresas ou de outras formas de representação social de empresas;
i) aquisição da totalidade ou parte de empresas ou de agrupamentos de empresas já existentes;
j) participação ou aquisição de participação no capital de empresas ou de agrupamentos de empresas, novas ou já existentes, qualquer que seja a forma de que se revista;
k) celebração e alteração de contratos de consórcios, associações em participação, *joint ventures*, associação de terceiros a partes ou quotas de capital e qualquer outra forma de contrato de associação permitida, ainda que não prevista na legislação comercial em vigor;
l) tomada total ou parcial de estabelecimentos comerciais e industriais, por aquisição de activos ou através de contratos de cessão de exploração;
m) tomada total ou parcial de empresas agrícolas, mediante contratos de arrendamento ou de quaisquer acordos que impliquem o exercício de posse e exploração por parte do investidor;
n) exploração de complexos imobiliários, turísticos ou não, seja qual for a natureza jurídica que assuma;
o) realização de prestações suplementares de capital, adiantamentos dos sócios e em geral os empréstimos ligados à participação nos lucros;
p) aquisição de bens imóveis situados em território nacional, quando essa aquisição se integre em projectos de investimento privado;
q) cedência, em casos específicos e nos termos acordados e sancionados pelas entidades competentes dos direitos de utilização de terras, de tecnologias patenteadas e de marcas registadas, cuja remuneração se limitar na distribuição de lucros resultantes das actividades em que tais tecnologias ou marcas tiverem sido ou forem aplicadas;
r) cedência de exploração de direitos sobre concessão e licenças e direitos de natureza económica, comercial ou tecnológica.

ARTIGO 8.º
(Formas de realização do investimento nacional)

Os actos de investimento privado podem ser realizados, isolada ou cumulativamente, através das seguintes formas:

a) alocação de fundos próprios;
b) aplicação em Angola de disponibilidades existentes em contas bancárias constituídas em Angola pertencentes a residentes ou não residentes;
c) alocação de máquinas, equipamentos, acessórios e outros meios fixos corpóreos, bem como de existência ou *stocks*;
d) incorporação de créditos e outras disponibilidades do investidor privado susceptíveis de serem aplicados em empreendimentos;
e) incorporação de tecnologias e *know how*.

ARTIGO 9.º
(Operações de investimento externo)

1. Nos termos e para efeitos da presente lei, são operações de investimento externo, entre outros como tal considerados, os seguintes actos e contratos, realizados sem recurso às reservas cambiais do País:

a) introdução no território nacional de moeda livremente conversível;
b) introdução de tecnologia e *know how*;
c) introdução de máquinas, equipamentos e outros meios fixos corpóreos, bem como de existência ou *stocks*;
d) participações sociais sobre sociedades e empresas de direito angolano domiciliadas em território nacional;
e) recursos financeiros resultantes de empréstimos concedidos no exterior;
f) criação e ampliação de sucursais ou de outras formas de representação social de empresas estrangeiras;

g) criação de novas empresas exclusivamente pertencentes ao investidor externo;
h) aquisição da totalidade ou parte de empresas ou de agrupamentos de empresas já existentes e participação ou aquisição de participação no capital de empresas ou de agrupamentos de empresas, novas ou já existentes, qualquer que seja a forma de que se revista;
i) celebração e alteração de contratos de consórcios, associações em participação, *joint ventures*, associação de terceiros a partes ou quotas de capital e qualquer outra forma de contrato de associação permitida no comércio internacional, ainda que não prevista na legislação comercial em vigor;
j) tomada total ou parcial de estabelecimentos comerciais e industriais, por aquisição de activos ou através de contratos de cessão de exploração;
k) tomada total ou parcial de empresas agrícolas, mediante contratos de arrendamento ou de quaisquer acordos que impliquem o exercício de posse e exploração por parte do investidor;
l) exploração de complexos imobiliários, turísticos ou não, seja qual for a natureza jurídica que assuma;
m) realização de prestações suplementares de capital, adiantamentos aos sócios e em geral os empréstimos ligados à participação nos lucros;
n) aquisição de bens imóveis situados em território nacional, quando essa aquisição se integre em projectos de investimento privado.

2. Não são considerados investimento externo as operações que consistam em fretamento temporário de embarcações, aeronaves e outros meios susceptíveis de aluguer, *leasing* ou qualquer outra forma de uso temporário no território nacional contra pagamento.

3. A introdução de capitais de valor inferior ao equivalente a USD 100 000,00 não está sujeita à autorização da Agência Nacional de Investimento Privado (ANIP) nem beneficia do direito de repatriamento de dividendos, lucros e outras vantagens previstas na presente lei.

ARTIGO 10.º
(Formas de realização do investimento externo)

1. Os actos de investimento externo podem ser realizados, isolada ou cumulativamente, através das seguintes formas:

a) transferência de fundos do exterior;
b) aplicação de disponibilidades em contas bancárias em moeda externa, constituídas em Angola por não residentes;
c) importação de máquinas, equipamentos, acessórios e outros meios fixos corpóreos, bem como de existência ou *stocks*;
d) incorporação de tecnologias e *know how*.

2. As formas enunciadas nas alíneas c) e d) do presente artigo devem ser sempre acompanhadas de transferências de fundos do exterior, designadamente para custear despesas de constituição e instalação.

CAPÍTULO II
Direitos e Deveres

SECÇÃO I
Direitos

ARTIGO 11.º
(Estatuto do investimento privado)

As sociedades e empresas constituídas em Angola para fins de obtenção de facilidades e incentivos ao investimento privado, ainda que com capitais provenientes do exterior têm, para todos os efeitos legais, o estatuto de sociedade e empresas de direito angolano, sendo-lhes aplicável a lei angolana comum, no que não for regulado diferentemente pela presente lei ou por legislação específica.

ARTIGO 12.º
(Igualdade de tratamento)

1. Nos termos da Lei Constitucional e dos princípios que enformam a ordem jurídica, política e económica do País, o Estado Angolano assegura, independentemente da origem do capital, um tratamento justo, não discriminatório e equitativo às sociedades e empresas constituídas e aos bens patrimoniais, garantindo-lhes protecção e segurança e não dificultando por qualquer forma a sua gestão, manutenção e exploração.

2. São rigorosamente proibidas quaisquer discriminações entre investidores.

3. Ao investidor externo são garantidos os direitos decorrentes da propriedade sobre os meios que investir, nomeadamente o direito de dispor livremente deles, nos mesmos termos que o investidor nacional.

ARTIGO 13.º
(Transferência de lucros e dividendos)

Depois de implementado o investimento privado externo e mediante prova da sua execução, de acordo com as regras definidas na presente lei, é garantido o direito de transferir para o exterior, nas condições definidas nesta lei e na legislação cambial:

a) os dividendos ou lucros distribuídos, com dedução das amortizações legais e dos impostos devidos, tendo em conta as respectivas participações no capital próprio, da sociedade ou da empresa;

b) o produto da liquidação dos seus investimentos, incluindo as mais-valias, depois de pagos os impostos devidos;
c) quaisquer importâncias que lhe sejam devidas, com dedução dos respectivos impostos, previstas em actos ou contratos que, nos termos da presente lei, constituam investimento privado;
d) produto de indemnizações, nos termos dos n.ºs 3 e 4 do artigo 15.º da presente lei;
e) *royalties* ou outros rendimentos de remuneração de investimentos indirectos, associados à cedência de transferência de tecnologia.

ARTIGO 14.º
(Protecção de direitos)

1. O Estado Angolano garante a todos os investidores privados o acesso aos tribunais angolanos para a defesa dos seus direitos, sendo-lhes garantido o devido processo legal.

2. No caso de os bens objecto de investimento privado serem expropriados por motivos ponderosos e devidamente justificados de interesse público, o Estado assegura o pagamento de uma indemnização justa, pronta e efectiva, cujo montante é determinado de acordo com as regras de direito aplicáveis.

3. Os bens dos investidores privados não devem ser nacionalizados.

4. No caso de ocorrerem alterações de regime político e económico dos quais decorram medidas excepcionais de nacionalização, o Estado garante a justa e pronta indemnização em dinheiro.

5. O Estado garante às sociedades e empresas constituídas para fins de investimento privado total protecção e respeito pelo sigilo profissional, bancário e comercial.

6. Os direitos concedidos aos investimentos privados nos termos da presente lei são assegurados sem prejuízo de outros que resultem de acordos e convenções de que o Estado Angolano seja parte integrante.

7. No caso de ocorrerem alterações da política económica e fiscal que se mostrem desfavoráveis, os investimentos em curso, não são afectados por essas alterações, num período não inferior a três anos e não superior a cinco anos, nos termos a definir em diploma próprio.

ARTIGO 15.º
(Garantias específicas)

1. É garantido o direito de propriedade industrial e sobre toda a criação intelectual, nos termos da legislação em vigor.

2. São garantidos os direitos que se venham a adquirir sobre a titularidade da terra e a outros recursos dominiais, nos termos da legislação em vigor ou que vier a ser aprovada.

3. É garantida a não interferência pública na gestão das empresas privadas e na formação dos preços, excepto nos casos expressamente previstos na lei.

4. O Estado garante o não cancelamento de licenças, sem o respectivo processo judicial ou administrativo.

5. É garantido o direito de importação directa de bens do exterior e a exportação autónoma de produtos produzidos pelos investidores privados.

ARTIGO 16.º
(Recurso ao crédito)

Os investidores privados podem recorrer ao crédito interno e externo, nos termos da legislação em vigor.

SECÇÃO II
Deveres

ARTIGO 17.º
(Deveres gerais do investidor privado)

Os investidores privados obrigam-se a respeitar as leis e regulamentos em vigor, bem como os compromissos contratuais, sujeitando-se às penalidades neles definidas.

ARTIGO 18.º
(Deveres específicos do investidor privado)

Cumpre, em especial, ao investidor privado:

a) observar os prazos fixados para a importação de capitais e para a implementação do projecto de investimento, de acordo com os compromissos assumidos;
b) promover a formação de mão-de-obra nacional e a angolanização progressiva dos quadros de direcção e chefia, sem qualquer tipo de discriminação;
c) constituir fundos e reservas e fazer provisões nos termos da legislação em vigor;
d) aplicar o plano de contas e as regras de contabilidade estabelecidos no País;
e) respeitar as normas relativas à defesa do ambiente, à higiene, protecção e segurança dos trabalhadores contra doenças profissionais, acidentes de trabalho e outras eventualidades previstas na legislação sobre segurança social;
f) efectuar e manter actualizados os seguros contra acidentes e doenças profissionais dos trabalhadores, bem como os seguros de responsabilidade civil por danos a terceiros ou ao ambiente.

CAPÍTULO III
Registo e Regimes Processuais

SECÇÃO I
Registo

ARTIGO 19.º
(Registo de operações de investimento privado)

1. Todas as operações de investimento privado que beneficiem das vantagens definidas na presente lei devem

sujeitar-se ao respectivo registo na Agência Nacional de Investimento Privado (ANIP).

2. O registo é feito depois da sua aprovação pela entidade competente, seja qual for a forma em que o investimento se apresente.

ARTIGO 20.º
(Certificado de Registo de Investimento Privado)

1. Aprovadas as propostas de investimento privado, a Agência Nacional de Investimento Privado (ANIP) emite um Certificado de Registo de Investimento Privado (CRIP), que confere ao seu titular o direito de investir nos termos neles referidos.

2. Do Certificado de Registo de Investimento Privado (CRIP) deve constar a identificação completa do investidor, o regime processual, o montante e as características económicas e financeiras do investimento, a forma como deve ser realizado o investimento, o prazo para a sua efectivação, o local do investimento, a data e assinatura do responsável máximo da Agência Nacional de Investimento Privado (ANIP), autenticada com o selo branco em uso nessa instituição.

3. No verso do Certificado de Registo de Investimento Privado (CRIP) deve constar os direitos e obrigações do investidor privado consagrados na presente lei e a assinatura do investidor privado ou seu representante legal.

ARTIGO 21.º
(Efeitos jurídicos dos Certificados de Registo de Investimento Privado)

1. Depois de validamente emitidos, os Certificados de Registo de Investimento Privado (CRIP) constituem títulos de investidor privado.

2. Os Certificados de Registo de Investimento Privado (CRIP) constituem o documento comprovativo da aquisição dos direitos e da assumpção dos deveres de investidor privado consagrados na presente lei, devendo servir de base para todas as operações de investimento, acesso a incentivos e facilidades, obtenção de licenças e registos, solução de litígios e outros factos decorrentes da atribuição de facilidades e incentivos.

3. Os direitos conferidos pelos Certificados de Registo de Investimento Privado (CRIP) podem ser exercidos directamente pelo seu titular ou por representante legal devidamente mandatado.

SECÇÃO II
Acesso a Incentivos e Facilidades

ARTIGO 22.º
(Objectivos da atribuição de incentivos e facilidades)

A atribuição dos incentivos e facilidades previstos na presente lei só deve ser concedida desde que os respectivos investimentos permitam atingir alguns dos seguintes objectivos económicos e sociais:

a) incentivar o crescimento da economia;
b) promover o bem-estar económico, social e cultural das populações, em especial da juventude, dos idosos, das mulheres e das crianças;
c) promover as regiões mais desfavorecidas, sobretudo no interior do País;
d) aumentar a capacidade produtiva nacional ou elevar o valor acrescentado;
e) proporcionar parcerias entre entidades nacionais e estrangeiras;
f) induzir à criação de novos postos de trabalho para trabalhadores nacionais e a elevação da qualificação da mão-de-obra angolana;
g) obter a transferência de tecnologia e aumentar a eficiência produtiva;
h) aumentar as exportações e reduzir as importações;
i) aumentar as disponibilidades cambiais e o equilíbrio da balança de pagamentos;
j) propiciar o abastecimento eficaz do mercado interno;
k) promover o desenvolvimento tecnológico, a eficiência empresarial e a qualidade dos produtos;
l) reabilitar, expandir ou modernizar as infra-estruturas destinadas à actividade económica.

ARTIGO 23.º
(Requisitos monetários de acesso)

É permitido o acesso a incentivos e facilidades das operações de investimento que preencham os seguintes requisitos monetários:

a) limite mínimo de investimento para capitais domiciliados no País, pertencentes a nacionais, de USD 50 000,00;
b) limite mínimo de investimento para capitais domiciliados no estrangeiro, independentemente da nacionalidade do investidor, de USD 100 000,00.

ARTIGO 24.º
(Requisitos de interesse económico)

É permitido o acesso a incentivos e facilidades das operações de investimento que preencham os seguintes requisitos de interesse económico:

a) realizar o investimento nos seguintes sectores de actividade:

    i. agricultura e pecuária;
    ii. indústria, designadamente a fabricação de embalagens, produção de máquinas, equipamentos, ferramentas e acessórios, reciclagem de materiais ferrosos e não ferrosos, produção têxtil, vestuário e calçado, fabri-

cação de madeira e seus derivados, produção de bens alimentares, materiais de construção, tecnologias de informação e comunicações;

iii. infra-estruturas ferroviárias, rodoviárias, portuárias e aeroportuárias;

iv. telecomunicações;

v. indústria de pesca e derivados, incluindo a construção de embarcações e redes;

vi. energia e águas;

vii. fomento à habitação;

viii. saúde e educação;

ix. turismo.

b) realizar investimentos nos pólos de desenvolvimento e nas demais zonas económicas especiais de investimento, aprovadas de acordo com os critérios e prioridades definidos pelo Governo;

c) realizar investimentos nas zonas francas a criar pelo Governo, de acordo com a lei própria sobre a matéria.

ARTIGO 25.º
(Regimes processuais)

O acesso a incentivos e facilidades às operações de investimento privado processam-se segundo dois regimes processuais:

a) regime de declaração prévia;
b) regime contratual.

SECÇÃO III
Regime de Declaração Prévia

ARTIGO 26.º
(Declaração prévia)

Estão sujeitos ao regime de declaração prévia, nos termos da presente lei, as propostas para investimentos de valor igual ou superior ao equivalente a USD 50 000,00 para investidores nacionais e a USD 100 000,00 para investidores externos, até ao limite máximo equivalente a USD 5 000 000,00.

ARTIGO 27.º
(Competência)

Compete à Agência Nacional de Investimento Privado (ANIP) aprovar ou rejeitar os processos de investimento enquadrados no regime de declaração prévia.

ARTIGO 28.º
(Apresentação da proposta)

A proposta de investimento privado é apresentada à Agência Nacional de Investimento Privado (ANIP) acompanhada dos documentos indispensáveis para identificação e caracterização jurídica do investidor e do investimento projectado.

ARTIGO 29.º
(Correcção das propostas)

Se as propostas apresentadas forem de forma deficiente ou insuficiente o órgão competente notifica o proponente, estabelecendo-lhe um prazo para a sua correcção ou aperfeiçoamento.

ARTIGO 30.º
(Apreciação da proposta)

1. Após a recepção da proposta e depois de cumpridas todas as formalidades legais e processuais, a Agência Nacional de Investimento Privado (ANIP) dispõe de um período de 15 dias para apreciar e decidir.

2. A apreciação da proposta destina-se a proporcionar um conhecimento prévio do projecto e dos seus dados económicos e financeiros e avaliar a pertinência do pedido de acesso a facilidades e isenções solicitado pelo investidor privado.

ARTIGO 31.º
(Rejeição da proposta)

1. A rejeição da proposta só pode fundamentar-se em motivos de ordem estritamente legal, devendo ser formalmente comunicada pela Agência Nacional de Investimento Privado (ANIP) ao proponente, antes de expirado o prazo de 15 dias, previsto no n.º 1 do artigo 30.º da presente lei, com indicação expressa das correcções que o investidor deve fazer.

2. Da decisão de rejeição cabe reclamação para a Agência Nacional de Investimento Privado (ANIP) e recurso para o órgão que tutela a Agência Nacional de Investimento Privado (ANIP), nos termos das regras sobre o procedimento administrativo.

3. Se o investidor concordar com as causas evocadas pela Agência Nacional de Investimento Privado (ANIP) para rejeitar a proposta, pode corrigir as faltas ou incorrecções da proposta e voltar a apresentá-la.

ARTIGO 32.º
(Aceitação da proposta)

1. Não havendo rejeição expressa da proposta até ao termo do prazo de 15 dias definidos nos artigos anteriores, considera-se que a mesma foi aceite, o que confere ao proponente o direito de realizar o investimento nos termos da proposta apresentada.

2. Para o efeito, a Agência Nacional de Investimento Privado (ANIP) fica obrigada a registar e emitir, no prazo de cinco dias após solicitação formal do investidor, o Certificado de Registo do Investimento Privado (CRIP), podendo o investidor reclamar e recorrer, nos termos da legislação sobre procedimento administrativo, em caso de não obtenção do Certificado de Registo do Investimento Privado (CRIP) naquele prazo.

SECÇÃO IV
Regime Contratual

ARTIGO 33.º
(Caracterização do contrato de investimento)

1. O contrato de investimento tem natureza administrativa, tendo como partes o Estado, representado pela Agência Nacional de Investimento Privado (ANIP) e o investidor privado.

2. O contrato de investimento privado visa definir os direitos e obrigações das partes, devendo conter essencialmente os seguintes elementos:

   a) identificação das partes;
   b) natureza administrativa e objecto do contrato;
   c) prazo de vigência do contrato;
   d) definição e quantificação dos objectivos a realizar pelo investidor privado no prazo contratual;
   e) definição das condições de exploração, gestão, associação e prazos nos empreendimentos objecto do contrato de investimento privado;
   f) definição e quantificação das facilidades, benefícios fiscais e outros incentivos a conceder e a assegurar pelo Estado ao investidor privado, como contrapartida do exacto e pontual cumprimento dos objectivos fixados;
   g) localização do investimento e regime jurídico dos bens do investidor;
   h) mecanismos de acompanhamento pela Agência Nacional do Investimento Privado (ANIP) das acções de realização do investimento durante o período contratual;
   i) forma de resolução de litígios;
   j) definição geral do impacto económico e social do projecto previsto.

3. O contrato de investimento é outorgado em documento particular, ficando o respectivo original arquivado nos serviços da Agência Nacional do Investimento Privado (ANIP).

4. Nos contratos de investimento privado é lícito convencionar-se que os diferentes litígios sobre a sua interpretação e a sua execução possam ser resolvidos por via arbitral.

5. Nos casos referidos no número anterior a arbitragem deve ser realizada em Angola e a lei aplicável ao contrato, a lei angolana.

ARTIGO 34.º
(Âmbito)

Ficam sujeitas ao regime contratual as propostas que se enquadrem nas seguintes condições:

   a) investimentos de valor igual ou superior a USD 5 000 000,00;
   b) independentemente do valor, os investimentos em áreas cuja exploração só pode, nos termos da lei, ser feita mediante concessão de direitos de exploração temporária;
   c) independentemente do valor, os investimentos cuja exploração só pode, nos termos da lei, ser feita com a participação obrigatória do sector empresarial público.

ARTIGO 35.º
(Competência e forma de aprovação)

Compete ao Conselho de Ministros aprovar projectos de investimento enquadrados no regime contratual.

ARTIGO 36.º
(Apresentação da proposta)

A proposta de investimento privado é apresentada na Agência Nacional de Investimento Privado (ANIP), acompanhada dos documentos necessários para identificação e caracterização jurídica, económica, financeira e técnica do investidor e do investimento projectado, bem como para avaliar a pertinência do pedido de acesso a facilidades e isenções solicitado pelo investidor.

ARTIGO 37.º
(Correcção das propostas)

Se as propostas apresentadas forem de forma deficiente ou insuficiente a Agência Nacional de Investimento Privado (ANIP) deve notificar o proponente, no prazo de 15 dias contados desde a data da apresentação da proposta, arbitrando-lhe um prazo para a sua correcção ou aperfeiçoamento.

ARTIGO 38.º
(Apreciação da proposta)

1. Após a admissão da proposta, a Agência Nacional de Investimento Privado (ANIP) dispõe de um período de 30 dias contados desde a data de apresentação da proposta para a apreciar e para se pronunciar.

2. Durante esse período, a Agência Nacional de Investimento Privado (ANIP) procede à análise e avaliação da proposta e estabelece negociações com o investidor, devendo recorrer aos sectores da administração pública e outras instituições, cujo parecer considere pertinente.

3. Concluídas as negociações com o investidor, a Agência Nacional de Investimento Privado (ANIP) emite um parecer contendo a apreciação legal, técnica, financeira e económica do projecto e do pedido de facilidades e isenções solicitado pelo investidor e envia-o, acompanhado do projecto de contrato, para aprovação da entidade competente, a qual dispõe de 30 dias para decidir.

ARTIGO 39.º
(Aprovação da proposta de investimento)

Se a decisão do órgão competente for à aprovação, o projecto é devolvido à Agência Nacional de Investimento Privado (ANIP) para assinatura do contrato, registo e emissão do Certificado de Registo de Investimento Privado (CRIP) respectivo, a partir do qual se iniciam as operações de investimento privado.

ARTIGO 40.º
(Rejeição da proposta)

1. Se a decisão for a rejeição da proposta, esta deve ser formalmente comunicada ao proponente pela Agência Nacional de Investimento Privado (ANIP) com indicação precisa das causas que sustentaram a rejeição, só podendo fundamentar-se em:

 a) motivos de ordem legal;
 b) inconveniência do investimento projectado, à luz da estratégia de desenvolvimento definida pelos órgãos de soberania ou dos objectivos estabelecidos no plano de desenvolvimento económico e social.

2. Da decisão negatória do investimento cabe reclamação e recurso nos termos das regras do procedimento administrativo.

3. Se o investidor concordar com as causas evocadas pelo órgão competente para rejeitar a proposta, pode corrigir as faltas ou incorrecções da proposta e voltar a apresentá-la.

CAPÍTULO IV
Regime Fiscal e Cambial

SECÇÃO I
Regras Gerais

ARTIGO 41.º
(Princípio geral)

As pessoas colectivas ou singulares abrangidas pela presente lei estão sujeitas ao cumprimento da legislação fiscal em vigor, usufruindo dos mesmos benefícios fiscais estabelecidos e sujeitando-se às mesmas penalizações.

ARTIGO 42.º
(Impostos sobre as transferências)

As transferências para o exterior, vendas e outras transacções, feitas por investidores privados, no quadro dos direitos estabelecidos na presente lei, são tributadas na fonte, pelo imposto sobre aplicação de capitais, nos termos da legislação fiscal e tributária e do que especialmente for regulamentado sobre o regime fiscal do investimento privado.

ARTIGO 43.º
(Dupla tributação)

1. O Governo deve promover o estabelecimento de acordos internacionais com o maior número possível de países com vista a evitar a dupla tributação.

2. É obrigatório o fornecimento de comprovativos do pagamento de impostos em Angola por investidores externos para servirem de meio de prova de que tenha já sido feito no exterior o pagamento dos impostos cobrados nos países de origem dos investidores respectivos.

ARTIGO 44.º
(Destino da receita tributária)

1. Da receita tributária, resultante dos impostos cobrados no quadro do investimento privado, 25% destinam-se à instalação e desenvolvimento do Sistema de Investimento Privado em Angola, especialmente para a capacitação do empresariado nacional e a internacionalização da economia angolana, nos termos a regulamentar.

2. Esta receita é parte integrante do Orçamento Geral do Estado e deve ser gerida pela Agência Nacional de Investimento Privado (ANIP), enquanto órgão de coordenação do Sistema de Investimento Privado em Angola.

SECÇÃO II
Benefícios Fiscais e Regime Cambial

ARTIGO 45.º
(Benefícios fiscais)

O investimento a realizar ao abrigo da presente lei goza de incentivos e benefícios fiscais, nos termos de legislação própria.

ARTIGO 46.º
(Regime cambial)

1. As operações cambiais em que se traduzem os actos referidos no artigo 6.º da presente lei ficam sujeitas ao regime estabelecido na legislação cambial.

2. São estabelecidas as seguintes regras especiais para as operações de investimento privado:

 a) aplicação do mercado de câmbio de taxas flutuantes, livremente negociadas segundo as leis da oferta e da procura;
 b) obrigatoriedade de o investidor privado negociar exclusivamente com as instituições financeiras legalmente autorizadas;
 c) possibilidade de o investidor privado adquirir as suas próprias divisas estrangeiras, seja para introduzir no País, seja para realizar transferências para fora do País, nos termos da presente lei.

3. As instituições financeiras, legalmente autorizadas a exercer o comércio de câmbios e os investidores privados que a elas recorrerem, são solidariamente responsáveis pela

regularidade e lisura das transacções de que participem no quadro da presente lei.

4. O Governo deve regulamentar as formas de fiscalização e controlo das actividades constantes no n.º 3 do presente artigo.

5. Os que promoverem remessas irregulares de divisas para o exterior, defraudando as regras estabelecidas para o investimento privado, ficam obrigados a repatriar para Angola as divisas irregularmente transferidas, acrescidas de uma multa de 200% sobre o valor da remessa irregular.

ARTIGO 47.º
(Suspensão de remessas ao exterior)

1. As transferências para o exterior, garantidas ao abrigo da presente lei, são suspensas pelo Conselho de Ministros sempre que o seu montante seja susceptível de causar perturbações graves na balança de pagamentos, caso em que o Governador do Banco Nacional de Angola pode determinar excepcionalmente o seu escalonamento ao longo de um período negociado de comum acordo.

2. O Governo deve regulamentar as formas concretas de suspensão de remessas.

CAPÍTULO V
Importação de Capitais, Máquinas e Equipamentos

ARTIGO 48.º
(Importação de capitais)

1. O licenciamento das operações de importação de capitais é requerido pelo proponente junto do Banco Nacional de Angola (BNA), através de uma instituição de crédito autorizada a exercer o comércio de câmbios, mediante apresentação do Certificado de Registo do Investimento Privado (CRIP).

2. Para o efeito referido no n.º 1 do presente artigo, depois de aprovado o investimento e emitido o respectivo Certificado de Registo de Investimento Privado (CRIP), a Agência Nacional de Investimento Privado (ANIP) remete por ofício ao Banco Nacional de Angola (BNA), com conhecimento ao investidor, uma cópia do Certificado de Registo de Investimento Privado (CRIP) e todos os demais dados pertinentes para que o Banco Nacional de Angola (BNA) licencie as operações de importação de capitais requeridas pelos respectivos investidores.

3. O Banco Nacional de Angola (BNA) deve licenciar as operações de importação de capitais previstos no presente artigo no prazo máximo de 15 dias após a entrada do requerimento referido nos números acima, devendo comunicar ao interessado, no prazo de cinco dias, alguma incorrecção detectada.

4. O Banco Nacional de Angola (BNA) deve remeter à Agência Nacional de Investimento Privado (ANIP) informações sobre as operações cambiais realizadas no âmbito do investimento privado sempre que estas se realizem.

ARTIGO 49.º
(Importação de máquinas, equipamentos e acessórios)

O registo das operações de entrada no País de máquinas, equipamentos, acessórios e outros materiais para investimentos que beneficiem de facilidades e isenções previstas na presente lei é da competência do Ministério do Comércio e depende da apresentação do Certificado de Registo de Investimento Privado (CRIP), emitido de acordo com os requisitos formais definidos na presente lei para a emissão de tal certificado.

ARTIGO 50.º
(Valor de registo do equipamento)

O registo do investimento privado sob a forma de importação de máquinas, equipamentos e seus componentes, novos ou usados, faz-se pelo seu valor CIF (custo, seguros e frete) em moeda estrangeira e o seu contravalor em moeda nacional, ao câmbio do dia do desembarque.

ARTIGO 51.º
(Isenção de direitos alfandegários)

1. Sem prejuízo do que pode ser estabelecido, em termos de listagem qualitativa e quantitativa de meios isentos de taxas e direitos alfandegárias, em legislação especial sobre a matéria, a importação de máquinas, equipamentos e seus componentes, ao abrigo da presente lei é isenta de taxas e direitos alfandegários.

2. Para as máquinas, equipamentos e acessórios usados, a isenção prevista no número anterior reduz-se para 50%.

ARTIGO 52.º
(Preço das máquinas)

O preço das máquinas e equipamentos está sujeito à comprovação através de documento idóneo passado pela entidade de inspecção pré-embarque.

CAPÍTULO VI
Implementação dos Projectos de Investimento

ARTIGO 53.º
(Execução dos projectos)

1. A execução do projecto de investimento deve ter início dentro do prazo fixado no respectivo Certificado de Registo de Investimento Privado (CRIP) e/ou Contrato de Investimento.

2. Em casos devidamente fundamentados e mediante pedido do investidor privado, pode o prazo referido no número anterior ser prorrogado pela Agência Nacional de Investimento Privado (ANIP)

3. A execução e gestão do projecto de investimento privado deve ser efectuada em estrita conformidade com as condições da autorização e a legislação aplicável, não podendo as contribuições provenientes do exterior serem aplicadas de forma ou para finalidades diversas daquelas para que hajam sido autorizadas, nem desviar-se do objecto que tiver sido autorizado.

ARTIGO 54.º
(Força de trabalho)

1. As sociedades e empresas constituídas para fins de investimento privado são obrigadas a empregar trabalhadores angolanos, garantindo-lhes a necessária formação profissional e prestando-lhes condições salariais e sociais compatíveis com a sua qualificação, sendo proibido qualquer tipo de discriminação.

2. As sociedades e empresas constituídas para fins de investimento privado podem, nos termos da legislação em vigor, admitir trabalhadores estrangeiros qualificados, devendo contudo cumprir um rigoroso plano de formação e/ou capacitação de técnicos nacionais visando o preenchimento progressivo desses lugares por trabalhadores angolanos.

3. O plano de formação deve fazer parte da documentação a submeter ao órgão competente para aprovar o investimento.

4. Os trabalhadores estrangeiros contratados no quadro de projectos de investimento privado gozam do direito de transferir os seus salários para o exterior, depois de cumpridas as formalidades legais e deduzidos os impostos devidos.

5. Podem ser contratados trabalhadores angolanos qualificados com residência cambial no exterior há mais de cinco anos, beneficiando das mesmas regalias e direitos atribuídos aos trabalhadores estrangeiros.

6. Excluem-se desta possibilidade os bolseiros, diplomatas e todos quantos cumpram no exterior funções ou compromissos temporários.

7. Os trabalhadores estrangeiros contratados nos termos dos números anteriores estão sujeitos à legislação em vigor na República de Angola.

ARTIGO 55.º
(Contas bancárias)

1. Nos termos da legislação em vigor, os investidores privados devem, obrigatoriamente, ter contas em bancos domiciliados no País, onde depositam os respectivos meios monetários e através das quais fazem todas as operações de pagamento, internas e externas, relacionadas com o investimento aprovado nos termos da presente lei.

2. A seu critério e responsabilidade, o investidor privado pode manter na sua conta bancária valores monetários em moeda estrangeira e convertê-los, parcelarmente, em moeda nacional para realizar gradualmente as operações previstas no número anterior e realizar o capital da sociedade ou empreendimento privado a constituir.

3. Fica vedada aos bancos comerciais a conversão automática de divisas importadas e depositadas em contas em moeda externa, destinadas à realização de operações de investimento privado.

ARTIGO 56.º
(Acompanhamento)

Para facilitar o acompanhamento da realização dos investimentos privados autorizados, as empresas devem fornecer, anualmente, ao órgão competente, informações sobre o desenvolvimento e os lucros e dividendos dos empreendimentos, preenchendo o formulário que para o efeito lhes é enviado pela Agência Nacional de Investimento Privado (ANIP), podendo esta instituição socorrer-se dos órgãos competentes do Governo em matéria de finanças para garantir o cumprimento desta disposição normativa.

ARTIGO 57.º
(Constituição e alteração de sociedades)

1. Se o projecto de investimento implicar a constituição ou alteração de sociedades, devem esses actos ser outorgados por escritura pública.

2. Nenhuma escritura pública, relativa a actos que constituam operações de investimento externo no sentido da presente lei, pode ser lavrada sem apresentação do Certificado de Registo de Investimento Privado (CRIP) emitido pela Agência Nacional de Investimento Privado (ANIP) e da competente licença de importação de capitais emitida pelo Banco Nacional de Angola (BNA), nos termos da presente lei, sob pena de nulidade dos actos a que disser respeito.

3. As sociedades constituídas para realização de investimento externo, nos termos e para os efeitos consignados na presente lei, ficam obrigados a fazer prova da realização integral do capital social, no prazo de 90 dias a contar da data da emissão da licença de importação de capitais pelo Banco Nacional de Angola (BNA), sob pena de nulidade dos actos constitutivos da sociedade, nos termos da legislação em vigor.

4. Compete à Agência Nacional de Investimento Privado (ANIP), em coordenação com o Banco Nacional de Angola (BNA), denunciar e requerer a nulidade dos actos constitutivos das sociedades realizados em contravenção do previsto nos n.ºs 2 e 3 do presente artigo.

ARTIGO 58.º
(Alargamento do objecto)

1. O alargamento do objecto da sociedade ou empresa para áreas de actividade não constantes da autorização de investir, que implique a alteração da estrutura das facili-

dades e isenções concedidos e dos valores a transferir para o exterior, quando for o caso, depende da prévia autorização da Agência Nacional de Investimento Privado (ANIP).

2. Os aumentos de capitais para os investimentos que se enquadrem nos projectos em curso devem ser aprovados pela Agência Nacional de Investimento Privado (ANIP).

3. Os aumentos de capital social das sociedades constituídas para a realização de investimento externo que não passem pela importação de capitais devem ser informados à Agência Nacional de Investimento Privado (ANIP).

ARTIGO 59.º
(Registo comercial)

1. As sociedades constituídas para realização de investimentos aprovados no quadro da presente lei, bem como a alteração de sociedades já existentes, para os mesmos fins, estão sujeitas ao registo comercial, nos termos da legislação em vigor.

2. Estão igualmente sujeitas ao registo comercial as sucursais e outras formas de representação de empresas estrangeiras, ficando, porém, este registo condicionado à apresentação da licença emitida pelo Banco Nacional de Angola (BNA) e a aposição do visto do órgão competente nos instrumentos a registar.

ARTIGO 60.º
(Cessão da posição contratual de investimento externo)

1. A cessão total ou parcial da posição contratual ou social relativamente ao investimento externo deve ser feita mediante autorização prévia da Agência Nacional do Investimento Privado (ANIP), tendo sempre o investidor nacional interessado, caso exista, em igualdade de circunstâncias, o direito de preferência.

2. O direito de preferência a que se refere o número anterior tem natureza legal, podendo a sua não observância ser impugnada por qualquer interessado que se sinta lesado, no prazo de 180 dias contados desde a data da cessão da posição contratual a impugnar.

ARTIGO 61.º
(Concursos e ajustes directos)

No caso em que os projectos de investimento privado sejam precedidos de concurso público ou de ajuste directo, aplicam-se os procedimentos estabelecidos na presente lei, com as adaptações que se mostrem necessárias ou convenientes.

ARTIGO 62.º
(Dissolução e liquidação)

1. As sociedades e empresas constituídas para investimentos realizados no quadro desta lei dissolvem-se nos casos previstos no respectivo contrato ou título constitutivo e ainda:

a) pelo decurso do prazo fixado no contrato de investimento;

b) por deliberação dos sócios, desde que cumpridas as obrigações decorrentes do Certificado de Registo de Investimento Privado (CRIP) e/ou da aplicação do Contrato de Investimento;

c) pela realização completa do objecto social ou pela sua impossibilidade superveniente, mediante comprovação da Agência Nacional de Investimento Privado (ANIP);

d) pela não realização do capital indispensável ao funcionamento do empreendimento dentro do prazo fixado na autorização, desde que cumpridas as obrigações decorrentes do Certificado de Registo de Investimento Privado (CRIP) e/ou Contrato de Investimento Privado;

e) pela ilicitude superveniente do seu objecto social;

f) pela falência da sociedade;

g) por desvio manifesto na realização do objecto social do empreendimento;

h) em todos os restantes casos previstos na legislação em vigor.

2. A iniciativa para a dissolução nos casos previstos nas alíneas a), d), e) e g) do número anterior pode partir da Agência Nacional de Investimento Privado (ANIP).

3. A dissolução e liquidação das sociedades ou empresas constituídas para fins de investimento externo estão sujeitas à legislação comercial em vigor.

CAPÍTULO VII
Infracções e Sanções

ARTIGO 63.º
(Infracções)

1. Sem prejuízo do disposto noutros diplomas legais, constitui transgressão o incumprimento doloso ou culposo das obrigações legais a que o investidor privado está sujeito nos termos da presente lei e demais legislação sobre investimento privado.

2. Constitui transgressão, nomeadamente:

a) o uso das contribuições provenientes do exterior para finalidades diversas daquelas para que tenham sido autorizadas;

b) a prática de actos de comércio fora do âmbito do projecto autorizado;

c) a prática de facturação que permita a saída de capitais ou iluda as obrigações a que a empresa ou associação esteja sujeita, designadamente as de carácter fiscal;

d) a não execução das acções de formação ou a não substituição de trabalhadores estrangeiros por nacionais nas condições e prazos previstos na proposta de investimento;

e) a falta de informação anual referida no artigo 56.° da presente lei.

3. A sobrefacturação dos preços de máquinas e equipamentos importados nos termos da presente lei constitui infracção cambial e está sujeita ao pagamento de uma multa de até 200% do valor real da máquina, consoante a gravidade do caso, sem prejuízo de outras sanções previstas na lei.

4. Não são consideradas infracções as oscilações de preços de até 5% do valor real das máquinas e equipamentos.

5. Incorre em crime de falsificação de mercadorias ou de falsas declarações, nos termos da legislação penal em vigor, aquele que importar falsamente ou que imputar falso valor às máquinas, equipamentos e outros bens, servindo-se das vantagens atribuídas pela presente lei.

ARTIGO 64.°
(Sanções)

1. Sem prejuízo de outras sanções especialmente previstas por lei, as transgressões referidas no artigo anterior são passíveis das seguintes sanções:

a) multa, em kwanzas, que varia entre o equivalente a USD 1000,00 e USD 100 000,00, sendo o mínimo e o máximo elevados para o triplo em caso de reincidência;

b) perda das isenções, incentivos fiscais e outras facilidades concedidas;

c) revogação da autorização do investimento.

2. A não execução dos projectos dentro dos prazos fixados na autorização ou na prorrogação é passível da sanção prevista na alínea *c*) do número anterior.

ARTIGO 65.°
(Competência para aplicar sanções)

1. A sanção prevista na alínea *a*) do artigo anterior é aplicada pela Agência Nacional de Investimento Privado (ANIP) e a prevista na alínea *c*) pela entidade que aprovou o investimento, nos termos da presente lei.

2. A sanção prevista na alínea *b*) do artigo anterior é aplicada nos termos da legislação específica sobre a matéria.

ARTIGO 66.°
(Procedimentos e recurso sobre sanções)

1. Antes da aplicação de qualquer medida sancionatória, o investidor privado deve ser, obrigatoriamente, ouvido.

2. Na determinação da sanção a aplicar, devem ser tomadas em consideração todas as circunstâncias que rodearam a prática da infracção, o grau de culpabilidade, os benefícios pretendidos e obtidos com a prática da infracção e os prejuízos dela resultantes.

3. O investidor privado pode reclamar ou recorrer da decisão sancionatória nos termos da legislação em vigor.

CAPÍTULO VIII
Disposições Finais e Transitórias

ARTIGO 67.°
(Projectos de investimentos anteriores)

1. A presente lei e sua regulamentação não se aplicam aos investimentos autorizados antes da sua entrada em vigor, os quais continuam, até ao respectivo termo, a ser regidos pelas disposições da legislação e dos termos ou contratos específicos através dos quais a autorização tiver sido concedida.

2. Contudo, os investidores privados podem requerer à Agência Nacional de Investimento Privado (ANIP) a submissão dos seus projectos já aprovados ao regime estabelecido pela presente lei, cabendo a decisão ao órgão competente para a sua aprovação, de acordo com o seu valor e/ou características, nos termos da presente lei.

3. Os projectos de investimento pendentes à data da entrada em vigor da presente lei são analisados e decididos nos termos desta mesma lei, aproveitando-se, com as necessárias adaptações, os trâmites já praticados.

ARTIGO 68.°
(Revogação de legislação)

1. Fica revogada a Lei n.° 15/94, de 23 de Setembro, bem como a demais legislação que contrarie o disposto na presente lei.

2. No que não for contrário ao disposto na presente lei e enquanto não for revista, continua a aplicar-se a legislação regulamentar sobre investimentos privados.

ARTIGO 69.°
(Regulamentação)

O Governo deve regulamentar a presente lei sempre que a sua aplicação eficaz, reclame a necessidade de aclarar e detalhar as regras e princípios nela contidos.

ARTIGO 70.°
(Dúvidas e omissões)

As dúvidas e omissões resultantes da interpretação e aplicação da presente lei são resolvidas pela Assembleia Nacional.

ARTIGO 71.°
(Entrada em vigor)

A presente lei entra em vigor 15 dias após a sua publicação.

Vista e aprovada pela Assembleia Nacional, em Luanda, 1 de Abril de 2003.

Publique-se.

O Presidente da Assembleia Nacional, *Roberto António Víctor Francisco de Almeida.*

Promulgada em 2 de Maio de 2003.

O Presidente da República, JOSÉ EDUARDO DOS SANTOS.

EXEMPLARES ILUSTRATIVOS DOS IMPRESSOS PARA APRESENTAÇÃO DA PROPOSTA DE INVESTIMENTO PRIVADO

REGIME DE DECLARAÇÃO PRÉVIA DE INVESTIMENTO

- O nº 1 do artigo 12 do Decreto 12/95 de 05.05.1995, **(Regulamento do Investimento Estrangeiro)** e o artigo 28 da Secção III da Lei 11/03 de 13.05.2003, **(Lei de Bases do Investimento Privado)** estabelecem que a proposta de investimento deverá ser apresentada mediante o preenchimento do correspondente formulário impresso, a ser adquirido na Agência Nacional do Investimento Privado – ANIP, entidade que substituiu o Gabinete do Investimento Estrangeiro, ou noutros organismos que venham a ser autorizados.

- Os modelos a seguir inseridos são de carácter meramente ilustrativo, não podendo ser utilizados para o cumprimento da obrigação legal de apresentação da proposta.

**EXEMPLAR
NÃO VÁLIDO PARA
PREENCHIMENTO**

MODELO 1
REGIME DE DECLARAÇÃO PRÉVIA DE INVESTIMENTO
(Secção III da Lei 11/03 de 13 de Maio)

A PREENCHER PELA A.N.I.P.	

Processo Nº: _____ Entrada Nº: _____ Data : _____ Assinat.: _____

DOSSIER DE CANDIDATURA
(apresentação em 3 (três) exemplares)
(Artigo 12º do Decreto 12 / 95 de 5 de Maio)

FORMA DO INVESTIMENTO	

Investimento Nacional : _____   Investimento Externo: _____

TITULAR / REPRESENTANTE	Obs: Não sendo o proponente, apresentar Procuração mandatando perante a ANIP

Nome: _____

Morada: _____

Localidade: _____   Telefones: _____

Fax: _____   E-mail: _____

**EXEMPLAR
NÃO VÁLIDO PARA
PREENCHIMENTO**

I - DESCRIÇÃO DO PROJECTO

1.1 Designação do Projecto: _____

1.2 Actividade Principal: _____

1.3 Produtos / Serviços a Produzir: _____

1.4 Mercado de Destino: _____

1.5 Valor Total do Investimento: _____ USD (_____

1.6 Localização Territorial do Projecto: _____

1.7 Calendário de Realização do Investimento (Descrever e temporizar as etapas do projecto desde a aprovação até ao arranque laboral, passando pela realização do investimento, considerando que o projecto deve ser implementado dentro de um prazo definido pela ANIP no CRIP - Certificado de Registo de Investimento Privado e está sujeito às regras de fiscalização e acompanhamento)

Nº	Descrição das Acções de Implementação do Projecto	Mês/Ano

Anexos 257

**EXEMPLAR
NÃO VÁLIDO PARA
PREENCHIMENTO**

2.3 Descrição da(s) Operação(ões) de Investimento
(Descrever os actos e/ou contratos a considerar na materialização do projecto proposto com atenção para o nº 2 do artigo 9º da Lei 11 / 03 de 13 de Maio)

(a) Operações de Investimento Nacional (artigo 7º da Lei 11 / 03 de 13 de Maio)	Operações de Investimento Externo (artigo 9º da Lei 11 / 03 de 13 de Maio)

a) Tratando-se de investimento totalmente nacional.

2.4 Descrição da(s) Forma(s) de Realização do Investimento
(Descrever os actos de investimento privado a realizar isolada ou cumulativamente)

(b) Formas de Realização do Investimento Nacional (artigo 8º da Lei 11 / 03 de 13 de Maio)	(b) Formas de Realização do Investimento Externo (artigo 10º da Lei 11 / 03 de 13 de Maio)

(b) Tratando-se de investimento totalmente nacional

2.5 Descrição do Objecto Social Realizado pelo Projecto

_____
_____
_____
_____
_____
_____

EXEMPLAR
NÃO VÁLIDO PARA
PREENCHIMENTO

III - INDICADORES ECONÓMICO E FINANCEIRO

3.1 Origem e Aplicação de Fundos

Plano de Investimento Aplicação do Investimento	USD	Plano de Financiamento Origem do Investimento	USD
Máquinas		Capital Próprio Domiciliado	
Acessórios e Materiais		Capital Próprio não Domiciliado	
Ferramentas e Utensílios		Empréstimo Bancário	
Transportes		• Interno	
Equipamento Administrativo		• Externo	
Outros Bens Corpóreos		Outras Origens	
Stocks em Existência			
Dinheiro			
Outros			
Total do Investimento		Total do Investimento	

3.2 Força de Trabalho

Nº	Categorias Profissionais	Estrutura da Força de Trabalho		Total da Força de Trabalho
		Nacional	Estrangeiro	
1	Direcção			
2	Técnicos			
3	Administrativos			
4	Operários			
5	TOTAL			

3.2.2 Plano de Formação e / ou Capacitação de Técnicos Nacionais
(Faça uma breve descrição do Plano de Formação, com atenção para o cumprimento do nº 3 do artigo 54º da Lei 11 / 03 de 13 de Maio)

Anexos

**EXEMPLAR
NÃO VÁLIDO PARA
PREENCHIMENTO**

IV - ENQUADRAMENTO DOS INCENTIVOS

4.1 Caracterização do Projecto no Contexto da Lei de Inventivos Fiscais e Aduaneiros

4.1.1 Localização Territorial

Província: _____ Município: _____ Comuna: _____

4.1.2 Sector de Actividade

_____

4.1.3 Condições Legais e Fiscal Para o Exercício da Actividade

Nº de Contribuinte Fiscal _____

Prova de Liquidação de Impostos (anexar Justificativos de Imposto Industrial; Imposto Sobre os Rendimentos de Trabalho; Imposto de Segurança Social, referente aos dois últimos anos de actividade; quando aplicável ou Certidão da Repartição Fiscal atestando a inexistência de dívida junto da Fazenda Nacional)

4.2 Listagem dos Bens do Equipamento a Importar (Preencher o mapa anexo dos investimentos corpóreos a importar: máquinas, equipamentos, ferramentas e utensílios, transporte, outros) mediante modelo Anexo 1.

4.3 Lista das Matérias Primas e Matérias a Incorporar na Produção (Preencher o mapa Anexo 2 no caso dos mesmos não serem produzidos no território nacional).

4.4 Indicar o(s) Terrenos e/ou Edifícios a Incorporar ao Projecto

_____
_____
_____

4.5 Situação dos Investimentos em Empreendimento (Descrever e justificar a incorporação no projecto de Empreendimentos destruidos ou paralisados)

Empreendimento Novo: _____ Reabilitação de Empreendimento Destruído: _____

**EXEMPLAR
NÃO VÁLIDO PARA
PREENCHIMENTO**

MODELO DE DECLARAÇÃO PREVIA
ANEXO 1 - Listagem dos Bens de Equipamento, Acessórios e Sobressalentes

N.º	Designação dos Bens Corpóreos	Refª	Origem	Quant.	Preço Unitário	Valor USD	Situação	
							Novo	Usado

Anexos 261

EXEMPLAR
NÃO VÁLIDO PARA
PREENCHIMENTO

MODELO DE DECLARAÇÃO PREVIA
ANEXO 2 - Listagem de Matéria Prima e Materiais e Incorporar na Produção

N.º	Designação da Matéria Prima e Materiais	Refª	Origem	Quant.	Preço Unitário	Valor USD	Situação	
							Novo	Usado

ANEXO XIV

O Continente Africano

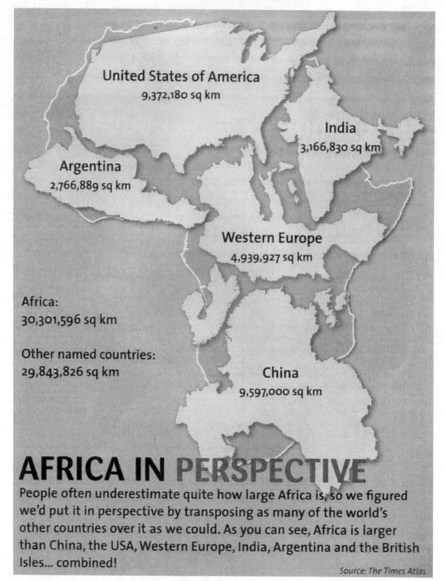

Fonte: The Times Atlas

Anexos 263

ANEXO XV

Resolução 83/05, de 19 de Dezembro

Segunda-feira, 19 de Dezembro de 2005   I Série — N.º 151

DIÁRIO DA REPÚBLICA

ÓRGÃO OFICIAL DA REPÚBLICA DE ANGOLA

Preço deste número — Kz: 90,00

Toda a correspondência, quer oficial, quer relativa a anúncio e assinaturas do «Diário da República», deve ser dirigida à Imprensa Nacional — E.P., em Luanda, Caixa Postal 1306 — End. Teleg.: «Imprensa»	ASSINATURAS Ano As três séries ....Kz: 365 750,00 A 1.ª série ....Kz: 214 750,00 A 2.ª série ....Kz: 112 250,00 A 3.ª série ....Kz: 87 000,00	O preço de cada linha publicada nos *Diários da República* 1.ª e 2.ª séries é de Kz: 75,00 e para a 3.ª série Kz: 95,00, acrescido do respectivo imposto do selo, dependendo a publicação da 3.ª série de depósito prévio a efectuar na Tesouraria da Imprensa Nacional — E. P.

SUMÁRIO

Conselho de Ministros

Decreto n.º 118/05:
Nomeia o Conselho de Administração do Banco de Poupança e Crédito — BPC.

Decreto n.º 119/05:
Confisca a sociedade por quotas de responsabilidade limitada, «Lemos Figueiredo & Companhia, Limitada» e todo o seu património.

Decreto n.º 120/05:
Regulamenta a atribuição das carteiras profissionais.

Resolução n.º 81/05:
Sobre a renegociação do Contrato de Prestação de Serviços celebrado com a Crown Agents no âmbito do Programa de Modernização das Alfândegas.

Resolução n.º 82/05:
Sobre a revisão do Regime Jurídico de Inspecções Pré-Embarque.

Resolução n.º 83/05:
Sobre a fiscalização dos contratos no âmbito da Linha de Crédito do Eximbank da China.

Ministérios da Administração do Território e das Finanças

Despacho conjunto n.º 519/05:
Cria um grupo de trabalhos para proceder ao estudo com vista a atribuição de viaturas aos órgãos da administração local do Estado.

Ministérios da Justiça e do Urbanismo e Ambiente

Despacho conjunto n.º 520/05:
Confisca o prédio em nome de Joaquim Faria Maia.

Despacho conjunto n.º 521/05:
Confisca a fracção autónoma designada pela letra D do 2.º andar do prédio situado nesta Cidade de Luanda, entre a Avenida Norton de Matos e a Rua Garcia de Resende, n.º 191, em nome de Maria Margarida Braga Tavares da Ponte.

Despacho conjunto n.º 522/05:
Confisca o prédio em nome de José da Gama (herdeiros).

Despacho conjunto n.º 523/05:
Confisca a fracção autónoma designada pela letra E do 1.º andar do prédio sito em Luanda, Rua 28 de Maio, Município da Maianga em nome de Maria Berta Vieira Gomes Dias Castelo.

Despacho conjunto n.º 524/05:
Confisca o prédio em nome de Maria Alexandre Gaio.

Despacho conjunto n.º 525/05:
Confisca a fracção autónoma designada pela letra I do 15.º andar do Prédio n.º 69, situado em Luanda, Rua kwamme Nkrumah, ex-Rua Guilherme Capelo, Freguesia da Sagrada Família, em nome de Alegria Pelo Trabalho, Sociedade Cooperativa sob a forma anónima.

Despacho conjunto n.º 526/05:
Confisca o prédio em nome de Manuel Lourenço Briosa.

CONSELHO DE MINISTROS

Decreto n.º 118/05
de 19 de Dezembro

Considerando que o mandato dos membros do Conselho de Administração do Banco de Poupança e Crédito — BPC expirou;

Considerando que o actual Conselho de Administração cumpriu satisfatoriamente com os objectivos que lhe foram fixados e de forma articulada com as políticas governamentais;

Atendendo a necessidade de se dar continuidade às políticas públicas de financiamento bancário e à concretização dos objectivos definidos para o sector;

dade de acordo com os requisitos previamente fixados;

k) a inspecção pré-embarque de mercadorias exportadas para Angola é realizada exclusivamente por entidades licenciadas ou autorizadas pela Direcção Nacional das Alfândegas;

l) o importador que opte por sujeitar as mercadorias que importa à inspecção pré-embarque, pode escolher livremente a empresa de inspecção pré-embarque dentre as empresas licenciadas ou autorizadas pela Direcção Nacional das Alfândegas;

m) as entidades licenciadas ou autorizadas, para os efeitos no disposto nas alíneas i), j) e k) devem possuir e manter durante todo o período de vigência da licença ou autorização, capacidade financeira, técnica e profissional e reconhecida idoneidade para proceder à inspecção pré-embarque.

Vista e aprovada em Conselho de Ministros, em Luanda, aos 16 de Novembro de 2005.

Publique-se.

O Primeiro Ministro, *Fernando da Piedade Dias dos Santos.*

Resolução n.º 83/05
de 19 de Dezembro

Atendendo a importância dos contratos financiados pela linha de crédito do Eximbank da China para a implementação do Programa de Investimentos Públicos;

Sendo indiscutível a importância da fiscalização para assegurar o rigoroso cumprimento das obrigações estabelecidas nos contratos comerciais assinados com os empreiteiros chineses;

Considerando que, nos termos da lei, a execução desses contratos deve ficar sujeita à fiscalização de uma empresa independente, com capacidade e experiência para o efeito;

Com vista a garantir as melhores condições de isenção e qualidade técnica, bem como de transparência na fiscalização dos diversos contratos incluídos na linha de crédito com o Eximbank da China;

Nestes termos e ao abrigo das disposições combinadas da alínea f) do artigo 112.º, do artigo 113.º e da alínea g) do n.º 2 do artigo 114.º, todos da Lei Constitucional, o Governo emite a seguinte resolução:

1.º — Todos os contratos de fornecimentos e ou prestação de serviços, nomeadamente, os de realização de trabalhos de construção e montagem devem obrigatoriamente estar sujeitos à fiscalização por uma empresa independente, devidamente qualificada.

2.º — A fiscalização deve ser efectuada por entidade completamente autónoma em relação ao contratado.

3.º — O contrato de fiscalização deve ter como objecto principal a inspecção, supervisão, controlo e acompanhamento da execução dos trabalhos objecto do contrato principal, não devendo incluir outros trabalhos que possam prejudicar ou retirar objectividade à tarefa principal, nomeadamente, a assessoria técnica do dono da obra, a gestão do projecto em causa e a formação de quadros.

4.º — Para a execução dos contratos, o dono da obra e o contratado ficam também sujeitos à fiscalização que, nos termos da legislação em vigor, incumba a outras entidades.

5.º — Os contratos de fiscalização são negociados e assinados pelos donos da obra do contrato principal, competindo ao Ministério das Finanças designar as fontes de financiamento desses contratos.

6.º — Os contratos de fiscalização são aprovados nos termos da legislação em vigor carecendo de parecer favorável do Ministério das Finanças a emitir pelo Gabinete de Apoio Técnico à Gestão da Linha de Crédito do Eximbank da China.

7.º — A presente resolução entra em vigor na data da sua publicação.

Vista e aprovada em Conselho de Ministros, em Luanda, aos 16 de Novembro de 2005.

Publique-se.

O Primeiro Ministro, *Fernando da Piedade Dias dos Santos.*

MINISTÉRIOS DA ADMINISTRAÇÃO DO TERRITÓRIO E DAS FINANÇAS

Despacho conjunto n.º 519/05
de 19 de Dezembro

Considerando que a administração local integrada pelos Governos Provinciais e respectivas administrações municipais e comunais, constitui um elemento fundamental do

ANEXO XVI

Inquérito a cidadão angolanos

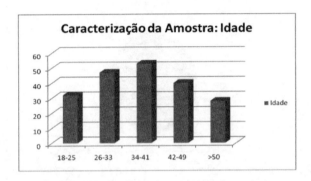

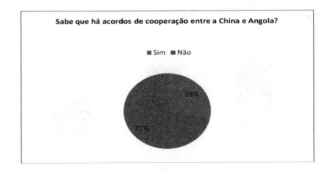

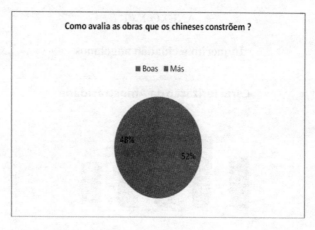

ANEXO XVII

USAFRICOM

USAFRICOM

U.S. Africa Command

07 Feb 2007

Direction

☐ **President Bush directed the establishment of US Africa Command**

- **We are consulting with Congress, other USG Departments and Agencies, and key friends and allies**

- **With their help, we are creating a new command that addresses the unique challenges and opportunities in Africa**

This new command will strengthen our security cooperation with Africa and help to create new opportunities to bolster the capabilities of our partners in Africa. Africa Command will enhance our efforts to help bring peace and security to the people of Africa and promote our common goals of development, health, education, democracy, and economic growth in Africa.

*President George Bush
February 7, 2007*

The Importance of Africa

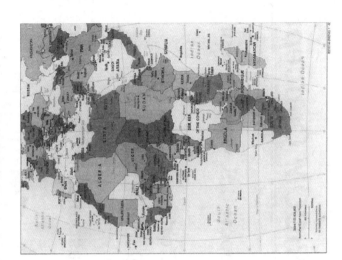

- Africa is of significant strategic and economic importance
- Our focus is to build the capacity of our African partners to:
  - Reduce conflict
  - Improve security
  - Defeat terrorists
  - Support crisis response

USAFRICOM Concept

☐ U.S. Africa Command will support U.S. Government activities across Africa to:
  • Integrate US Interagency efforts
  • Assist diplomacy and development efforts

☐ Will consolidate the African responsibilities of three commands into one

☐ Goal is significant inter-agency representation from the beginning

Anexos 271

Draft Area of Responsibility

Today

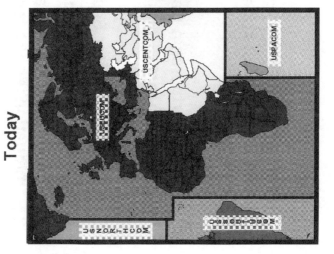

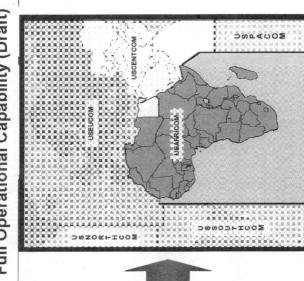

Full Operational Capability (Draft)

AFRICOM Tasks

☐ Work with African states, regional organizations, and other partners to:

- Build Partnership Capacity
- Support USG agencies in implementing security policies
- Conduct Theater Security Cooperation activities
- Increase partner counter-terrorism skills
- Enhance humanitarian assistance, disaster mitigation, and response activities
- Foster respect for human rights
- Support African regional organizations
- As directed, conduct military operations

Draft Mission Statement

US Africa Command promotes US National Security objectives by working with African states and regional organizations to help strengthen stability and security in the AOR. US Africa Command leads the in-theater DoD response to support other USG agencies in implementing USG security policies and strategies. In concert with other U.S. government and international partners, US Africa Command conducts theater security cooperation activities to assist in building security capacity and improve accountable governance. As directed, US Africa Command conducts military operations to deter aggression and respond to crises.

Way Ahead

☐ **Transition responsibilities to USAFRICOM:**
- Continue on-going activities without interruption
- Increase USAFRICOM personnel and resources

☐ **Establish USAFRICOM HQ on the continent**

- *Many details of U.S. Africa Command remain to be developed*
- *We look forward to working with Congress, interagency partners, and security allies in building USAFRICOM*

Conclusion

☐ Establishing USAFRICOM recognizes the strategic importance of Africa

☐ Goal is innovative inter-agency structure

☐ Emphasis on building partnership capacity to strengthen security & stability

Fonte: http://www.defenselink.mil/home/pdf/AFRICOM_PublicBrief02022007.pdf

ANEXO XVIII

AGOA – Lista de Países Elegíveis

General Country Eligibility Provisions

The U.S. Government intends that the largest possible number of Sub-Saharan African countries are able to take advantage of AGOA. President Clinton issued a proclamation on October 2, 2000 designating 34 countries in Sub-Saharan Africa as eligible for the trade benefits of AGOA. The proclamation was the result of a public comment period and extensive interagency deliberations of each country's performance against the eligibility criteria established in the Act. On January 18, 2001, Swaziland was designated as the 35th AGOA eligible country and on May 16, 2002 Côte d'Ivoire was designated as the 36th AGOA eligible country. On January 1, 2003 The Gambia and the Democratic Republic of Congo were designated as the 37th and 38th AGOA eligible countries. On January 1, 2004, Angola was designated as AGOA eligibile. Effective January 1, 2004, however, the President removed the Central African Republic and Eritrea from the list of eligible countries. On December 10, 2004, the President designated Burkina Faso as AGOA eligible. Effective January 1, 2005, the President removed Côte d'Ivoire from the list of eligible countries. Effective January 1, 2006, the President designated Burundi as AGOA eligible and removed Mauritania from the list of eligible countries. Effective December 29, 2006, the President designated Liberia as AGOA eligible. The U.S. Government will work with eligible countries to sustain their efforts to institute policy reforms, and with the remaining 10 Sub-Saharan African countries to help them achieve eligibility.

The Act authorizes the President to designate countries as eligible to receive the benefits of AGOA if they are determined to have established, or are making continual progress toward establishing the following: market-based economies; the rule of law and political pluralism; elimination of barriers to U.S. trade and investment; protection of intellectual property; efforts to combat corruption; policies to reduce poverty, increasing availability of health care and educational opportunities; protection of human rights and worker rights; and elimination of certain child labor practices. These criteria have been embraced overwhelmingly by the vast majority of African nations, which are striving to achieve the objectives although none is expected to have fully implemented the entire list.

The eligibility criteria for GSP and AGOA substantially overlap, and countries must be GSP eligible in order to receive AGOA's trade benefits including both expanded GSP and the apparel provisions. Although GSP eligibility does not imply AGOA eligibility, 47 of the 48 Sub-Saharan African countries are currently GSP eligible.

Countries Eligible for AGOA Benefits

Angola; Benin; Botswana; Burkina Faso; Burundi; Cameroon; Cape Verde; Chad; Republic of Congo; Democratic Republic of Congo; Djibouti; Ethiopia; Gabon; The Gambia; Ghana; Guinea; Guinea-Bissau; Kenya; Lesotho; Liberia; Madagascar; Malawi; Mali; Mauritius; Mozambique; Namibia; Niger; Nigeria; Rwanda; Sao Tome and Principe; Senegal; Seychelles; Sierra Leone; South Africa; Swaziland; Tanzania; Uganda; Zambia.

Presidential Proclamation on 2007 AGOA Eligibility for 38 Countries

Below is a table listing AGOA eligible countries, the effective date of their eligibility, and the effective date of their eligibility for AGOA apparel benefits if applicable.

COUNTRY	DATE DECLARED AGOA ELIGIBLE	DATE DECLARED ELIGIBLE FOR APPAREL PROVISION	SPECIAL RULE FOR APPAREL
(Republic of) Angola	December 30, 2003		
(Republic of) Benin	October 2, 2000	January 28, 2004	Yes
(Republic of) Botswana	October 2, 2000	August 27, 2001	Yes
Burkina Faso	December 10, 2004	August 4, 2006	Yes
(Republic of) Burundi	January 1, 2006		
(Republic of) Cameroon	October 2, 2000	March 1, 2002	Yes
(Republic of) Cape Verde	October 2, 2000	August 28, 2002	Yes
(Republic of) Chad	October 2, 2000	April 26, 2006	Yes
(Republic of) Congo	October 2, 2000		
(Democratic Republic of) Congo *	December 31, 2002		
(Republic of) Djibouti	October 2, 2000		
Ethiopia	October 2, 2000	August 2, 2001	Yes
Gabonese (Republic)	October 2, 2000		No
The Gambia	December 31, 2002		
(Republic of) Ghana	October 2, 2000	March 20, 2002	Yes
(Republic of) Guinea	October 2, 2000		
(Republic of) Guinea-Bissau	October 2, 2000		
(Republic of) Kenya	October 2, 2000	January 18, 2001	Yes
(Kingdom of) Lesotho	October 2, 2000	April 23, 2001	Yes
(Republic of) Liberia	December 29, 2006		
(Republic of) Madagascar	October 2, 2000	March 6, 2001	Yes
(Republic of) Malawi	October 2, 2000	August 15, 2001	Yes
(Republic of) Mali	October 2, 2000	December 11, 2003	Yes
(Republic of) Mauritius	October 2, 2000	January 18, 2001	No
(Republic of) Mozambique	October 2, 2000	February 8, 2002	Yes
(Republic of) Namibia	October 2, 2000	December 3, 2001	Yes
(Republic of) Niger	October 2, 2000	December 17, 2003	Yes
(Federal republic of) Nigeria	October 2, 2000	July 14, 2004	Yes
(Republic of) Rwanda	October 2, 2000	March 4, 2003	Yes
(Democratic of Republic of) Sao Tome and Principe	October 2, 2000		
(Republic of) Senegal	October 2, 2000	April 23, 2002	Yes
(Republic of) Seychelles	October 2, 2000		No
(Republic of) Sierra Leone	October 23, 2002	April 5, 2004	Yes
(Republic of) South Africa	October 2, 2000	March 7, 2001	No
(Kingdom of) Swaziland	October 2, 2000	July 26, 2001	Yes
(United Republic of) Tanzania	October 2, 2000	February 4, 2002	Yes
(Republic of) Uganda	October 2, 2000	October 23, 2001	Yes
(Republic of) Zambia	October 2, 2000	December 17, 2001	Yes

Fonte: http://www.agoa.gov/eligibility/country_eligibility.html